Hungarian

Phrasebook & Dictionary

D1256525

Acknowledgments

Product Editor Bruce Evans
Language Writer Christina Mayer
Cover Image Researcher Naomi Parker

Thanks

Hunor Csutoros, James Hardy, Angela Tinson, Juan Wanata

Published by Lonely Planet Global Limited

CRN 554153

3rd Edition – September 2018
ISBN 978 1 78657 070 3
Text © Lonely Planet 2018
Cover Image Győr, Transdanubia. Reinhard Schmid/4Corners ©
Printed in China   10 9 8 7 6 5 4 3 2 1

Contact lonelyplanet.com/contact

Christina Mayer, who provided the Hungarian translations and pronunciation guides as well as many cultural insights for this book, has completed degrees in Arabic, Turkish, Russian, Applied Linguistics as well as Arabic & Islamic Studies in Hungary and Australia, and spent 15 years as a teacher of Arabic language at the University of Melbourne. She has also worked as a translator and interpreter.

make the most of this phrasebook ...

Anyone can speak another language! It's all about confidence. Don't worry if you can't remember your school language lessons or if you've never learnt a language before. Even if you learn the very basics (on the inside covers of this book), your travel experience will be the better for it. You have nothing to lose and everything to gain when the locals hear you making an effort.

finding things in this book

For easy navigation, this book is in sections. The Basics chapters are the ones you'll thumb through time and again. The Practical section covers basic travel situations like catching transport and finding a bed. The Social section gives you conversational phrases, pick-up lines, the ability to express opinions – so you can get to know people. Food has a section all of its own: gourmets and vegetarians are covered and local dishes feature. Safe Travel equips you with health and police phrases, just in case. Remember the colours of each section and you'll find everything easily; or use the comprehensive Index. Otherwise, check the two-way traveller's Dictionary for the word you need.

being understood

Throughout this book you'll see coloured phrases on each page. They're phonetic guides to help you pronounce the language. You don't even need to look at the language itself, but you'll get used to the way we've represented particular sounds. The pronunciation chapter in Basics will explain more, but you can feel confident that if you read the coloured phrase slowly, you'll be understood.

communication tips

Body language, ways of doing things, sense of humour – all have a role to play in every culture. 'Local talk' boxes show you common ways of saying things, or everyday language to drop into conversation. 'Listen for …' boxes supply the phrases you may hear. They start with the phonetic guide (because you'll hear it before you know what's being said) and then lead in to the language and the English translation.

CONTENTS

5

social 97

hungarian

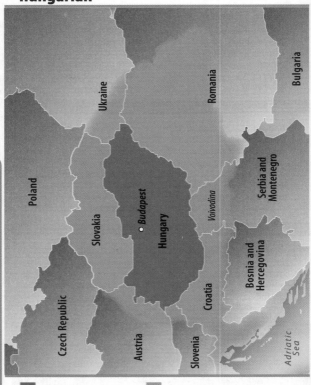

official language   minority language

Areas delineated as Hungarian minority language areas are approximate only. For more details, see the **introduction**.

ABOUT HUNGARIAN

Hungarian is a unique language. Though distantly related to Finnish, it has no significant similarities to any other language in the world. If you have some background in European languages you'll be surprised at just how different Hungarian is. English actually has more in common with Russian and Sinhala (from Sri Lanka) than it does with Hungarian.

So how did such an unusual language end up in the heart of the European continent? The answer lies somewhere beyond the Ural mountains in western Siberia, where the nomadic ancestors of today's Hungarian speakers began a slow migration west about 2000 years ago. At some point in the journey the group began to split. One group turned towards Finland while the other continued towards the Carpathian Basin, arriving in the late 9th century. Calling themselves Magyars (derived from the Finno-Ugric words for 'speak' and 'man') they cultivated and developed the occupied lands. By 1000AD the Kingdom of Hungary was officially established. Along the way Hungarian acquired words from other languages like Latin, Persian, Turkish and Bulgarian, yet today the language has changed remarkably little.

Hungarian is also spoken as a minority language in certain parts of Eastern Europe, such as Slovakia and much of Croatia, the region of Serbia and Montenegro known as Voivodina, and parts of Austria, Romania and the Ukraine. This is a

at a glance …

language name:
Hungarian

name in language:
magyar mo·dyor

language family:
Finno-Ugric

approximate number of speakers: more than 14.5 million worldwide

close relatives:
Finnish

donations to English:
goulash, paprika, vampire

introduction

legacy of WWI. After their victory, the Allies redivided parts of Europe and formed new nations, with Hungary losing a third of its territory. A great deal of the fierce national pride felt by Hungarians can be traced back to this event.

Hungarian is a language rich with complexities of grammar and expression. These characteristics can be both alluring and intimidating to those who experience it. 'The Hungarian language is at one and the same time our softest cradle and our most solid coffin', lamented modern poet Gyula Illyés. Indeed, some have suggested that the flexibility of the tongue, combined with Hungary's linguistic isolation, has encouraged the culture's strong tradition of poetry and literature. Word order in Hungarian is fairly free, and it has been argued that this stimulates creative or experimental thinking. For this same reason, however, the language is resistant to translation and much of the nation's literary heritage is still unavailable to English speakers. Another theory holds that Hungary's extraordinary number of great scientists is also attributable to the language's versatile nature.

Whatever the case, Hungarian needn't be intimidating for visitors. This book gives you all the practical phrases you need to get by, as well as all the fun, spontaneous phrases that lead to a better understanding of Hungary and its people. Once you've got the hang of how to pronounce Hungarian words, the rest is just a matter of confidence. You won't need to look very far to discover the beauty of the language and you may even find yourself unlocking the poet or scientist within. Local knowledge, new relationships and a sense of satisfaction are on the tip of your tongue. So don't just stand there, say something!

abbreviations used in this book

a	adjective	n	noun
f	feminine	pl	plural
inf	informal	pol	polite
lit	literal translation	sg	singular
m	masculine	v	verb

The Hungarian language may look daunting with its long words and unusual-looking accents, but it is surprisingly easy to pronounce. Like in English, Hungarian isn't always written the way it's pronounced, but just stick to the coloured phonetic guides that accompany each phrase or word and you can't go wrong.

vowel sounds

Hungarian vowels sounds are similar to those found in the English words listed in the table below. The symbol ‾ over a vowel, like ā, means you say it as a long vowel sound. The letter y is always pronounced as in 'yes' (see **consonant sounds**).

symbol	english equivalent	hungarian example(s)	transliteration
aa	father	*hátizsák*	*haa*·ti·zhaak
ay	tray (similar to **ai** in main)	*én*	ayn
e	bed	*zsebkés*	*zheb*·kaysh
ee	meet	*cím*	tseem
eu	her or French *neuf*	*zöld*	zeuld
i	hit	*rizs*	rizh
o	hot	*gazda*	*goz*·do
oy	boy	*megfojt, komoly*	*meg*·foyt, *kaw*·moy
aw	law but short	*kor*	kawr
u	pull	*utas*	*u*·tosh
ew	like **i** but with rounded lips, like **u** in French *tu*	*csütörtök*	*chew*·teur·teuk

consonant sounds

Remember, always pronounce y like the 'y' in 'yes', but without a vowel sound. We've also used the ' symbol to show this y sound when it's attached to n, d, and t and at the end of a syllable. You'll also see double consonants like bb, dd or tt – draw them out a little longer than you would in English.

symbol	english equivalent	hungarian example(s)	transliteration
b	box	*bajusz*	*bo·yus*
ch	cheese	*család*	*cho·laad*
d	dog	*dervis*	*der·vish*
d'	dune (British)	*poggyász*	*pawd'·dyaas*
f	fox	*farok*	*fo·rawk*
g	go	*gallér, igen*	*gol·layr, i·gen*
dy	dune (British)	*magyar*	*mo·dyor*
h	hat	*hát*	*haat*
j	joke	*dzsem, hogy*	*jem, hawj*
k	king	*kacsa*	*ko·cho*
l	let	*lakat*	*lo·kot*
m	magic	*most*	*mawsht*
n	no	*nem*	*nem*
n'	canyon	*hány, mennyi*	*haan', men'·nyi*
p	pig	*pamut*	*po·mut*
r	run (but rolled)	*piros*	*pi·rawsh*
s	sit	*kolbász*	*kawl·baas*
sh	ship	*tojást*	*taw·yaasht*
t	tin	*tag*	*tog*
t'	tube (British)	*báty*	*baat'*
ts	rats	*koncert*	*kawn·tsert*
ty	tube (British)	*kártya*	*kaar·tyo*
v	vent	*vajon*	*vo·yawn*
y	yes	*hajó, melyik*	*ho·yāw, me·yik*
z	zero	*zab*	*zob*
zh	pleasure	*zsemle*	*zhem·le*

reading & writing

The Hungarian alphabet has 44 letters and is based on the Latin alphabet. It includes accented letters and consonant combinations. For spelling purposes (like when you spell your name to book into a hotel), the pronunciation of each letter is provided.

alphabet							
A a o	*Á á* aa	*B b* bay	*C c* tsay	*Cs cs* chay	*D d* day	*Dz dz* dzay	*Dzs dzs* jay
E e e	*É é* ay	*F f* ef	*G g* gay	*Gy gy* dyay	*H h* haa	*I i* i	*Í í* ee
J j yay	*K k* kaa	*L l* el	*Ly ly* ay	*M m* em	*N n* en	*Ny ny* en'	*O o* aw
Ó ó āw	*Ö ö* ēū	*Ő ő* ēū	*P p* pay	*Q q* ku	*R r* er	*S s* esh	*Sz sz* es
T t tay	*Ty ty* tyay	*U u* u	*Ú ú* ū	*Ü ü* ew	*Ű ű* ēw	*V v* vay	
W w du·plo·vay	*X x* iks	*Y y* ip·sil·awn			*Z z* zay	*Zs zs* zhay	

All vowels can take an acute accent (´), and both 'o' and 'u' can be written with an umlaut (¨) or a double acute (˝). The letters ö and ő, and ü and ű, are listed as separate pairs of letters in dictionaries (following o, ó and u, ú respectively). Consonant combinations like cs and ny also have separate entries. This order has been used in the **menu decoder** and **hungarian–english dictionary**.

syllables & word stress

In this book, the syllables are separated by a dot (eg *kawn·tsert*) so you'll have no problem isolating each unit of sound. Accents don't influence word stress which always falls on the first syllable of the word. We've used italics to show stress.

plunge in!

Don't worry if Hungarian seems difficult to pronounce at first. The trick is to stick to the coloured phonetic guides that accompany each phrase and have another go. If you're having trouble making yourself understood, simply point to the Hungarian phrase and show it to the person you're talking to. The most important thing is to laugh at your mistakes and keep on trying. Remember that communicating in a foreign language is, above all, great fun.

vowel harmony

Word endings in Hungarian need to 'rhyme' with the vowels in the word they're attached to. This is called vowel harmony. In the examples below, both the endings -on on and -en en mean 'at'. The reason they have different forms is because they need to harmonise with the vowel sounds in the root words (in this case, Visegrád and Budapest). The rules of vowel harmony are quite complex, but with the endings we've given you, you'll be understood just fine.

I'd like to get off at Visegrád.

| *Visegrádon* | *vi·she·graad·on* |
| *szeretnék leszállni.* | *se·ret·nayk le·saall·ni* |

(lit: Visegrád-on like-would-I off-get-to)

I'd like to get off at Budapest.

| *Budapesten* | *bu·do·pesht·en* |
| *szeretnék leszállni.* | *se·ret·nayk le·saall·ni* |

(lit: Budapest-on like-would-I off-get-to)

This chapter is arranged alphabetically and is designed to help you create your own sentences. If you can't find the exact phrase you need in this book, try to combine the rules we give you here with the vocabulary in the **dictionary**. Hungarian grammar can be challenging for an outsider to master, but with a few gestures and a couple of well-chosen words, you'll generally get the message across. If you're really enthusiastic, get hold of a comprehensive grammar and take the plunge.

a/an & the

The word for 'a/an' in Hungarian is *egy*. This is also the word for 'one', so *egy óra* ej *āw·*ro can mean both 'a watch' and 'one watch'.

I'd like a cup of coffee.
Kérek egy kávét.   *kay·*rek ej *kaa·*vayt
(lit: request-I a coffee)

The word for 'the' is *a* o before words beginning with a consonant, and *az* oz before words beginning with a vowel. So 'the hotel' is *a szálloda* o *saal·*law·do, while 'the office' is *az iroda* oz *i·*raw·do.

Where is the bus stop?
Hol a buszmegálló?   hawl o *bus·*meg·aal·lāw
(lit: where the bus-stop)

adjectives see describing things

articles see a/an & the

be

The verb *lenni* (be) changes depending on who or what is the subject (doer) of the sentence.

present tense					
I	am	*én*	*vagyok*	ayn	*vo*·dyawk
you sg inf	are	*te*	*vagy*	te	voj
you sg pol	are	*ön*	*van*	eun	von
he/she	is	*ő*	*van*	ēū	von
it	is	*az*	*van*	oz	von
we	are	*mi*	*vagyunk*	mi	*vo*·dyunk
you pl inf	are	*ti*	*vagytok*	ti	*voj*·tawk
you pl pol	are	*önök*	*vannak*	eu·neuk	*von*·nok
they (people)	are	*ők*	*vannak*	ēūk	*von*·nok
they (things)	are	*azok*	*vannak*	o·zawk	*von*·nok

Note that personal pronouns (like 'I' and 'you') are not usually used in Hungarian. See **personal pronouns** for more details.

Are you thirsty? sg inf

   Szomjas vagy?   *sawm*·yosh voj
   (lit: thirsty are-you)

When you want to say that 'he/she/it', 'they', or 'you' (singular and plural, but only in the polite form) is a type of thing, or has a certain characteristic, you don't need the verb 'be' as you do in English. Instead, you only need the subject (doer) and the description, as in the next example:

The children are hungry.
> *A gyerekek éhesek.*   o *dye*·re·kek *ay*·he·shek
> (lit: the children hungry)

The present tense form of 'be' is only used in these cases if the subject is followed by an adverb of some sort:

Zsuzsa is sick.
> *Zsuzsa rosszul van.*   *zhu*·zho *raws*·sul von
> (lit: Zsuzsa badly is)

case see me, myself & I

comparing things

The simplest way to compare things in Hungarian is with the construction … *olyan* …, *mint* … which more or less corresponds to the English construction '… is as … as …'.

The shirt is as expensive as the pants.
> *Az ing olyan drága,*   oz ing *aw*·yon *draa*·go
> *mint a nadrág.*   mint o *nod*·raag
> (lit: the shirt so expensive as the pants)

To say '… is bigger, faster, better (and so on) than …', you need to say … *nagyobb, gyorsabb, jobb* (etc), *mint* …

The train is faster than the bus.
> *A vonat gyorsabb,*   o *vaw*·not *dyawr*·shobb
> *mint a busz.*   mint o bus
> (lit: the train faster than the bus)

describing things

Adjectives can change their form depending on where they are in relation to the noun. The adjective normally appears before the noun, and in that case stays in the singular form (as in the first three examples). It changes to the plural form only if it follows the noun, like in the last example. Note that when the adjective follows the noun in the present tense of the verb 'be', in the singular and plural of the second person polite form and third person, the words 'is' and 'are' aren't used in Hungarian.

a short journey
   egy rövid út   ej *reu*·vid üt
   (lit: a short journey)

The journey is short.
   Az út rövid.   oz üt *reu*·vid
   (lit: the journey short)

the short journeys
   a rövid utak   o *reu*·vid *u*·tok
   (lit: the short journeys)

The journeys are short.
   Az utak rövidek.   oz *u*·tok *reu*·vi·dek
   (lit: the journeys short)

See also **be**, and take a look at the boxes in **interests**, page 111 and **feelings & opinions**, page 121.

doing things

Learning the basic patterns of Hungarian verbs is not difficult. The challenge is trying to learn all of the patterns plus all of the exceptions. For the present tense of most verbs, use the next table to help you. The dictionary form of the verb will be the same as the 'he/she/it' form below. To make the different forms, simply add the endings to the dictionary form as they are shown.

pronoun		the vowel in the word's last syllable is ...		
		a, á, i, í, o, ó, u, ú (eg *vár* 'wait')	**e, é** (eg *fizet* 'pay')	**ö, ő, ü, ű** (eg *ül* 'sit')
I	én	-ok várok	-ek fizetek	-ök ülök
you sg inf	te	-sz vársz	-sz fizetsz	-sz ülsz
you sg pol	ön	(no ending) vár	(no ending) fizet	(no ending) ül
he/she	ő	(no ending) vár	(no ending) fizet	(no ending) ül
it	az	(no ending) vár	(no ending) fizet	(no ending) ül
we	mi	-unk várunk	-ünk fizetünk	-ünk ülünk
you pl inf	ti	-tok vártok	-tek fizettek	-tök ültök
you pl pol	önök	-nak várnak	-nek fizetnek	-nek ülnek
they (people)	ők	-nak várnak	-nek fizetnek	-nek ülnek
they (things)	ők	-nak várnak	-nek fizetnek	-nek ülnek

Some common verbs don't follow these rules. The verbs *jönni* (come), *menni* (go), *enni* (eat) and *inni* (drink) are laid out in the next table. For other irregular verb forms, check out a comprehensive grammar or text book.

19

present tense					
I	come go eat drink	*én*	*jövök* *megyek* *eszem* *iszom*	ayn	*yeu*·veuk *me*·dyek *e*·sem *i*·sawm
you sg inf	come go eat drink	*te*	*jössz* *mész* *eszel* *iszol*	te	yeuss mays *e*·sel *i*·sawl
you sg pol	come go eat drink	*ön*	*jön* *megy* *eszik* *iszik*	eun	yeun mej *e*·sik *i*·sik
he/she	comes goes eats drinks	*ő*	*jön* *megy* *eszik* *iszik*	ēū	yeun mej *e*·sik *i*·sik
it	comes goes eats drinks	*az*	*jön* *megy* *eszik* *iszik*	oz	yeun mej *e*·sik *i*·sik
we	come go eat drink	*mi*	*jövünk* *megyünk* *eszünk* *iszunk*	m	*yeu*·vewnk *me*·dyewnk *e*·sewnk *i*·sunk
you pl inf	come go eat drink	*ti*	*jöttök* *mentek* *esztek* *isztok*	ti	*yeut*·teuk *men*·tek *es*·tek *is*·tawk
you pl pol	come go eat drink	*önök*	*jönnek* *mennek* *esznek* *isznak*	eu·neuk	*yeun*·nek *men*·nek *es*·nek *is*·nok
they (people)	come go eat drink	*ők*	*jönnek* *mennek* *esznek* *isznak*	ēūk	*yeun*·nek *men*·nek *es*·nek *is*·nok
they (things)	come go eat drink	*azok*	*jönnek* *mennek* *esznek* *isznak*	o·zawk	*yeun*·nek *men*·nek *es*·nek *is*·nok

See also **be** and **have**.

The easiest way to talk about the future is to use the present tense of the verb and a word referring to a future time:

Tomorrow we are going to the cinema.
    Holnap moziba megyük.   *hawl·nop maw·zi·bo me·dyewnk*
    (lit: tomorrow cinema-to go-we)

I'm leaving on Saturday.
    Szombaton elutazom.   *sawm·bo·tawn el·u·to·zawm*
    (lit: Saturday-on away-travel-I)

To describe the way you do things (adverbs), see the box in **feelings & opinions**, page 121.

have

There is no direct equivalent to the English verb 'have' in Hungarian. Possession is expressed with the word *van* (is) or *vannak* (are), followed by the name of the thing owned plus a possessive ending (my, your, his, her etc). For example:

I have bags.
    Vannak táskáim.   *von·nok taash·kaa·im*
    (lit: there-are bags-my)

If you drop the *vannak* part, the remaining word will just mean 'my bags'.

To express 'don't have', substitute the words *nincs* (there isn't) or *nincsenek* (there aren't) for *van* and *vannak* respectively:

I don't have a ticket.
    Nincs jegyem.   *ninch ye·dyem*
    (lit: there-isn't ticket-my)

For a list of possessive endings see **my & your** and also take a look at **vowel harmony**, page 14.

me, myself & I

In Hungarian, the endings of words may change depending on their 'case'. The case of a word conveys grammatical information such as number, possession, location and the relationship between the noun and other parts of the sentence. It's formed by adding word endings (suffixes) to the nouns.

There are 22 cases in Hungarian, most of which have equivalents in English prepositions such as 'with', 'by', 'from', 'into', 'in', 'to' and so on. The *inessive* case, for example, is used to express the concept of 'in'. By adding *-ban* (in) to the end of the word *mozi* 'cinema', you get the prepositional phrase *moziban* 'in a cinema' (lit: cinema-in).

Hungarian cases and their endings are too numerous to list here, so if you'd like to know more you can refer to a comprehensive grammar guide. Don't worry about it too much, though – in this book we've already chosen the appropriate case for the nouns in each phrase.

more than one

Make something plural by adding *-k* to the end of the word. If the word already ends in a consonant you need to put a vowel before the *-k* first. The vowel that goes before it should 'harmonise' with the noun (see **vowel harmony**, page 14). For example:

the ticket	*a jegy*	o yej
the tickets	*a jegyek*	o ye·dyek

Note that the plural form is never needed after numbers or words of quantity:

200 forints	*kétszáz forint*	kayt·saaz faw·rint
	(lit: 200 forint)	
some flowers	*néhány virág*	nay·haan' … vi·raag
	(lit: some flower)	

See also **describing things** and **me, myself & I**, as well as the chapter **numbers & amounts**, page 29.

my & your

There are no separate words for 'my', 'your', 'her' and so on in Hungarian. To show belonging you need to add a word ending (suffix) to the thing that is owned.

a book	*egy könyv*	(lit: a book)	*ej keun'v*
Béla's book	*Béla könyve*	(lit: Béla book-his)	*bay·lo keun'·ve*
his book	*a könyve*	(lit: the book-his)	*o keun'·ve*
	az ő könyve	(lit: the he book-his)	*oz ēū keun'·ve*

As the last example shows, if the owner's name is not mentioned the word will be preceded by 'the': *a* or *az*. For special emphasis, the pronoun (in this case 'he') can be inserted between *a/az* and the noun. The simplest way to express belonging is to say *a/az*, then the noun plus the correct ending from the table below.

	many nouns with the vowels … in their last syllable		nouns ending with *a* or *e* (*a* becomes *á*, *e* becomes *é*) (eg *táska* 'bag')
	a, á, í, o, ó, u, ú (eg *vonat* 'train')	*e, é, i, ö, ü* (eg *könyv* 'book')	
my	*-om* vonatom	*-em* könyvem	*-m* táskám
your sg inf	*-od* vonatod	*-ed* könyved	*-d* táskád
your sg pol	*-ja* vonatja	*-e* könyve	*-ja* táskája
his/her/ its	*-ja* vonatja	*-e* könyve	*-ja* táskája
our	*-unk* vonatunk	*-ünk* könyvünk	*-nk* táskánk
your pl inf	*-otok* vonatotok	*-etek* könyvetek	*-tok* táskátok
your pl pol	*-ja* vonatja	*-e* könyve	*-ja* táskája
their	*-juk* vonatjuk	*-vük* könyvük	*-juk* táskájuk

See also **a/an & the**, **have** and **vowel harmony**, on page 14.

a–z phrasebuilder

negative

To convey the sense of 'not', place the word *nem* just before the part of the sentence you want to negate and you'll make yourself understood.

The ticket isn't expensive.
    A jegy nem drága.   o yed' nem *draa*·go
    (lit: the ticket not expensive)

I don't like fish.
    Nem szeretem a halat.   nem *se*·re·tem o *ho*·lot
    (lit: not like-I the fish)

nouns see me, myself & I and more than one

personal pronouns

Hungarian pronouns always vary according to their case (see me, myself, & I).

I	*én*	ayn	**we**	*mi*	mi
you sg inf	*te*	te	**you** pl inf	*ti*	ti
you sg pol	*ön*	eun	**you** pl pol	*önök*	*eu*·neuk
he/she	*ő*	ēū	**they (people)**	*ők*	ēūk
it	*az*	oz	**they (things)**	*azok*	o·zawk

Note that in sentences containing a verb, a separate word for 'I', 'he' or 'she' isn't needed, as in the example below. This is because the verb form already indicates the subject (doer). The personal pronoun is only used to put special emphasis on the subject.

They're standing there.
    Ott állnak.   awtt *aall*·nok
    (lit: there stand-they)

See also **me, myself & I** and **my & your**, and take a look at the box on formality in **feelings & opinions**, page 117.

plural see more than one

pointing things out see this & that

possession see have and my & your

prepositions see case and talking about location

questions

Form questions by using a question word:

How many?	*Hány?*	haan'
How much?	*Mennyi?*	men'·nyi
What?	*Mi?*	mi
What kind?	*Milyen?*	mi·yen
Where?	*Hol?*	hawl
When?	*Mikor?*	mi·kawr
Which?	*Melyik?*	me·yik
Who?	*Ki?*	ki
Why?	*Miért?*	mi·ayrt

talking about location

Indicating the location of something in Hungarian is usually done by adding endings (suffixes) to words. These equate to prepositions like 'in', 'at' or 'on' in English. For more details, see **me, myself & I**. Postpositions can also be used to describe location. As you can see in this example, a postposition is a separate word following the noun, instead of being attached to it.

in front of the cinema
a mozi előtt   o maw·zi e·lēütt
(lit: the cinema in-front-of)

For other location words, see the **dictionary**.

this & that

To point something out in Hungarian, use one of the words below:

this	ez	ez
that	az	oz
these	ezek	e·zek
those	azok	o·zawk

You'll need to use a word from this table, plus *a/az* (depending on whether the noun starts with a consonant or a vowel) and then the noun itself. For example:

This dish is very good!
Ez az étel nagyon jó!   ez oz *ay*·tel *no*·dyawn yāw
(lit: this the dish very good)

That man has stolen my bag.
Az az ember ellopta   oz oz *em*·ber *el*·lawp·to
a táskámat.   o *taash*·kaa·mot
(lit: that the man stole the bag-my)

word order

In Hungarian, the order of words in a sentence is more flexible than in English, but it's not entirely arbitrary. English emphasises words by putting stress on them in pronunciation, while Hungarian emphasises words by bringing them forward to the beginning of the sentence:

I buy *apples* in the shop, not bananas.
Almát veszek a közértben   *ol*·maat *ve*·sek o *keu*·zayrt·ben
nem banánt.   nem *bo*·naant
(lit: apple buy-I the shop-in not banana)

Do you speak (English)?
Beszél (angolul)? pol — be·sayl (on·gaw·lul)
Beszélsz (angolul)? inf — be·sayls (on·gaw·lul)

Does anyone speak (English)?
Beszél valaki (angolul)? — be·sayl vo·lo·ki (on·gaw·lul)

Do you understand?
Érti? pol — ayr·ti
Érted? inf — ayr·ted

Yes, I understand.
Igen, értem. — i·gen ayr·tem

No, I don't understand.
Nem, nem értem. — nem nem ayr·tem

I (don't) understand.
(Nem) Értem. — (nem) ayr·tem

I speak (English).
Beszélek (angolul). — be·say·lek (on·gaw·lul)

I don't speak (Hungarian).
Nem beszélek (magyarul). — nem be·say·lek (mo·dyo·rul)

I speak a little.
Egy kicsit beszélek. — ej ki·chit be·say·lek

What does 'lángos' mean?
Mit jelent az, hogy 'lángos'? — mit ye·lent oz hawj laan·gawsh

How do you …?	Hogyan …?	haw·dyon …
pronounce this	mondja ki ezt	mawnd·yo ki ezt
write *'útlevél'*	írja azt, hogy *'útlevél'*	eer·yo ozt hawj ūt·le·vayl
Could you please …?	…, kérem.	… kay·rem
repeat that	Megismételné ezt	meg·ish·may·tel·nay ezt
speak more slowly	Tudna lassabban beszélni	tud·no losh·shob·bon be·sayl·ni
write it down	Leírná	le·eer·naa

tongue in cheek

So you've got the hang of Hungarian, huh? Then take the tongue twister challenge!
Start off easy:

fiaiéi
fi·o·i·ay·i
More things of her more sons.

You're still feeling confident? What about …

Mit sütsz, kis szűcs? Sós húst sütsz, kis szűcs?
mit shewts kish sēwch shāwsh hūsht shewts kish sēwch
What are you grilling, little furrier? Are you grilling salty meat, little furrier?

Or this one, which is a bit of a doozie even in English …

A tarka szarka farka tarka. De nem minden szarka farka tarka csak a tarka szarka farka tarka.
o tor·ko sor·ko for·ko tor·ko de nem min·den sor·ko for·ko tor·ko chok o tor·ko sor·ko for·ko tor·ko
The multicoloured mockingbird's tail is multicoloured. But not every mockingbird's tail is multicoloured, only the multicoloured mockingbird's tail is multicoloured.

cardinal numbers

0	*nulla*	*nul*·lo
1	*egy*	ej
2	*kettő*	*ket*·tēū
3	*három*	*haa*·rawm
4	*négy*	nayj
5	*öt*	eut
6	*hat*	hot
7	*hét*	hayt
8	*nyolc*	nyawlts
9	*kilenc*	*ki*·lents
10	*tíz*	teez
11	*tizenegy*	*ti*·zen·ej
12	*tizenkettő*	*ti*·zen·ket·tēū
13	*tizenhárom*	*ti*·zen·haa·rawm
14	*tizennégy*	*ti*·zen·nayj
15	*tizenöt*	*ti*·zen·eut
16	*tizenhat*	*ti*·zen·hot
17	*tizenhét*	*ti*·zen·hayt
18	*tizennyolc*	*ti*·zen·nyawlts
19	*tizenkilenc*	*ti*·zen·ki·lents
20	*húsz*	hūs
21	*huszonegy*	*hu*·sawn·ej
22	*huszonkettő*	*hu*·sawn·ket·tēū
30	*harminc*	*hor*·mints
31	*harmincegy*	*hor*·mints·ej
32	*harminckettő*	*hor*·mints·ket·tēū
40	*negyven*	*nej*·ven
41	*negyvenegy*	*nej*·ven·ej
42	*negyvenkettő*	*nej*·ven·ket·tēū
50	*ötven*	*eut*·ven

60	*hatvan*	*hot*·von
70	*hetven*	*het*·ven
80	*nyolcvan*	*nyawlts*·von
90	*kilencven*	*ki*·lents·ven
100	*száz*	saaz
200	*kétszáz*	*kayt*·saaz
1,000	*ezer*	*e*·zer
1,000,000	*millió*	*mil*·li·āw

ordinal numbers

sorszámnevek

1st	*első*	*el*·shēū
2nd	*második*	*maa*·shaw·dik
3rd	*harmadik*	*hor*·mo·dik
4th	*negyedik*	*ne*·dye·dik
5th	*ötödik*	*eu*·teu·dik

two's company

Hungarian has two ways of expressing the number 'two'. The word *kettő* ket·tēū is used when the number is given on its own, or when the object is not mentioned. For example, the answer to the question *Hány forintod van?* haan' faw·rin·tawd von (How many forints do you have?) would be *Kettő.* – Two. The word *két* kayt, on the other hand, is used when 'two' is followed by the counted noun, as in *két forint* kayt faw·rint (two forints).

Both *kettő* and *két* appear in all numerals containing 'two'. So 12 is *tizenkettő* ti·zen·ket·tēū or *tizenkét* ti·zen·kayt, 22 is *huszonkettő* hu·sawn·ket·tēū or *huszonkét* hu·sawn·kayt, and so on.

It's easy to mistake *két* kayt (two) for *hét* hayt (seven). Be sure to pronounce the k as distinctly as you can so you don't end up getting seven pancakes instead of two!

fractions

a quarter	*egynegyed*	*ej*·ne·dyed
a third	*egyharmad*	*ej*·hor·mod
a half	*fél*	fayl
three-quarters	*háromnegyed*	*haa*·rawm·ne·dyed
all	*mind*	mind
none	*egyik sem*	*e*·dyik shem

decimals

Egész e·gays means 'whole' not 'point', and the numbers after it aren't said one by one. In the first example, you literally say 'three-whole-fourteen', not 'three-point-one-four'.

3.14	*három egész*	*haa*·rawm *e*·gays
	tizennégy	*ti*·zen·nayj
4.2	*négy egész kettő*	nayj *e*·gays *ket*·tēū
5.1	*öt egész egy*	eut *e*·gays ej

---

numbers with dots & commas

Numbers in Hungarian use the opposite punctuation to English, so make sure you get it right when it counts.

3.456 = three thousand, four hundred and fifty-six
3,456 = three point four five six

---

numbers & amounts

31

useful amounts

Quantities are calculated in decagrams as opposed to grams or kilograms. A decagram is equivalent to ten grams.

| How much? | *Mennyi?* | men'·nyi |
| How many? | *Hány?* | haan' |

Please give me ...	*Kérem, adjon nekem ...*	kay·rem od·yawn ne·kem ...
(10) decagrams	*(tíz) deka*	(teez) de·ko
half a dozen	*fél tucat*	fayl tu·tsot
a dozen	*egy tucat*	ej tu·tsot
half a kilo	*fél kiló*	fayl ki·läw
a kilo	*egy kiló*	ej ki·läw
a bottle/jar	*egy üveg*	ej ew·veg
a packet	*egy csomag*	ej chaw·mog
a slice	*egy szelet*	ej se·let
a tin	*egy doboz*	ej daw·bawz
a few	*egy kevés*	ej ke·vaysh
less	*kevesebb*	ke·ve·shebb
(just) a little	*(csak) egy kicsi*	(chok) ej ki·chi
a lot/many	*sok*	shawk
more	*több*	teubb
some	*néhány*	nay·haan'

thumbs up

To show the number one, Hungarians hold up their thumb instead of their index finger. For two, you need to show both thumb and index finger, and so on. If you want one item and you only hold up your index finger (your 'number two' finger), you may end up with twice what you asked for ...

time & dates
idő és dátum

telling the time

hogyan mondjuk meg, mennyi az idő

Hungarians are forward thinkers. To express the time 10.15 they say *negyed tizenegy* ne·dyed ti·zen·ej, which means 'a quarter of eleven'. Likewise, 10.30 is *fél tizenegy* fayl ti·zen·ej or 'half of eleven'. This isn't the case when stating times that aren't 'a quarter' or 'a half' past the hour in English. For example, 10.05 is simply *öt perccel múlt tíz* eut perts·tsel mült teez or 'five minutes past ten'. Don't get too confused by this. For the most part, telling the time in Hungarian is very straightforward. The phrases below will point you in the right direction.

What time is it?	*Hány óra?*	haan' āw·ra
It's (one) o'clock.	*(Egy) óra van.*	(ej) āw·ra von
It's (ten) o'clock.	*(Tíz) óra van.*	(teez) āw·ra von
Five past (ten).	*Öt perccel múlt (tíz).*	eut perts·tsel mült (teez)
Quarter past (ten).	*Negyed (tizenegy).*	ne·dyed (ti·zen·ej)
Half past (ten).	*Fél (tizenegy).*	fayl (ti·zen·ej)
Twenty to (eleven).	*Húsz perc múlva (tizenegy).*	hūs perts mül·vo (ti·zen·ej)
Quarter to (eleven).	*Háromnegyed (tizenegy).*	haa·rawm·ne·dyed (ti·zen·ej)

night & day

Hungarians don't think of time in 'am' and 'pm'. They use two words to refer to the morning: *reggel* reg·gel shows times before 9am, and *délelőtt* dayl·e·lêütt indicates 9am–12pm. After midday, you use *délután* dayl·u·taan for 12–6pm, *este* esh·te for 6–10pm, and *éjjel* ay·yel for times after 10pm.

At what time ...?
Hány órakor ...?　　　　haan' *āw*·ro·kawr ...

At (ten).
(Tíz)kor.　　　　(teez)·kawr

At 7.57pm.
Este hét óra　　　　esh·te hayt *āw*·ro
ötvenhét perckor.　　　　eut·ven·hayt perts·kawr
(lit: evening seven o'clock fifty-seven minutes-at)

the calendar

a naptár

days

Monday	*hétfő*	*hayt*·feű
Tuesday	*kedd*	kedd
Wednesday	*szerda*	*ser*·do
Thursday	*csütörtök*	*chew*·teur·teuk
Friday	*péntek*	*payn*·tek
Saturday	*szombat*	*sawm*·bot
Sunday	*vasárnap*	*vo*·shaar·nop

months

January	*január*	*yo*·nu·aar
February	*február*	*feb*·ru·aar
March	*március*	*maar*·tsi·ush
April	*április*	*aap*·ri·lish
May	*május*	*maa*·yush
June	*június*	*yū*·ni·ush
July	*július*	*yū*·li·ush
August	*augusztus*	*o*·u·gus·tush
September	*szeptember*	*sep*·tem·ber
October	*október*	*awk*·tāw·ber
November	*november*	*naw*·vem·ber
December	*december*	*de*·tsem·ber

dates

What date is it today?
> *Hányadika van ma?* haa·nyo·di·ko von mo

It's (18 October).
> *(Október* (awk·tāw·ber
> *tizennyolcadika) van.* ti·zen·nyawl·tso·di·ko) von

seasons

spring	*tavasz*	to·vos
summer	*nyár*	nyaar
autumn/fall	*ősz*	ēūs
winter	*tél*	tayl

present

jelen

this ...		
morning	*ma reggel*	mo reg·gel
afternoon	*ma délután*	mo dayl·u·taan
week	*ezen a héten*	e·zen o hay·ten
month	*ebben a hónapban*	eb·ben o hāw·nop·bon
year	*ebben az évben*	eb·ben oz ayv·ben
now	*most*	mawsht
today	*ma*	mo
tonight	*ma este*	mo esh·te

past

múlt

last night	*tegnap éjjel*	teg·nop ay·yel
yesterday	*tegnap*	teg·nop
day before yesterday	*tegnapelőtt*	teg·nop·e·lēūtt
(three days)	*(három nappal)*	(haa·rawm nop·pol)
ago	*ezelőtt*	ez·e·lēūtt
since (May)	*(május) óta*	(maa·yush) āw·to

time & dates

last ...	a múlt ...	o mūlt ...
week	héten	hay·ten
month	hónapban	hāw·nop·bon
year	évben	ayv·ben
yesterday ...	tegnap ...	teg·nop ...
morning	reggel	reg·gel
afternoon	délután	dayl·u·taan
evening	este	esh·te

future

jövő

tomorrow	holnap	hawl·nop
day after tomorrow	holnapután	hawl·nop·u·taan
in (six) days	(hat) nap múlva	(hot) nop mūl·vo
until (June)	(június)ig	(yū·ni·ush)·ig
next ...	a jövő ...	o yeu·vēū ...
week	héten	hay·ten
month	hónapban	hāw·nop·bon
year	évben	ayv·ben
tomorrow ...	holnap ...	hawl·nop ...
morning	reggel	reg·gel
afternoon	délután	dayl·u·taan
evening	este	esh·te

during the day

napközben

afternoon	délután	dayl·u·taan
dawn	hajnal	hoy·nol
day	nappal	nop·pol
evening	este	esh·te
midday	dél	dayl
midnight	éjfél	ay·fayl
morning	reggel	reg·gel
night	éjszaka	ay·so·ko
sunrise	napkelte	nop·kel·te
sunset	napnyugta	nop·nyug·to

Hungary became a member of the European Union in 2004, and is aiming to convert its currency to the euro, however there is no current target date for conversion. Most of the examples in this phrasebook are in forints, but we've also included euros in the dictionary and in this chapter.

How much is it/this?
Mennyibe kerül?   men'·nyi·be ke·rewl

It's free.
Ingyen van.   in·dyen von

It's (500) forints.
(Ötszáz) forint.   (eut·saaz) faw·rint

It's (300) euros.
(Háromszáz) euró.   (haa·rawm·saaz) e·u·raw

Could you write down the price?
Le tudná írni az árat?   le tud·naa eer·ni oz aa·rot

Do you change money here?
Váltanak itt pénzt?   vaal·to·nok itt paynzt

Do you accept ...?	*Elfogadnak ...?*	el·faw·god·nok ...
credit cards	*hitelkártyát*	hi·tel·kaar·tyaat
debit cards	*bankkártyát*	bonk·kaar·tyaat
travellers cheques	*utazási csekket*	u·to·zaa·shi chek·ket

I'd like to ...	*Szeretnék ...*	se·ret·nayk ...
cash a cheque	*beváltani egy csekket*	be·vaal·to·ni ej chek·ket
change a travellers cheque	*beváltani egy utazási csekket*	be·vaal·to·ni ej u·to·zaa·shi chek·ket
change money	*pénzt váltani*	paynzt vaal·to·ni
withdraw money	*pénzt kivenni*	paynzt ki·ven·ni

What's the ...?	Mennyi ...?	men'·nyi ...
charge	a díj	o dee·y
buying rate	a vételi	o vay·te·li
	árfolyam	aar·faw·yom
exchange rate	a valutaárfolyam	o vo·lu·to·aar·faw·yom
selling rate	az eladási	oz el·o·daa·shi
	árfolyam	aar·faw·yom

Do I need to pay upfront?
Előre kell fizetnem? — e·lēū·re kell fi·zet·nem

Could I have a receipt, please?
Kaphatnék egy nyugtát, kérem? — kop·hot·nayk ej nyug·taat kay·rem

Could I have my change, please?
Megkaphatnám a visszajáró pénzt? — meg·kop·hot·naam o vis·so·yaa·rāw paynzt

I'd like a refund, please.
Vissza szeretném kapni a pénzemet, kérem. — vis·so se·ret·naym kop·ni o payn·ze·met kay·rem

I've already paid for this.
Már kifizettem. — maar ki·fi·zet·tem

There's a mistake in the bill.
Valami nem stimmel a számlával. — vo·lo·mi nem shtim·mel o saam·laa·vol

I don't want to pay the full price.
Nem akarom kifizetni a teljes árat. — nem o·ko·rawm ki·fi·zet·ni o tel·yesh aa·rot

Where's the nearest automated teller machine?
Hol van a legközelebbi bankautomata? — hawl von o leg·keu·ze·leb·bi bonk·o·u·taw·mo·to

getting around

utazgatás

Which ... goes to (Budapest)?	Melyik ... megy (Budapest)re?	me·yik ... mej (bu·do·pesht)·re
boat	hajó	ho·yāw
bus	busz	bus
train	vonat	vaw·not

Which ... goes to (the parliament)?	Melyik ... megy (a Parlament)hez?	me·yik ... mej (o por·lo·ment)·hez
bus	busz	bus
tram	villamos	vil·lo·mawsh
trolleybus	troli	traw·li
metro line	metró	met·rāw

When's the ... (bus)?	Mikor megy ... (busz)?	mi·kawr mej ... (bus)
first	az első	oz el·shēū
last	az utolsó	oz u·tawl·shāw
next	a következő	o keu·vet·ke·zēū

What time does it leave?
Mikor indul?   mi·kawr in·dul

What time does it get to (Eger)?
Mikor ér (Eger)be?   mi·kawr ayr (e·ger)·be

How long will it be delayed?
Mennyit késik?   men'·nyit kay·shik

transport

39

Is this seat free?
Szabad ez a hely?   *so*·bod ez o *he*·y

That's my seat.
Az az én helyem.   oz oz ayn *he*·yem

Please tell me when we get to (Eger).
Kérem, szóljon, amikor   *kay*·rem *sawl*·yawn o·mi·kawr
(Eger)be érünk.   (*e*·ger)·be *ay*·rewnk

Please stop here.
Kérem, álljon meg itt.   *kay*·rem *aall*·yawn meg itt

How long do we stop here?
Mennyi ideig állunk itt?   *men*·nyi *i*·de·ig *aal*·lunk itt

I'd like to	*Le szeretnék*	le *se*·ret·nayk
get off …	*szállni …*	*saall*·ni …
at the next stop	*a következőnél*	o *keu*·vet·ke·zēū·nayl
here	*itt*	itt

tickets

jegyek

Where do I buy a ticket?
Hol kapok jegyet?   hawl *ko*·pawk *ye*·dyet

Where's the …	*Hol a …*	hawl o …
ticket office?	*jegypénztár?*	*yej*·paynz·taar
domestic	*belföldi*	*bel*·feul·di
international	*nemzetközi*	*nem*·zet·keu·zi

A … ticket	*Egy … jegy*	ej … yej
to (Eger).	*(Eger)be.*	(*e*·ger)·be
1st-class	*első osztályú*	*el*·shēū *aws*·taa·yū
2nd-class	*másodosztályú*	*maa*·shawd·aws·taa·yū
one-way	*csak oda*	chok *aw*·do
return	*oda-vissza*	*aw*·do·vis·so

A … ticket	*Egy … (Eger)be.*	ej … (*e*·ger)·be
to (Eger).		
child's	*gyerekjegy*	*dye*·rek·yej
student	*diákjegy*	*di*·aak·yej

I'd like	... helyet	... he·yet
a/an ... seat.	szeretnék.	se·ret·nayk
aisle	Folyosó felőli	faw·yaw·shāw fe·lēū·li
nonsmoking	Nemdohányzó	nem·daw·haan'·zāw
smoking	Dohányzó	daw·haan'·zāw
window	Ablak melletti	ob·lok mel·let·ti

I need a ...	... kérek.	... kay·rek
30-day pass	Harmincnapos bérletet	hor·mints·no·pawsh bayr·le·tet
block of 10 single tickets	Tízdarabos gyűjtőjegyet	teez·do·ro·bawsh dyēw·y·tēū·ye·dyet
block of 20 single tickets	Húszdarabos gyűjtőjegyet	hūs·do·ro·bawsh dyēw·y·tēū·ye·dyet
daily ticket	Napijegyet	no·pi·ye·dyet
fortnightly pass	Kétheti bérletet	kayt·he·ti bayr·le·tet
monthly pass	Havibérletet	ho·vi·bayr·le·tet
single ticket	Vonaljegyet	vaw·nol·ye·dyet
three-day tourist ticket	Háromnapos turistajegyet	haa·rawm·no·pawsh tu·rish·to·ye·dyet
weekly ticket	Hetijegyet	he·ti·ye·dyet

transport

41

Is there (a) ...?	*Van ...?*	von ...
air-conditioning	*lég-kondicionálás*	layg-kawn·di·tsi·aw·naa·laash
blanket	*takaró*	to·ko·rāw
sick bag	*hányózacskó*	haa·nyāw·zoch·kāw
toilet	*vécé*	vay·tsay

Do I need to book?
Kell helyjegyet váltanom? kell he·ye·dyet vaal·ta·nawm

How much is it?
Mennyibe kerül? men'·nyi·be ke·rewl

How long does the trip take?
Mennyi ideig tart az út? men'·nyi i·de·ig tort oz ût

Is it a direct route?
Ez közvetlen járat? ez keuz·vet·len yaa·rot

Can I get a stand-by ticket?
Kaphatok egy készenléti jegyet? kop·ho·tawk ej kay·sen·lay·ti ye·dyet

Can I get a sleeping berth?
Kaphatok egy fekvőhelyet? kop·ho·tawk ej fek·vēū·he·yet

What time should I check in?
Mikor kell bejelentkeznem? mi·kawr kellbe·ye·lent·kez·nem

I'd like to ... my ticket, please.	*Szeretném ... a jegyemet.*	se·ret·naym ... o ye·dye·met
cancel	*törölni*	teu·reul·ni
change	*megváltoztatni*	meg·vaal·tawz·tot·ni
confirm	*megerősíteni*	meg·e·rēū·shee·te·ni

luggage

poggyász

My luggage has been stolen.
Ellopták a poggyászomat. el·lawp·taak o pawd'·dyaa·saw·mot

That's (not) mine.
Az (nem) az enyém. oz (nem) oz e·nyaym

kay·zi· pawd'·dyaas	*kézipoggyász*	**carry-on baggage**
pawd'·dyaas·tūl·shū·y	*poggyásztúlsúly*	**excess baggage**

Where can I find the ...?	*Hol találom ...?*	hawl to·laa·lawm ...
baggage claim	*a poggyász-kiadót*	o *pawd'*·dyaas·ki·o·dāwt
left-luggage office	*a poggyász-megőrzőt*	o *pawd'*·dyaas·meg·ēūr·zēūt

Where can I find a ...?	*Hol találok egy ...?*	hawl to·laa·lawk ej ...
luggage locker	*poggyász-megőrző automatát*	*pawd'*·dyaas·meg·ēūr·zēū o·u·taw·mo·taat
trolley	*poggyász-kocsit*	*pawd'*·dyaas·kaw·chit

My luggage has been ...	*A poggyászom ...*	o *pawd'*·dyaa·sawm ...
damaged	*megsérült*	*meg*·shay·rewlt
lost	*elveszett*	*el*·ve·sett

Can I have some ...?	*Kaphatok néhány ...?*	*kop*·ho·tawk *nay*·haan'...
coins	*pénzérmét*	*paynz*·ayr·mayt
20-forint coins	*húszforintost*	*hüs*·faw·rin·tawsht
100-forint coins	*százforintost*	*saaz*·faw·rin·tawsht

plane

repülőgép

At which gate does flight (BA15) arrive?
Hova érkezik a (BA tizenötös) számú járat?
haw·vo ayr·ke·zik a (bay o ti·zen·eu·teush) saa·mū yaa·rot

At which gate does flight (BA26) depart?
Honnan indul a (BA huszonhatos) számú járat?
hawn·non in·dul a (bay o hu·sawn·ho·tawsh) saa·mū yaa·rot

Where's (the) ...?	*Hol van ...?*	hawl von ...
airport shuttle	*a repülőtéri busz*	o *re*·pew·lēū·tay·ri bus
arrivals hall	*az érkezési csarnok*	oz *ayr*·ke·zay·shi *chor*·nawk
departures hall	*az indulási csarnok*	oz *in*·du·laa·shi *chor*·nawk
duty-free shop	*a vámmentes üzlet*	o *vaam*·men·tesh *ewz*·let
gate (5)	*az (ötös) kapu*	oz (*eu*·teush) *ko*·pu

bus & coach

busz

How often do buses come?
Milyen gyakran jönnek a buszok?
mi·yen *dyok*·ron *yeun*·nek o *bu*·sawk

Does it stop at (Visegrád)?
Megáll (Visegrád)on?
meg·aall (*vi*·she·graad)·on

What's the next stop?
Mi a következő megálló?
mi o *keu*·vet·ke·zēū *meg*·aal·lāw

I'd like to get off at (Visegrád).
(Visegrád)on szeretnék leszállni.
(*vi*·she·graad)·on *se*·ret·nayk le·saall·ni

city a	*város*	vaa·rawsh
departure bay	*állás*	aal·laash
inter-city a	*városközi*	vaa·rawsh·keu·zi
local a	*helyi*	he·yi
local bus station	*helyi buszállamás*	he·yi bus·aal·law·maash
long-distance bus station	*távolsági autóbusz-államás*	taa·vawl·shaa·gi o·u·tâw·bus aal·law·maash·
timetable display	*menetrend*	me·net·rend

train

All trains are speedy in Hungary, though some are speedier than others... From fastest to slowest they are *expressz* (express), *gyorsvonat* (fast) and *sebesvonat* (swift).

What station is this?
Ez milyen állomás?   ez *mi*·yen *aal*·law·maash

What's the next station?
Mi a következő   mi o *keu*·vet·ke·zēū
állomás?   *aal*·law·maash

Do I need to change?
Át kell szállnom?   aat kell *saall*·nawm

Is it ...?   Ez ... járat?   ez ... *yaa*·rot
  direct   közvetlen   *keuz*·vet·len
  express   expressz   *eks*·press

Which carriage   Melyik kocsi ...?   me·yik *kaw*·chi ...
is (for) ...?
  (Eger)   megy (Eger)be?   mej (*e*·ger)·be
  1st class   első osztályú   *el*·shēū *aws*·taa·yū

Which carriage is for dining?
Melyik az étkezőkocsi?   me·yik oz *ayt*·ke·zēū·kaw·chi

signs

Érkező vonatok	*ayr*·ke·zēū *vaw*·no·tawk	**Arrivals**
Gőzmozdony	*gēūz*·mawz·dawn'	**Steam Train**
Gyorsvonat	*dyorsh*·vaw·not	**Fast Train**
Induló vonatok	*in*·du·lāw *vaw*·no·tawk	**Departures**
InterCity Expressz	*in*·ter·si·ti *eks*·press	**Intercity Express**
InterCity Gyors	*in*·ter·si·ti dyorsh	**Intercity Rapid**
Keskeny	*kesh*·ken'	**Narrow-gauge**
nyomtávú	*nyawm*·taa·vū	
Sebesvonat	*she*·besh·vaw·not	**Swift Train**
Személyvonat	*se*·may·vaw·not	**Passenger Train**
Vágány	*vaa*·gaan'	**Platform**

PRACTICAL

46

boat

What's the lake like today?
Milyen ma a tó?   mi·yen mo o tāw

Are there life jackets?
Vannak mentőmellények?   von·nok men·tēū·mel·lay·nyek

I feel seasick.
Tengeribeteg vagyok.   ten·ge·ri·be·teg vo·dyawk

taxi

I'd like	*Szeretnék egy*	se·ret·nayk ej
a taxi ...	*taxit ...*	tok·sit ...
at (9am)	*(reggel kilenc)re*	(reg·gel ki·lents)·re
now	*most*	mawsht
tomorrow	*holnapra*	hawl·nop·ro

Where's the taxi rank?
Hol a taxiállomás?   hawl o tok·si·aal·law·maash

Is this taxi available?
Szabad ez a taxi?   so·bod ez o tok·si

Please put the meter on.
Kérem, kapcsolja be   kay·rem kop·chawl·yo be
az órát.   oz āw·raat

How much is it to ...?
Mennyibe kerül ...ba?   men'·nyi·be ke·rewl ...·bo

How much is the flag fall/hiring charge?
Mennyi az alapdíj?   men'·nyi oz o·lop·dee·y

Please take me to (this address).
Kérem, vigyen el   kay·rem vi·dyen el
(erre a címre).   (er·re o tseem·re)

How much is it?
Mennyit fizetek?   men'·nyit fi·ze·tek

That's too much.
Ez túl sok.   ez tūl shawk

I'll only give you (500) forints.
Csak (ötszáz) forintot   chok (eut·saaz) faw·rin·tawt
adok.   o·dawk

Please ...	*Kérem, ...*	*kay·rem ...*
slow down	*lassítson*	*losh·sheet·shawn*
stop here	*álljon meg itt*	*aall·yawn meg itt*
wait here	*várjon itt*	*vaar·yawn itt*

car & motorbike

autó és motor

car & motorbike hire

I'd like to hire	*Szeretnék egy ...*	*se·ret·nayk ej ...*
a/an ...	*bérelni.*	*bay·rel·ni*
4WD	*négykerék-*	*nayj·ke·rayk-*
	meghajtású	*meg·hoy·taa·shū*
	autót	*o·u·tāwt*
automatic	*automata*	*o·u·taw·mo·to*
	sebességváltós	*she·besh·shayg·vaal·tāwsh*
	autót	*o·u·tāwt*
manual	*kézi*	*kay·zi*
	sebességváltós	*she·besh·shayg·vaal·tāwsh*
	autót	*o·u·tāwt*
motorbike	*motort*	*maw·tawrt*

---

listen for ...

in·dyen	*ingyen*	**free**
ki·law·may·ter	*kilométer*	**kilometres**
o·u·tāw·paa·yo·	*autópálya-*	**motorway pass**
mot·ri·tso	*matrica*	
por·kaw·lāw·āw·ro	*parkolóóra*	**parking meter**
yaw·gaw·sheet·vaan'	*jogosítvány*	**drivers licence**

with air-conditioning	*lég-kondicionálóval*	*layg·kawn·di·tsi·aw·naa·láw·vol*
with a driver	*sofőrrel*	*shaw·fēūr·rel*

How much for … hire?	*Mennyibe kerül a kölcsönzés …?*	*men'·nyi·be ke·rewl o keul·cheun·zaysh …*
daily	*egy napra*	*ej nop·ro*
weekly	*egy hétre*	*ej hayt·re*

Does that include insurance/mileage?
Ebben benne van a biztosítás/ kilométerdíj?
eb·ben ben·ne von o biz·taw·shee·taash/ ki·law·may·ter·dee·y

Do you have a road map?
Van autóstérképük?   *von o·u·tāwsh·tayr·kay·pewk*

signs

Autópálya kijárat	*o·u·tāw·paa·yo ki·yaa·rot*	**Exit Freeway**
Autópályadíj	*o·u·tāw·paa·yo·dee·y*	**Toll**
Behajtani tilos	*be·ho·y·to·ni ti·lawsh*	**No Entry**
Bejárat	*be·yaa·rot*	**Entrance**
Egyirányú	*ej·i·raa·nyū*	**One-way**
Elsőbbségadás kötelező	*el·shēūbb·shayg·o·daash keu·te·le·zēū*	**Give Way**
Fizető autópálya	*fi·ze·tēū o·u·tāw·paa·yo*	**Toll Road**
Körforgalom	*keur·fawr·go·lawm*	**Roundabout**
Megállni tilos	*meg·aall·ni ti·lawsh*	**No Standing**
Stop	*shtawp*	**Stop**
Terelőút	*te·re·lēū·út*	**Detour**
Útépítés	*út·ay·pee·taysh*	**Road Work Ahead**
Várakozni tilos	*vaa·ro·kawz·ni ti·lawsh*	**No Parking**
Vasúti átjáró	*vosh·ū·ti aat·yaa·rāw*	**Railway Crossing**

transport

49

on the road

Petrol in Hungary isn't usually categorised into 'leaded' and 'unleaded'. Both kinds are available, but normally you'll see *normál benzin* nawr·maal ben·zin (86-octane), *szuper* su·per (92-octane) and *extra* ek·stro (98-octane).

What's the speed limit?
Mennyi a megengedett sebesség? men'·nyi o meg·en·ge·dett she·besh·shayg

Is this the road to (Sopron)?
Ez az út vezet (Sopron)ba? ez oz üt ve·zet (shawp·rawn)·bo

Where's a petrol station?
Hol van egy benzinkút? hawl von ej ben·zin·kūt

Please fill it up.
Kérem, töltse tele. kay·rem teult·she te·le

I'd like … litres.
… litert kérek. … li·tert kay·rek

diesel	*dízel*	dee·zel
leaded	*ólmozott*	āwl·maw·zawtt
LPG	*folyékony*	faw·yay·kawn'
	autógáz	o·u·tāw·gaaz
regular	*normál*	nawr·maal
premium	*ólommentes*	āw·lawm·men·tesh
unleaded	*szuper*	su·per
unleaded	*ólommentes*	āw·lawm·men·tesh

Can you check the …?	*Ellenőrizné …?*	el·len·ēū·riz·nay …
oil	*az olajat*	oz aw·lo·yot
tyre pressure	*a guminyomást*	o gu·mi·nyo·maasht
water	*a vizet*	o vi·zet

(How long) Can I park here?
(Meddig) Parkolhatok itt? (med·dig) por·kawl·ho·tawk itt

Do I have to pay?
Kell érte fizetni? kell ayr·te fi·zet·ni

problems

I need a mechanic.
Szükségem van egy — sewk·shay·gem von ej
autószerelőre. — o·u·tāw·se·re·lēū·re

I've had an accident.
Balesetem volt. — bol·e·she·tem vawlt

The car/motorbike has broken down (at Sopron).
Az autó/motor — oz o·u·tāw/maw·tawr
elromlott (Sopronnál). — el·rawm·lawtt (shawp·rawn·naal)

The car/motorbike won't start.
Az autó/motor nem indul. — oz o·u·tāw/maw·tawr nem in·dul

I have a flat tyre.
Defektem van. — de·fek·tem von

I've lost my car keys.
Elvesztettem az — el·ves·tet·tem oz
autókulcsaimat. — o·u·tāw·kul·cho·i·mot

I've locked the keys inside.
Bezártam a kulcsokat — be·zaar·tom o kul·chaw·kot
az autóba. — oz o·u·tāw·bo

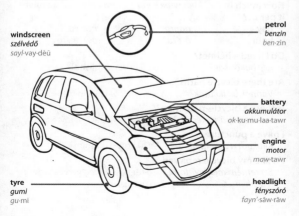

windscreen
szélvédő
sayl·vay·dēū

petrol
benzin
ben·zin

battery
akkumulátor
ok·ku·mu·laa·tawr

engine
motor
maw·tawr

tyre
gumi
gu·mi

headlight
fényszóró
fayn'·sāw·rāw

I've run out of petrol.
Kifogyott a benzinem.   ki·faw·dyawtt o ben·zi·nem

Can you fix it (today)?
Meg tudja csinálni (ma)?   meg tud·yo chi·naal·ni (mo)

How long will it take?
Mennyi ideig tart?   men'·nyi i·de·ig tort

bicycle

bicikli

I'd like to …	Szeretnék …	se·ret·nayk …
buy a bicycle	venni egy biciklit	ven·ni ej bi·tsik·lit
hire a bicycle	biciklit bérelni	bi·tsik·lit bay·rel·ni

I'd like a … bike.	… szeretnék.	… se·ret·nayk
mountain	Hegyikerékpárt	he·dyi·ke·rayk·paart
racing	Versenybiciklit	ver·shen'·bi·tsik·lit
second-hand	Használt biciklit	hos·naalt bi·tsik·lit

How much is	Mennyibe kerül	men'·nyi·be ke·rewl
it per …?	egy …?	ej …
day	napra	nop·ro
hour	órára	āw·raa·ro

Do I need a helmet?
Kell bukósisak?   kell bu·kāw·shi·shok

Are there bicycle paths?
Vannak bicikliutak?   von·nok bi·tsik·li·u·tok

Is there a bicycle-path map?
Van kerékpárút-térkép?   von ke·rayk·paar·ūt·tayr·kayp

I have a puncture.
Kilukadt a gumim.   ki·lu·kott o gu·mim

I'd like my bicycle repaired.
Szeretném megjavíttatni   se·ret·naym meg·yo·veet·tot·ni
a biciklimet.   o bi·tsik·li·met

border crossing

határátlépés

I'm ...	... vagyok.	... vo·dyawk
in transit	Átutazóban	aat·u·to·zāw·bon
on business	Üzleti úton	ewz·le·ti ū·tawn
on holiday	Szabadságon	so·bod·shaa·gawn

I'm here for ...	... vagyok itt.	... vo·dyawk itt
(10) days	(Tíz) napig	(teez) no·pig
(two) months	(Két) hónapig	(kayt) hāw·no·pig
(three) weeks	(Három) hétig	(haa·rawm) hay·tig

I'd like	... belépésre szóló	... be·lay·paysh·re sāw·lāw
a ... visa.	vízumot szeretnék.	vee·zu·mawt se·ret·nayk
single-entry	Egyszeri	ej·se·ri
double-entry	Kétszeri	kayt·se·ri
multiple-entry	Többszöri	teubb·seu·ri

I'm going to (Szeged).
(Szeged)re megyek. (se·ged)·re me·dyek

I'm staying at (the Gellért Hotel).
A (Gellért)ben fogok lakni. o (gel·layrt)·ben faw·gawk lok·ni

The children are on this passport.
A gyerekek ebben az o dye·re·kek eb·ben oz
útlevélben vannak. ūt·le·vayl·ben von·nok

listen for ...

chaw·pawrt	csoport	group
cho·laad	család	family
e·dye·dewl	egyedül	alone
ūt·le·vayl	útlevél	passport
vee·zum	vízum	visa

at customs

I have nothing to declare.
Nincs elvámolnivalóm.   ninch *el*·vaa·mawl·ni·vo·lāwm

I have something to declare.
Van valami   von *vo*·lo·mi
elvámolnivalóm.   *el*·vaa·mawl·ni·vo·lāwm

Do I have to declare this?
Ezt be kell jelentenem?   ezt be kell *ye*·len·te·nem

That's (not) mine.
Az (nem) az enyém.   oz (nem) oz *e*·nyaym

I didn't know I had to declare it.
Nem tudtam, hogy be   nem *tud*·tom hawj be
kell jelenteni.   kell *ye*·len·te·ni

signs

Bevándorlás	*be*·vaan·dawr·laash	**Immigration**
Karantén	*ko*·ron·tayn	**Quarantine**
Útlevélvizsgálat	*üt*·le·vayl·vizh·gaa·lot	**Passport Control**
Vám	vaam	**Customs**
Vámmentes	*vaam*·men·tesh	**Duty-free**

directions
tájékozódás

Where's (the market)?
Hol van (a piac)? · hawl von (o *pi*·ots)

What's the address?
Mi a cím? · mi o tseem

How do I get there?
Hogyan jutok oda? · *haw*·dyon *yu*·tawk *aw*·do

How far is it?
Milyen messze van? · *mi*·yen *mes*·se von

Can you show me (on the map)?
Meg tudja mutatni nekem (a térképen)? · meg *tud*·yo *mu*·tot·ni *ne*·kem (o *tayr*·kay·pen)

Turn ...	*Forduljon ...*	*fawr*·dul·yawn ...
at the corner	*be a saroknál*	be o *sho*·rawk·naal
at the traffic lights	*be a közlekedési lámpánál*	be o *keuz*·le·ke·day·shi *laam*·paa·naal
left/right	*balra/jobbra*	*bol*·ro/*yawbb*·ro

It's ...	*... van.*	... von
behind ...	*... mögött*	... *meu*·geutt
here	*itt*	itt
in front of ...	*... előtt*	... *e*·leütt
near ...	*... közelében*	... *keu*·ze·lay·ben
next to ...	*... mellett*	... *mel*·lett
on the corner	*a sarkon*	o *shor*·kawn
opposite ...	*...val szemben*	...·vol *sem*·ben
straight ahead	*egyenesen előttünk*	*e*·dye·ne·shen *e*·leütt·tewnk
there	*ott*	ott

listen for ...
... *ki*·law·may·ter	... *kilométer*	... **kilometres**
... *may*·ter	... *méter*	... **metres**
... perts	... *perc*	... **minutes**

directions

55

north	észak	ay·sok
south	dél	dayl
east	kelet	ke·let
west	nyugat	nyu·got

by ...		
bus	busszal	bus·sol
foot	gyalog	dyo·lawg
metro	metróval	met·rāw·vol
taxi	taxival	tok·si·vol
tram	villamossal	vil·lo·mawsh·shol
train	vonattal	vaw·not·tol

What ... is this?	Milyen ... ez?	mi·yen ... ez
avenue	fasor	fo·shawr
lane	köz	keuz
road	út	ūt
square	tér	tayr
street	utca	ut·tso
village	falu	fo·lu

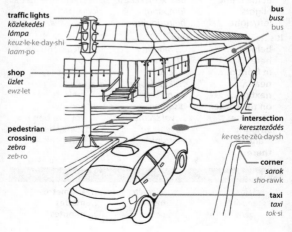

traffic lights
közlekedési lámpa
keuz·le·ke·day·shi laam·po

shop
üzlet
ewz·let

pedestrian crossing
zebra
zeb·ro

bus
busz
bus

intersection
kereszteződés
ke·res·te·zēū·daysh

corner
sarok
sho·rawk

taxi
taxi
tok·si

finding accommodation

szálláskeresés

Where's a ...?	Hol van egy ...?	hawl von ej ...
camping ground	kemping	kem·ping
guesthouse	panzió	pon·zi·āw
hotel	szálloda	saal·law·do
room in a	fizetővendég-	fi·ze·tēū·ven·dayg·
private home	szoba	saw·bo
university	egyetemi	e·dye·te·mi
dormitory	kollégium	kawl·lay·gi·um
youth	ifjúsági	if·yū·shaa·gi
hostel	szálló	saal·lāw

Can you recommend	Tud ajánlani	tud o·yaan·lo·ni
somewhere ...?	egy ... helyet?	ej ... he·yet
cheap	olcsó	awl·chāw
good	jó	yāw
luxurious	luxus	luk·sush
nearby	közeli	keu·ze·li
romantic	romantikus	raw·mon·ti·kush

What's the address?	Mi a cím?	mi o tseem

For responses, see **directions**, page 55.

booking ahead & checking in

előzetes szobafoglalás és bejelentkezés

I'd like to book a ... room, please.	Szeretnék egy ... szobát foglalni.	se·ret·nayk ej ... saw·baat fawg·lol·ni
single	egyágyas	ej·aa·dyosh
double	duplaágyas	dup·lo·aa·dyosh
twin	kétágyas	kayt·aa·dyosh
triple	háromágyas	haa·rawm·aa·dyosh

How much is it per ...?	Mennyibe kerül egy ...?	men'·nyi·be ke·rewl ej ...
night	éjszakára	ay·so·kaa·ro
person	főre	feü·re
week	hétre	hayt·re

I have a reservation.
Van foglalásom.   von *fawg*·lo·laa·shawm

My name's ...
A nevem ...   o *ne*·vem ...

For (three) nights/weeks.
(Három) éjszakára/hétre.   (*haa*·rawm) *ay*·so·kaa·ro/*hayt*·re

From (July 2) to (July 6).
(Július kettő)től   (*yū*·li·ush *ket*·tēū)·tēūl
(július hat)ig.   (*yū*·li·ush *hot*)·ig

Can I see it?
Megnézhetem?   *meg*·nayz·he·tem

I'll take it.
Kiveszem.   *ki*·ve·sem

Do I need to pay upfront?
Előre kell fizetnem?   e·lēū·re kell *fi*·zet·nem

listen for ...

haan' *ay*·so·kaa·ro	Hány éjszakára?	How many nights?
kulch	kulcs	key
te·le	tele	full
ūt·le·vayl	útlevél	passport

PRACTICAL

58

Can I pay by ...?	*Fizethetek ...?*	*fi·zet·he·tek ...*
credit card	*hitelkártyával*	*hi·tel·kaar·tyaa·vol*
travellers cheque	*utazási csekkel*	*u·to·zaa·shi chek·kel*

For other methods of payment, see **shopping**, page 68.

requests & queries

When/Where is breakfast served?
Mikor/Hol van a reggeli?   *mi·kawr/hawl von o reg·ge·li*

Please wake me at (seven).
Kérem, ébresszen fel   *kay·rem ayb·res·sen fel*
(hét)kor.   *(hayt)·kawr*

Can I use the ...?	*Használhatom*	*hos·naal·ho·tawm*
	a ...?	*o ...*
kitchen	*konyhát*	*kawn'·haat*
laundry	*mosodát*	*maw·shaw·daat*
telephone	*telefont*	*te·le·fawnt*
washing machine	*mosógépet*	*maw·shāw·gay·pet*

Do you have	*Van Önöknél ...?*	von *eu·neuk·nayl ...*
a/an ...?		
elevator	*lift*	lift
message board	*hirdetőtábla*	*hir·de·tēū·taab·lo*
safe	*széf*	sayf
swimming pool	*uszoda*	*u·saw·do*

signs

Fürdőszoba	*fewr·dēū·saw·bo*	**Bathroom**
Minden szoba	*min·den saw·bo*	**No Vacancy**
foglalt.	*fawg·lolt*	
Szoba kiadó.	*saw·bo ki·o·dāw*	**Private Room**
Van üres szoba.	von *ew·resh saw·bo*	**Vacancy**

accommodation

59

Do you ... here?	Önök ...?	*eu*·neuk ...
arrange tours	*szerveznek*	*ser·vez·nek*
	itt túrákat	*itt tū·raa·kot*
change money	*váltanak itt*	*vaal·to·nok itt*
	pénzt	*paynzt*

Could I have	*Kaphatnék*	*kop·hot·nayk*
a/an ..., please?	*egy ..., kérem?*	*ej ... kay·rem*
mosquito net	*szúnyoghálót*	*sū·nyawg·haa·lāwt*
receipt	*nyugtát*	*nyug·taat*
official receipt	*ÁFÁ-s*	*aa·faash*
with VAT	*számlát*	*saam·laat*

Do you have a laundry service?
Lehet Önöknél — *le·het eu·neuk·nayl*
mosatni? — *maw·shot·ni*

Can I get another (blanket)?
Kaphatok egy másik — *kop·ho·tawk ej maa·shik*
(takaró)t? — *(to·ko·rāw)t*

Could I have my key, please?
Megkaphatnám a — *meg·kop·hot·naam o*
kulcsomat, kérem? — *kul·chaw·mot kay·rem*

Is there a message for me?
Van számomra — *von saa·mawm·ro*
valami üzenet? — *vo·lo·mi ew·ze·net*

Can I leave a message for someone?
Hagyhatok üzenetet — *hoj·ho·tawk ew·ze·ne·tet*
valakinek? — *vo·lo·ki·nek*

I'm locked out of my room.
Kizártam magam a — *ki·zaar·tom mo·gom o*
szobámból. — *saw·baam·bāwl*

Who is it?
Ki az?
ki oz

Just a moment.
Egy pillanat.
ej *pil*·lo·not

Come in.
Jöjjön be.
yeu·y·yeun be

Come back later, please.
Kérem, jöjjön vissza később.
kay·rem *yeu*·y·yeun *vis*·so *kay*·shēûbb

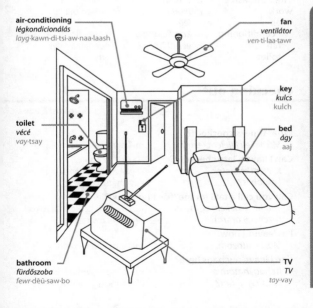

air-conditioning
légkondicionálás
layg·kawn·di·tsi·aw·naa·laash

fan
ventilátor
ven·ti·laa·tawr

key
kulcs
kulch

toilet
vécé
vay·tsay

bed
ágy
aaj

bathroom
fürdőszoba
fewr·dēû·saw·bo

TV
TV
tay·vay

complilants

This (pillow) isn't clean.
Ez a (párna) nem tiszta.   ez o (*paar*·no) nem *tis*·to

It's too …	*Túl …*	tűl …
bright	*világos*	*vi*·laa·gawsh
cold	*hideg*	*hi*·deg
dark	*sötét*	*sheu*·tayt
expensive	*drága*	*draa*·go
noisy	*zajos*	*zo*·yawsh
small	*kicsi*	*ki*·chi

The … doesn't work.	*A … nem működik.*	o … nem *mēw*·keu·dik
air-conditioning	*légkondicionáló*	*layg*·kawn·di·tsi·aw·naa·lāw
fan	*ventilátor*	*ven*·ti·laa·tawr
toilet	*vécé*	*vay*·tsay

checking out

What time is checkout?
Mikor kell kijelentkezni?   *mi*·kawr kell *ki*·ye·lent·kez·ni

Can I have a late checkout?
Kijelentkezhetek   *ki*·ye·lent·kez·he·tek
később is?   *kay*·shēūbb ish

Can you call a taxi for me (for 11 o'clock)?
Tud hívni nekem egy taxit   tud *heev*·ni *ne*·kem ej *tok*·sit
(tizenegy órára)?   (*ti*·zen·ej *āw*·raa·ro)

I'm leaving now.
Most elutazom.   mawsht *el*·u·to·zawm

Can I leave my bags here?
Itt hagyhatom a   itt *hoj*·ho·tawm o
csomagjaimat?   *chaw*·mog·yo·i·mot

There's a mistake in the bill.
Valami nem stimmel   vo·lo·mi nem *shtim*·mel
a számlával.   o *saam*·laa·vol

This is too expensive.
Ez túl sok.   ez túl shawk

I didn't have anything from the minibar.
Nem ittam semmit   nem *it*·tom·*shem*·mit
a minibárból.   o *mi*·ni·baar·bāwl

I didn't call (Australia).
Nem hívtam fel   nem *heev*·tom fel
(Ausztráliá)t.   (o·ust·raa·li·aa)t

I didn't use the phone.
Nem telefonáltam.   nem te·le·faw·naal·tom

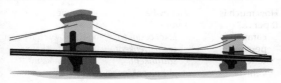

Could I have   *Visszakaphatnám*   vis·so·kop·hot·naam
my ..., please?   *..., kérem?*   ... *kay*·rem
    deposit   *a letétemet*   o le·tay·te·met
    passport   *az útlevelemet*   oz üt·le·ve·le·met
    valuables   *az értékeimet*   oz ayr·tay·ke·i·met

I'll be back ...   *... visszajövök.*   ... vis·so·yeu·veuk
    in (three) days   *(Három) nap*   (*haa*·rawm) nop
    múlva   *múl*·vo
    on (Tuesday)   *(Kedd)en*   (*ked*)·en

I had a great stay, thank you.
Nagyon jól éreztem   no·dyawn yāwl *ay*·rez·tem
magam, köszönöm.   mo·gom *keu*·seu·neum

I'll recommend it to my friends.
Ajánlani fogom a   o·yaan·lo·ni *faw*·gawm o
barátaimnak.   bo·raa·to·im·nok

camping

Do you have (a) …?	*Van Önöknél …?*	von *eu*·neuk·nayl …
bungalow/cabin	*faház*	*fo*·haaz
caravan	*lakókocsi*	*lo*·käw·kaw·chi
electricity	*villany*	*vil*·lon'
hot water	*meleg víz*	*me*·leg veez
laundry	*mosoda*	*maw*·shaw·do
shower facilities	*zuhanyozó*	*zu*·ho·nyaw·zāw
site	*hely*	*he*·y
tents for hire	*bérelhető*	*bay*·rel·he·tēū
	sátor	*shaa*·tawr

How much is	*Mennyibe*	*men'*·nyi·be
it per …?	*kerül …?*	*ke*·rewl …
caravan	*lakókocsinként*	*lo*·käw·kaw·chin·kaynt
person	*személyenként*	*se*·may·yen·kaynt
tent	*sátranként*	*shaat*·ron·kaynt
vehicle	*járművenként*	*yaar*·mēw·ven·kaynt

Can I camp here?
Táborozhatok itt?   *taa*·baw·rawz·ho·tawk itt

Can I park next to my tent?
Parkolhatok a sátram   *por*·kawl·ho·tawk o *shaat*·rom
mellett?   *mel*·lett

Who do I ask to stay here?
Kitől kell megkérdeznem,   *ki*·tēūl kell *meg*·kayr·dez·nem
hogy ittmaradhatok-e?   hawj *itt*·mo·rod·ho·tawk·e

Is the water drinkable?
Iható a víz?   *i*·ho·tāw o veez

Is it coin-operated?
Pénzérmével működik?   *paynz*·ayr·may·vel *mēw*·keu·dik

Could I borrow a …?
Kölcsönkérhetnék egy …?   *keul*·cheun·kayr·het·nayk ej …

For other camping phrases, see **outdoors**, page 153.

renting

bérlés

I'm here about the ... for rent.	A kiadó ... miatt vagyok itt.	o *ki*·o·dāw ... *mi*·ott *vo*·dyawk itt
Do you have a/an ... for rent?	Van Önöknél kiadó ...?	von *eu*·neuk·nayl *ki*·o·dāw ...
apartment	lakás	*lo*·kaash
bungalow/cabin	faház	*fo*·haaz
house	ház	haaz
room	szoba	*saw*·bo
villa	villa	*vil*·lo
furnished	bútorozott	*bū*·taw·raw·zawtt
partly furnished	részben bútorozott	*rays*·ben *bū*·taw·raw·zawtt
unfurnished	bútorozatlan	*bū*·taw·raw·zot·lon

staying with locals

helyieknél lakva

Can I stay at your place?
Lakhatok Önnél? pol — *lok*·ho·tawk *eun*·nayl
Lakhatok nálad? inf — *lok*·ho·tawk *naa*·lod

Is there anything I can do to help?
Van bármi, amiben segíthetek? — von *baar*·mi o·mi·ben she·geet·he·tek

I have my own ...	Van saját ...	von *sho*·yaat ...
mattress	matracom	*mot*·ro·tsawm
sleeping bag	hálózsákom	*haa*·lāw·zhaa·kawm
towel	törülközőm	*teu*·rewl·keu·zēūm

Can I do the dishes?
  Elmosogathatok? el·maw·shaw·got·ho·tawk

Can I set/clear the table?
  Megteríthetem/ meg·te·reet·he·tem/
  Leszedhetem az asztalt? le·sed·he·tem oz os·tolt

Can I take out the rubbish?
  Kivihetem a szemetet? ki·vi·he·tem o se·me·tet

Thanks for your hospitality.
  Köszönöm a keu·seu·neum o
  vendéglátást. ven·dayg·laa·taasht

If you're dining with your hosts, see **eating out**, page 157, for additional phrases.

see **eating out**, page 157

---

dining etiquette

Traditionally, a Hungarian meal begins with the guest of honour saying *Jó étvágyat!* yāw ayt·vaa·dyot (I wish you bon appétit) and ends with the guests thanking the host for the meal. The hostess will wish her guests a hearty appetite at the start of each course, though you shouldn't start eating until she does. You'll probably be offered seconds, but it's also acceptable to ask for a second helping yourself. Hospitality is generally measured by the amount and variety of food served, so sample everything that your hosts have prepared.

Don't rest your elbows on the table as you eat, but do keep your hands visible at all times. If you're taking a break between those hearty Hungarian dishes, show that you're still eating by crossing your knife and fork across your plate. Once you've finished, lay your cutlery on the right side of your plate.

Take care when you make the most accepted Hungarian toast *Egészségedre!* e·gays·shay·ged·re. It literally means 'to your health', but if you mispronounce it the way English speakers often do you could wind up saying 'to your arse'. Ask a Hungarian for advice on pronunciation.

shopping
vásárlás

looking for ...

keresés

Where's ...?	Hol van ...?	hawl von ...
a department store	egy áruház	ej *aa*·ru·haaz
the market	a piac	o *pi*·ots
a shopping centre	egy bevásárló-központ	ej be·vaa·shaar·*lāw*·keuz·pawnt
a supermarket	egy élelmiszer-áruház	ej *ay*·lel·mi·ser·aa·ru·haaz

Where can I buy (a padlock)?
Hol tudok venni (egy lakatot)?
hawl *tu*·dawk *ven*·ni (ej *lo*·ko·tawt)

For phrases on directions, see **directions**, page 55.
For more shops and services, see the **dictionary**.

making a purchase

egy árucikk megvétele

I'm just looking.
Csak nézegetek.
chok *nay*·ze·ge·tek

I'd like to buy (an adaptor plug).
Szeretnék venni (egy adapter dugót).
se·ret·nayk *ven*·ni (ej o·dop·ter *du*·gāwt)

How much is it?
Mennyibe kerül?
men'·nyi·be *ke*·rewl

Could you write down the price?
Le tudná írni az árat?
le *tud*·naa *eer*·ni oz *aa*·rot

shopping

67

Do you have any others?
Van másmilyen is?   von *maash*·mi·yen ish

Can I look at it?
Megnézhetem?   meg·nayz·he·tem

Could I have it wrapped?
Be lehetne csomagolni?   be *le*·het·ne *chaw*·mo·gawl·ni

Does it have a guarantee?
Van rajta garancia?   von *ro*·y·to *go*·ron·tsi·o

Can I have it sent abroad?
El lehet küldetni külföldre?   el *le*·het *kewl*·det·ni *kewl*·feuld·re

Can you order it for me?
Meg tudja rendelni nekem?   meg *tud*·yo *ren*·del·ni *ne*·kem

Do you accept ...?	*Elfogadnak ...?*	*el*·faw·god·nok ...
credit cards	*hitelkártyát*	*hi*·tel·kaar·tyaat
debit cards	*bankkártyát*	*bonk*·kaar·tyaat
travellers cheques	*utazási csekket*	*u*·to·zaa·shi *chek*·ket
Could I have a ..., please?	*Kaphatnék egy ..., kérem?*	*kop*·hot·nayk ej ... *kay*·rem
bag	*zacskót*	*zoch*·kāwt
receipt	*nyugtát*	*nyug*·taat
I'd like ..., please.	*Szeretném ..., kérem.*	*se*·ret·naym ... *kay*·rem
my change	*megkapni a visszajáró pénzt*	*meg*·kop·ni o *vis*·so·yaa·rāw paynzt
to return this	*visszaadni ezt*	*vis*·so·od·ni ezt

Can I pick it up later?
Bejöhetek érte később?   *be*·yeu·he·tek *ayr*·te *kay*·shêûbb

It's faulty.
Hibás.   *hi*·baash

I'd like a refund, please.
Vissza szeretném kapni a   *vis*·so *se*·ret·naym *kop*·ni o
pénzemet, kérem.   *payn*·ze·met *kay*·rem

bargaining

That's too expensive.
Ez túl drága.   ez tûl *draa*·go

Do you have something cheaper?
Van valami olcsóbb?   von *vo*·lo·mi *awl*·chāwbb

I'll give you (500 forints).
Adok Önnek (ötszáz   *o*·dawk *eun*·nek (*eut*·saaz
forintot).   *faw*·rin·tawt)

clothes

My size is ...	*A méretem ...*	o *may*·re·tem ...
(40)	*(negyvenes)*	(*nej*·ve·nesh)
large	*nagy*	noj
medium	*közepes*	*keu*·ze·pesh
small	*kicsi*	*ki*·chi

Can I try it on?
Felpróbálhatom?   *fel*·prāw·baal·ho·tawm

It doesn't fit.
Nem jó.   nem yāw

For clothing items, see the **dictionary**.

repairs

javítások

Can I have my ... repaired here?	*Megjavíttat-hatnám itt ...?*	*meg·yo·veet·tot·hot·naam itt ...*
bag	*a táskámat*	o *taash·kaa·mot*
camera	*a fényképező-gépemet*	o *fayn'·kay·pe·zēū·gay·pe·met*
shoes	*a cipőmet*	o *tsi·pēū·met*
suitcase	*a bőröndömet*	o *bēū·reun·deu·met*
watch	*az órámat*	oz *āw·raa·mot*
When will my ... be ready?	*Mikor lesz kész a ...?*	*mi·kawr les kays o ...*
backpack	*hátizsákom*	*haa·ti·zhaa·kawm*
camera	*fényképező-gépem*	*fayn'·kay·pe·zēū·gay·pem*
glasses	*szemüvegem*	*se·mew·ve·gem*
shoes	*cipőm*	*tsi·pēūm*
sunglasses	*napszemüvegem*	*nop·se·mew·ve·gem*

hairdressing

fodrászat

I'd like (a) ...	*Szeretnék egy ...*	*se·ret·nayk ej ...*
blow wave	*mosást és szárítást*	*maw·shaasht aysh saa·ree·taasht*
colour	*hajfestést*	*hoy·fesh·taysht*
haircut	*hajvágást*	*hoy·vaa·gaasht*
my beard trimmed	*szakálligazítást*	*so·kaall·i·go·zee·taasht*
shave	*borotválást*	*baw·rawt·vaa·laasht*
trim	*igazítást*	*i·go·zee·taasht*

PRACTICAL

Don't cut it too short.
Ne vágja túl rövidre.   ne *vaag*·yo tūl *reu*·vid·re

Please use a new blade.
Kérem, használjon   *kay*·rem *hos*·naal·yawn
új pengét.   ū·y *pen*·gayt

Shave it all off!
Borotválja le az egészet!   *baw*·rawt·vaal·yo le oz *e*·gay·set

I don't want this!
Ezt nem kérem!   ezt nem *kay*·rem

books & reading

Do you have …?	*Van …?*	von …
a book by	*könyvük*	*keun*'·vewk
(György	*(Moldova*	(*mawl*·daw·vo
Moldova)	*Györgytől)*	*dyeurj*·tēūl)
an entertainment	*program-*	*prawg*·rom
guide	*füzetük*	few·ze·tewk
a PestiEst	*Pesti Estjük*	*pesh*·ti *esht*·yewk
Is there an English-	*Van valahol egy*	von *vo*·lo·hawl ej
language …?	*angol nyelvű …?*	*on*·gawl *nyel*·vēw …
bookshop	*könyvesbolt*	*keun*'·vesh·bawlt
section	*részleg*	*rays*·leg

print & online resources

The *Budapest Times* (www.budapesttimes.hu) includes a '14-Day Guide' to entertainment each week. Useful freebies for popular listings include *Budapest Funzine* (www.funzine.hu) and *PestiEst* (www.est.hu, in Hungarian). The monthly freebie *Koncert Kalendárium* (www.koncertkalendarium.hu) has more serious offerings: classical concerts, opera, dance and the like.

71

I'd like a ...	*Szeretnék egy ...*	*se·ret·nayk ej ...*
dictionary	*szótárt*	*sāw·taart*
newspaper	*(angol)*	*(on·gawl)*
(in English)	*újságot*	*ūy·shaa·gawt*
notepad	*jegyzetfüzetet*	*yej·zet·few·ze·tet*

Could you recommend a book for me?
Tudna ajánlani nekem   *tud·no o·yaan·lo·ni ne·kem*
egy könyvet?   ej *keun'·vet*

Do you have Lonely Planet guidebooks?
Vannak Lonely Planet   *von·nok lāwn·li plo·*net
útikönyveik?   *ū·ti·keun'·ve·ik*

music

zene

I'm looking for something by (Zsuzsa Koncz).
(Koncz Zsuzsá)tól   (konts *zhu·*zhaa)·tāwl
keresek valamit.   *ke·re·shek vo·lo·mit*

What's their best recording?
Melyik a legjobb   *me·yik o leg·yawbb*
lemezük?   *le·me·zewk*

Can I listen to this?
Meghallgathatom ezt?   *meg·holl·got·ho·tawm ezt*

photography

I need ... film.	... filmet szeretnék.	... fil·met se·ret·nayk
APS	APS	o·pay·esh
B&W	fekete-fehér	fe·ke·te·fe·hayr
colour	színes	see·nesh
slide	dia	di·o

Can you load my film?
Bele tudják tenni a filmet
a gépembe?   be·le tud·yaak ten·ni o fil·met
o gay·pem·be

Can you develop this film?
Elő tudják hívni ezt a filmet?   e·lêû tud·yaak heev·ni ezt o fil·met

Can you develop digital photos?
Elő tudnak hívni
digitális fényképeket?   e·lêû tud·nok heev·ni
di·gi·taa·lish fayn'·kay·pe·ket

When will it be ready?
Mikor lesz kész?   mi·kawr les kays

I need (200) speed film.
(Kétszáz)as
fényérzékenységű
filmet szeretnék.   (kayt·saaz)·osh
fayn'·ayr·zay·ken'·shay·gêw
fil·met se·ret·nayk

I need a passport photo taken.
Útlevélképet szeretnék
csináltatni.   üt·le·vayl·kay·pet se·ret·nayk
chi·naal·tot·ni

Can you recharge the battery for my digital camera?
Fel tudják tölteni
a digitális fényképező-
gépem elemét?   fel tud·yaak teul·te·ni
o di·gi·taa·lish fayn'·kay·pe·zêû-
gay·pem e·le·mayt

Can you transfer photos from my camera to CD?
Át tudják vinni a képeket
a fényképezőgépemről
CD-re?   aat tud·yaak vin·ni o kay·pe·ket
o fayn'·kay·pe·zêû·gay·pem·rêül
tsay·day·re

Do you sell memory cards for this camera?

Árulnak   aa-rul-nok
memóriakártyát ehhez   me-māw-ri-o-kaar-tyaat eh-hez
a fényképezőgéphez?   o fayn'-kay-pe-zēū-gayp-hez

Do you sell batteries for this camera?

Árulnak elemet ehhez   aa-rul-nok e-le-met eh-hez
a fényképezőgéphez?   o fayn'-kay-pe-zēū-gayp-hez

I need a cable to connect my camera to a computer.

Szükségem van egy   sewk-shay-gem von ej
vezetékre, hogy hozzá   ve-ze-tayk-re hawj hawz-zaa
tudjam kapcsolni a   tud-yom kop-chawl-ni o
fényképezőgépemet   fayn'-kay-pe-zēū-gay-pe-met
egy komputerhez.   ej kawmp-yū-ter-hez

I need a cable to recharge this battery.

Szükségem van egy   sewk-shay-gem von ej
vezetékre, hogy fel tudjam   ve-ze-tayk-re hawj fel tud-yom
tölteni ezt az elemet.   teul-te-ni ezt oz e-le-met

I'm not happy with these photos.

Nem tetszenek ezek a képek.   nem tet-se-nek e-zek o kay-pek

I don't want to pay the full price.

Nem akarom kifizetni a   nem o-ko-rawm ki-fi-zet-ni o
teljes árat.   tel-yesh aa-rot

---

souvenirs

Traditional Hungarian items that make great gifts include wooden toys and boxes, *matyó* dolls dressed in folk costumes, lace and wine.

I'd like to buy ...	... szeretnék venni.	... se-ret-nayk ven-ni
a carved chess set	*Faragott sakk-készletet*	fo-ro-gawtt shokk-kays-le-tet
a carved wooden box	*Faragott fadobozt*	fo-ro-gawtt fo-daw-bawzt
good Hungarian wine	*Jó magyar bort*	yāw mo-dyor bawrt
lace cover	*Csipketerítőt*	chip-ke-te-ree-tēūt
a matyó doll	*Matyó babát*	mo-tyāw bo-baat

post office

postahivatal

I want to send a ...	... szeretnék küldeni.	... se·ret·nayk kewl·de·ni
fax	Faxot	fok·sawt
letter	Levelet	le·ve·let
parcel	Csomagot	chaw·mo·gawt
postcard	Képeslapot	kay·pesh·lo·pawt
I want to buy a/an...	... szeretnék venni.	... se·ret·nayk ven·ni
airmail envelope	Légipostai borítékot	lay·gi·pawsh·to·i baw·ree·tay·kawt
ordinary envelope	Sima borítékot	shi·mo baw·ree·tay·kawt
stamp	Bélyeget	bay·ye·get

Please send it by air/surface mail to (Australia).
Kérem, küldje légipostán/simán (Ausztráliá)ba.
kay·rem kewld·ye lay·gi·pawsh·taan/shi·maan (o·ust·raa·li·aa)·bo

It contains (souvenirs).
(Emléktárgyak) vannak benne.
(em·layk·taar·dyok) von·nok ben·ne

customs declaration	vámnyilatkozat	vaam·nyi·lot·kaw·zot
domestic	belföldi	bel·feul·di
envelope	boríték	baw·ree·tayk
fragile	törékeny	teu·ray·ken'
international	nemzetközi	nem·zet·keu·zi
mail	posta	pawsh·to
mailbox	postaláda	pawsh·to·laa·do
PO box	postafiók	pawsh·to·fi·āwk
postcode	postai	pawsh·to·i
	irányítószám	i·raa·nyee·tāw·saam

Where's the poste restante section?
| Hol a poste restante részleg? | hawl o pawst res·tont rays·leg |

I want to rent a PO box.
| Postafiókot szeretnék bérelni. | pawsh·to·fi·āw·kawt se·ret·nayk bay·rel·ni |

Is there any mail for me?
| Van levelem? | von le·ve·lem |

snail mail		
airmail	légiposta	lay·gi·pawsh·to
express mail	expressz	eks·press
registered mail	ajánlott	o·yaan·lawtt
sea mail	hajóval	ho·yāw·vol
	szállított posta	saal·lee·tawtt pawsh·to
surface mail	szárazföldön	saa·roz·feul·deun
	szállított posta	saal·lee·tawtt pawsh·to

phone

What's your phone number?

Mi a telefonszáma? pol	mi o *te*·le·fawn·saa·ma
Mi a telefonszámod? inf	mi o *te*·le·fawn·saa·mawd

Where's the nearest public phone?

Hol a legközelebbi	hawl o *leg*·keu·ze·leb·bi
nyilvános telefon?	*nyil*·vaa·nawsh te·le·fawn

Do you have a phone book?

Van telefonkönyvük?	von te·le·fawn·keun'·vewk

I want to …	*Szeretnék …*	se·ret·nayk …
buy a	*telefonkártyát*	te·le·fawn·kaar·tyaat
phonecard	*venni*	*ven*·ni
call	*(Szingapúr)ba*	(*sin*·go·pūr)·bo
(Singapore)	*telefonálni*	te·le·faw·naal·ni
make a	*(helyi) telefon-*	(*he*·yi) te·le·fawn·
(local) call	*beszélgetést*	be·sayl·ge·taysht
	folytatni	*faw*·y·tot·ni
speak for (three)	*(három) percig*	(*haa*·rawm) *per*·tsig
minutes	*beszélni*	*be*·sayl·ni

How much	*Mennyibe*	*men*'·nyi·be
does … cost?	*kerül …?*	*ke*·rewl …
a (three)-	*egy (három)perces*	ej (*haa*·rawm)·per·tsesh
minute call	*beszélgetés*	be·sayl·ge·taysh
each extra	*minden további*	*min*·den *taw*·vaab·bi
minute	*perc*	perts

I want to make a collect/reverse-charge call.

'R' beszélgetést	*er*·be·sayl·ge·taysht
szeretnék kérni.	se·ret·nayk *kayr*·ni

The number is …

A szám …	o saam …

What's the code for (New Zealand)?

Mi (Új-Zéland) hívószáma?	mi (*ūy*·zay·lond) *hee*·vāw·saa·mo

It's engaged.
Foglalt. *fawg·lolt*

The connection's bad.
Rossz az összeköttetés. *rawss oz eus·se·keut·te·taysh*

I've been cut off.
Megszakadt a *meg·so·kott o*
beszélgetés. *be·sayl·ge·taysh*

Hello.
Halló! *hol·lāw*

Can I speak to ...?
Beszélhetek ...val? *be·sayl·he·tek ...vol*

It's ...
... vagyok. *... vo·dyawk*

Is ... there?
... ott van? *... awtt von*

Can I leave a message?
Hagyhatok egy üzenetet? *hoj·ho·tawk ej ew·ze·ne·tet*

listen for ...	
ej *pil·lo·not*	
Egy pillanat.	**One moment.**
ki *be·sayl*	
Ki beszél?	**Who's calling?**
ki·vel o·kor be·sayl·ni	
Kivel akar beszélni?	**Who do you want to speak to?**
ninch itt	
Nincs itt.	**He/She isn't here.**
ninch *itt·hawn*	
Nincs itthon.	**He/She isn't home.**
ninch bent	
Nincs bent.	**He/She isn't at work.**
tay·vesh	
Téves.	**Wrong number.**

PRACTICAL

78

Please tell him/her I called.
Kérem, mondja meg neki,   *kay*·rem *mawnd*·yo meg *ne*·ki
hogy hívtam.   hawj *heev*·tom

My number is …
A telefonszámom …   o *te*·le·fawn·saa·mawm …

I don't have a contact number.
Nincs telefonom.   ninch *te*·le·faw·nawm

I'll call back later.
Később visszahívom.   *kay*·shēübb *vis*·so·hee·vawm

mobile phone/cellphone

mobiltelefon

I'd like a …	*Szeretnék egy …*	*se*·ret·nayk ej …
charger for	*töltőt a*	*teul*·tēüt o
my phone	*telefonomhoz*	*te*·le·faw·nawm·hawz
mobile phone/	*mobiltelefont*	*maw*·bil·te·le·fawnt
cellphone	*bérelni*	*bay*·rel·ni
for hire		
(prepaid)	*(előre kifizetett)*	(*e*·lēü·re *ki*·fi·ze·tett)
SIM card	*SIM-kártyát*	*sim*·kaar·tyaat

What are the rates?
Milyen díjak vannak?   *mi*·yen *dee*·yok *von*·nok

(30) forints per (30) seconds.
(Harminc)   (*hor*·mints)
másodpercenként   *maa*·shawd·per·tsen·kaynt
(harminc) forint.   (*hor*·mints) *faw*·rint

communications

79

the internet

Where's the local Internet café?
Hol van a legközelebbi   hawl von o *leg*·keu·ze·leb·bi
internet kávézó?   *in*·ter·net *kaa*·vay·zāw

I'd like to …	*Szeretném …*	se·ret·naym …
check my email	*megnézni az e-mailjeimet*	*meg*·nayz·ni oz ee·mayl·ye·i·met
get Internet access	*rámenni az internetre*	*raa*·men·ni oz *in*·ter·net·re
use a printer	*használni egy nyomtatót*	*hos*·naal·ni ej *nyawm*·to·tāwt
use a scanner	*használni egy szkennert*	*hos*·naal·ni ej *sken*·nert

Do you have …?	*Van …?*	von …
Macs	*Macintosh számítógépük*	*me*·kin·tawsh *saa*·mee·tāw·gay·pewk
PCs	*PC-jük*	*pay*·tsay·yewk
a Zip drive	*Zip-meghajtójuk*	*zip*·meg·hoy·tāw·yuk

How much per …?	*Mennyibe kerül …?*	*men'*·nyi·be *ke*·rewl …
hour	*óránként*	*āw*·raan·kaynt
(five) minutes	*(öt) percenként*	(eut) *per*·tsen·kaynt
page	*oldalanként*	*awl*·do·lon·kaynt

How do I log on?
Hogyan kell bejelentkezni?   *haw*·dyon kell *be*·ye·lent·kez·ni

Please change it to the English-language setting.
Kérem, változtassa át   *kay*·rem *vaal*·tawz·tosh·sho aat
a beállításokat angol   o *be*·aal·lee·taa·shaw·kot *on*·gawl
nyelvűre.   *nyel*·vēw·re

It's crashed.
Összeomlott.   *eus*·se·awm·lawtt

I've finished.
Készen vagyok.   *kay*·sen *vo*·dyawk

banking
bankügyletek

Credit cards are widely accepted in Hungary and travellers cheques are accepted in banks, foreign exchange offices and major hotels. ATMs (automated teller machines) accepting most credit and cash cards are found everywhere in Hungary.

Where's a/an ...? *Hol van egy ...?*   hawl von ej ...
  ATM   *bankautomata*   bonk·o·u·taw·mo·to
  foreign   *valutaváltó*   vo·lu·to·vaal·tāw
  exchange office   *ügynökség*   ewj·neuk·shayg

What time does the bank open?
Mikor nyit a bank?   mi·kawr nyit o bonk

Can I use my credit card to withdraw money?
Vehetek fel pénzt a   ve·he·tek fel paynzt o
hitelkártyámmal?   hi·tel·kaar·tyaam·mal

listen for ...

i·go·zawl·vaan' *igazolvány*	**identification**
ūt·le·vayl *útlevél*	**passport**
ezt teult·she ki *Ezt töltse ki.*	**Please fill out this form.**
itt eer·yo o·laa *Itt írja alá.*	**Sign here, please.**
ej kish prawb·lay·mo von *Egy kis probléma van.*	**There's a problem.**
ezt nem tud·yuk el·in·tayz·ni *Ezt nem tudjuk elintézni.*	**Sorry, we can't do that.**
nem tu·dunk she·gee·te·ni *Nem tudunk segíteni.*	**Sorry, we can't help you.**

banking

81

Where can I ...?	Hol tudok ...?	hawl *tu*·dawk ...
I'd like to ...	Szeretnék ...	se·ret·nayk ...
cash a	beváltani egy	be·vaal·to·ni ej
cheque	csekket	chek·ket
change a	beváltani egy	be·vaal·to·ni ej
travellers	utazási	u·to·zaa·shi
cheque	csekket	chek·ket
change money	pénzt váltani	paynzt *vaal*·to·ni
get a cash	készpénz-	kays·paynz·
advance	előleget	e·lēū·le·get
	felvenni	*fel*·ven·ni
open an	számlát	saam·laat
account	nyitni	nyit·ni
transfer money	pénzt átutalni	paynzt *aat*·u·tol·ni
withdraw	pénzt	paynzt
money	kivenni	ki·ven·ni

What's the ...?	Mennyi ...?	*men*'·nyi ...
buying	a vételi	o *vay*·te·li
rate	árfolyam	aar·faw·yom
charge	a díj	o dee·y
exchange rate	a valutaárfolyam	o *vo*·lu·to·aar·faw·yom
selling rate	az eladási	oz *el*·o·daa·shi
	árfolyam	aar·faw·yom
withdrawal	a készpénzfelvétel	o kays·paynz·fel·vay·tel
fee	díja	dee·yo

Has my money arrived yet?
Megérkezett	meg·ayr·ke·zett maar
már a pénzem?	o payn·zem

How long will it take to arrive?
Mennyi idő múlva	*men*'·nyi i·dēū *mūl*·vo
érkezik meg?	ayr·ke·zik meg

that's the ticket

When you enter a bank, first find the ticket dispenser.

Where's the ticket dispenser?

Hol van sorszámkiadó automata?   hawl von *shawr*·saam·ki·o·dāw o·u·taw·mo·to

Select the service you want, take a ticket, then wait for your number to be called. These are some of the phrases that the ticket dispenser might flash at you:

Válasszon feladatot!   vaa·los·sawn *fel*·o·do·tawt
  Select a task.

Várja meg, míg   vaar·yo meg meeg
kijön a jegy!   ki·yeun o yej
  Wait for the ticket to pop out.

Vegye el a jegyét!   ve·dye el o *ye*·dyayt
  Take your ticket.

Várjon, míg   vaar·yawn meeg
szólítják a számát!   sāw·leet·yaak o *saa*·maat
  Wait until your number is called.

Here are signs you're likely to find on the tellers' windows.

... forint   ... *faw*·rint
felettibe- és kifizetés   fe·let·ti·be aysh ki·fi·ze·taysh
  Deposits & Withdrawals
  Exceeding ... Forints

Forint be- és kifizetés   *faw*·rint be aysh ki·fi·ze·taysh
  Forint Deposits & Withdrawals

Lakossági   lo·kawsh·shaa·gi
számlavezetés   saam·lo·ve·ze·taysh
  Personal Accounts

Vállalkozói   vaal·lol·kaw·zāw·i
számlavezetés   saam·lo·ve·ze·taysh
  Business Accounts

Valuta be- és kifizetés,   vo·lu·to be aysh ki·fi·ze·taysh
Utasbiztosítás   u·tosh·biz·taw·shee·taash
  Foreign Currency Deposits & Withdrawals,
  Travel Insurance

The ATM took my card.
   A bankautomata   o bonk·o·u·taw·mo·to
   lenyelte a kártyámat.   le·nyel·te o kaar·tyaa·mot

I've forgotten my PIN.
   Elfelejtettem az   el·fe·le·y·tet·tem oz
   azonosító kódomat.   o·zaw·naw·shee·tāw kāw·daw·mot

general signs

Bejárat	e·yaa·rot	**Entrance**
Belépés ingyenes	be·lay·paysh in·dye·nesh	**Free Admission**
Belépni tilos	be·layp·ni ti·lawsh	**No Entry**
Dohányzás	daw·haan'·zaash	**Smoking**
Felvonó	fel·vaw·nāw	**Elevator**
Férfiak	fayr·fi·ok	**Men**
Foglalt	fawg·lolt	**Reserved**
Hideg	hi·deg	**Cold**
Hozzányúlni tilos	hawz·zaa·nyūl·ni ti·lawsh	**Do Not Touch**
Információ	in·fawr·maa·tsi·āw	**Information**
Kijárat	ki·yaa·rot	**Exit**
Meleg	me·leg	**Hot**
Mosdó	mawsh·dāw	**Toilets**
Nők	nēūk	**Women**
Nyitva	nyit·vo	**Open**
Tilos	ti·lawsh	**Prohibited**
Tilos a dohányzás	ti·lawsh o daw·haan'·zaash	**No Smoking**
Vészkijárat	vays·ki·yaa·rot	**Emergency Exit**
Veszély	ve·say·y	**Danger**
WC	vay·tsay	**Toilets**
Zárva	zaar·vo	**Closed**

I'd like a/an …	Szeretnék egy …	se·ret·nayk ej …
audio set	fejhallgatót	fe·y·holl·go·tāwt
catalogue	katalógust	ko·to·lāw·gusht
guide	idegenvezetőt	i·de·gen·ve·ze·tēūt
guidebook	angol nyelvű	on·gawl nyel·vēw
in English	útikönyvet	ū·ti·keun'·vet
(local) map	(itteni) térképet	(it·te·ni) tayr·kay·pet

Do you have	Van	von
information	információja a …	in·fawr·maa·tsi·āw·yo o …
on … sights?	nevezetességekről?	ne·ve·ze·tesh·shay·gek·rēūl
cultural	kulturális	kul·tu·raa·lish
historical	történelmi	teur·tay·nel·mi
religious	vallási	vol·laa·shi

I'd like to see …
Szeretnék látni …   se·ret·nayk laat·ni …

What's that?
Az mi?   oz mi

Who built/made it?
Ki építette/készítette?   ki ay·pee·tet·te/kay·see·tet·te

How old is it?
Hány éves?   haan' ay·vesh

Could you take a photograph of me?
Le tudna fényképezni   le tud·no fayn'·kay·pez·ni
engem?   en·gem

Can I take a photograph?
Fényképezhetek?   fayn'·kay·pez·he·tek

Can I take a photograph of you?
Lefényképezhetem Önt?   le·fayn'·kay·pez·he·tem eunt

I'll send you the photograph.
Majd elküldöm Önnek   moyd el·kewl·deum eun·nek
a képet.   o kay·pet

getting in

What time does it open/close?
Mikor nyit/zár?   mi·kawr nyit/zaar

What's the admission charge?
Mennyibe kerül a   men'·nyi·be ke·rewl o
belépőjegy?   be·lay·pēū·yej

Is there a discount for …?	*Van kedvezmény … számára?*	von ked·vez·mayn' … *saa*·maa·ro
children	gyerekek	dye·re·kek
families	családok	cho·laa·dawk
groups	csoportok	chaw·pawr·tawk
older people	idős emberek	i·dēūsh em·be·rek
pensioners	nyugdíjasok	nyug·dee·yo·shawk
students	diákok	di·aa·kawk

---

listen for …

ezt nem *vi*·he·ti be
  Ezt nem viheti be.   **You can't take this in.**

nem *so*·bod fayn'·kay·pez·ni
  Nem szabad fényképezni.   **Photographs aren't allowed.**

o *taash*·kaat o *ru*·ho·taar·bon kell *hoj*·ni
  A táskát a ruhatárban kell hagyni.   **You must leave the bag in the cloakroom.**

PRACTICAL

tours

túrák

Can you recommend a ...?	*Tud ajánlani egy ...?*	tud o·yaan·lo·ni ej ...
boat-trip	*hajókirándulást*	ho·yāw·ki·raan·du·laasht
day trip	*egynapos kirándulást*	ej·no·pawsh ki·raan·du·laasht
sightseeing tour	*városnéző túrát*	vaa·rawsh·nay·zēū tū·raat
tour	*túrát*	tū·raat
When's the next ...?	*Mikor van a következő ...?*	mi·kawr von o keu·vet·ke·zēū ...
boat-trip	*hajókirándulás*	ho·yāw·ki·raan·du·laash
day trip	*egynapos kirándulás*	ej·no·pawsh ki·raan·du·laash
sightseeing tour	*városnéző túra*	vaa·rawsh·nay·zēū tū·ro
tour	*túra*	tū·ro

sightseeing

87

Is … included?	*Benne van az árban …?*	*ben·ne von oz aar·bon …*
accommodation	*a szállás*	*o saal·laash*
food	*az ennivaló*	*oz en·ni·vo·lāw*
transport	*a közlekedés*	*o keuz·le·ke·daysh*

Are meals included?
Benne vannak az árban az étkezések?
ben·ne von·nok oz aar·bon oz ayt·ke·zay·shek

The guide will pay.
Az idegenvezető fog fizetni.
oz i·de·gen·ve·ze·tēū fawg fi·zet·ni

The guide has paid.
Az idegenvezető már fizetett.
oz i·de·gen·ve·ze·tēū maar fi·ze·tett

How long is the tour?
Mennyi ideig tart a túra?
men'·nyi i·de·ig tort o tū·ra

What time should we be back?
Mikorra érünk vissza?
mi·kawr·ro ay·rewnk vis·so

I'm with them.
Velük vagyok.
ve·lewk vo·dyawk

I've lost my group.
Elvesztettem a csoportomat.
el·ves·tet·tem o chaw·pawr·taw·mot

---

talk to the animals

Just in case you've ever wondered, Hungarian cats speak the same language as English cats: they both say *miau* *mi·aa·u*. Cows are bilingual, since they say both *mú* mū and *bú* bū. A dog, however, says *vau-vau* vo·u vo·u, not 'woof-woof' and a horse says *nyihaha* nyi·ho·ho. Mice are finally given the power of speech and squeak *cin-cin-cin* tsin·tsin·tsin, but if you were stuck in a conversation with a Hungarian pig it could only say *röf-röf-röf* reuf·reuf·reuf.

I'm attending a ...	Egy ...veszek részt.	ej ... ve·sek rayst
conference	konferencián	kawn·fe·ren·tsi·aan
course	tanfolyamon	ton·faw·yo·mawn
meeting	értekezleten	ayr·te·kez·le·ten
trade fair	vásáron	vaa·shaa·rawn

I'm with ...	... vagyok.	... vo·dyawk
(EasTron)	(Az EasTronnal)	(oz eest·rawn·nol)
my colleague	A kollégámmal	o kawl·lay·gaam·mol
my colleagues	A kollégáimmal	o kawl·lay·gaa·im·mol
a group	Másokkal	maa·shawk·kol

I'm alone.
Egyedül vagyok.   e·dye·dewl vo·dyawk

I have an appointment with ...
Megbeszélésem van ...val.   meg·be·say·lay·shem von ...vol

I'm staying at ..., room ...
A ...ban lakom, a ... számú   o ...bon lo·kawm o ... saa·mū
szobában.   saw·baa·bon

I'm here for (two) days/weeks.
(Két) napig/hétig vagyok itt.   (kayt) no·pig/hay·tig vo·dyawk itt

Here's my ...	Itt van ...	itt von ...
address	a címem	o tsee·mem
business card	a névjegyem	o nayv·ye·dyem
email address	az e-mail címem	oz ee·mayl tsee·mem
fax number	a faxszámom	o foks·saa·mawm
mobile/cell number	a mobilszámom	o maw·bil·saa·mawm
phone number	a telefonszámom	o te·le·fawn·saa·mawm
work number	a munkahelyi telefonszámom	o mun·ko·he·yi te·le·fawn·saa·mawm

What's your ...?	Mi ...?	mi ...
address	a címe	o tsee·me
email address	az e-mail címe	oz ee·mayl tsee·me
fax number	a faxszáma	o foks·saa·ma
mobile/cell number	a mobilszáma	o maw·bil·saa·ma
phone number	a telefonszáma	o te·le·fawn·saa·ma
work number	a munkahelyi telefonszáma	o mun·ko·he·yi te·le·fawn·saa·ma

Where's the ...?	Hol van ...?	hawl von ...?
business centre	a business centre	o biz·nis tsen·ter
conference	a konferencia	o kawn·fe·ren·tsi·o
meeting	az értekezlet	oz ayr·te·kez·let

I need (a/an) ...	... van szükségem.	... von sewk·shay·gem
computer	Egy komputerre	ej kawmp·yū·ter·re
Internet connection	Egy Internet kapcsolatra	ej in·ter·net kop·chaw·lot·ro
interpreter	Tolmácsra	tawl·maach·ro
more business cards	Több névjegyre	teubb nayv·yej·re

I need some space to set up.

Szükségem van egy kis helyre, hogy be tudjak rendezkedni.	sewk·shay·gem von ej kish he·y·re hawj be tud·yok ren·dez·ked·ni

I need to send a fax.

Faxot kell küldenem.	fok·sawt kell kewl·de·nem

That went very well.

Ez nagyon jól ment.	ez no·dyawn yāwl ment

Shall we go for a drink/meal?

Elmenjünk inni/enni valamit?	el·men·yewnk in·ni/en·ni vo·lo·mit

It's on me.

Én fizetek.	ayn fi·ze·tek

I have a disability.
Fogyatékos vagyok.   faw·dyo·tay·kawsh vo·dyawk

I need assistance.
Segítségre van   she·geet·shayg·re von
szükségem.   sewk·shay·gem

What services do you have for people with a disability?
Milyen szolgáltatásaik   mi·yen sawl·gaal·to·taa·sho·ik
vannak fogyatékosok   von·nok faw·dyo·tay·kaw·shawk
számára?   saa·maa·ro

Are there disabled toilets?
Van itt fogyatékosok   von itt faw·dyo·tay·kaw·shawk
számára kialakított   saa·maa·ro ki·o·lo·kee·tawtt
vécé?   vay·tsay

Are there disabled parking spaces?
Vannak fogyatékosok   von·nok faw·dyo·tay·kaw·shawk
számára fenntartott   saa·maa·ro fenn·tor·tawtt
parkolóhelyek?   por·kaw·lāw·he·yek

Is there wheelchair access?
Oda lehet jutni   aw·do le·het yut·ni
tolókocsival?   taw·lāw·kaw·chi·vol

How wide is the entrance?
Milyen széles a bejárat?   mi·yen say·lesh o be·yaa·rot

I'm deaf.
Süket vagyok.   shew·ket vo·dyawk

I have a hearing aid.
Hallókészülékem van.   hol·lāw·kay·sew·lay·kem von

I can't see well.
Nem látok jól.   nem laa·tawk yāwl

I'm blind.
Vak vagyok.   vok vo·dyawk

Are guide dogs permitted?

Beengedik a vakvezető   be·en·ge·dik o *vok*·ve·ze·tēū
kutyákat?   ku·tyaa·kot

How many steps are there?

Hány lépcső van?   haan' *layp*·chēū von

Is there a lift/elevator?

Van lift?   von lift

Are there rails in the bathroom?

Vannak fogódzók a   von·nok *faw*·gāwd·zāwk o
fürdőszobában?   fewr·dēū·saw·baa·bon

Could you call me a disabled taxi?

Tudna hívni nekem egy   tud·no *heev*·ni *ne*·kem ej
mozgássérültek   mawz·gaash·shay·rewl·tek
számára átalakított taxit?   saa·maa·ro aat·o·lo·kee·tawtt tok·sit

Could you help me cross the street safely?

Segítene   she·gee·te·ne
biztonságosan   biz·tawn·shaa·gaw·shon
átmenni az úttesten?   aat·men·ni oz üt·tesh·ten

Is there somewhere I can sit down?

Leülhetek valahol?   le·ewl·he·tek vo·lo·hawl

guide dog	*vakvezető kutya*	vok·ve·ze·tēū *ku*·tyo
older person	*idős ember*	i·dēūsh *em*·ber
person with a disability	*fogyatékos*	faw·dyo·tay·kawsh
person with a physical disability	*mozgássérült*	mawz·gaash·shay·rewlt
ramp	*rámpa*	raam·po
walking frame	*járókeret*	yaa·rāw·ke·ret
walking stick	*bot*	bawt
wheelchair	*tolókocsi*	taw·lāw·kaw·chi

travelling with children

utazás gyerekekkel

Is there a ...?	Van ...?	von ...
baby change room	babapelenkázó szoba	bo·bo·pe·len·kaa·zāw saw·bo
child-minding service	gyermekmegőrző	dyer·mek·meg·êūr·zêū
child-sized portion	gyerekadag	dye·rek·o·dog
children's menu	gyerekmenü	dye·rek·me·new
crèche	bölcsőde	beul·chêū·de
discount for children	kedvezmény gyermekek számára	ked·vez·mayn' dyer·me·kek saa·maa·ro
family ticket	családi jegy	cho·laa·di yej

I need a/an ...	Szükségem van egy ...	sewk·shay·gem von ej ...
baby seat	babaülésre	bo·bo·ew·laysh·re
(English-speaking) babysitter	(angolul beszélő) bébiszitterre	(on·gaw·lul be·say·lēū) bay·bi·sit·ter·re
booster seat	gyerekülésre	dye·rek·ew·laysh·re
cot	gyerekágyra	dye·rek·aaj·ro
highchair	etetőszékre	e·te·tēū·sayk·re
potty	bilire	bi·li·re
pram	fekvő babakocsira	fek·vēū bo·bo·kaw·chi·ro
sick bag	hányózacskóra	haa·nyāw·zoch·kāw·ro
stroller	ülő gyerekkocsira	ew·lēū dye·rek·kaw·chi·ro

Where's the nearest ...?	Hol van a legközelebbi ...?	hawl von o leg·keu·ze·leb·bi ...
amusement/ theme park	vidám park	vi·daam pork
drinking fountain	ivókút	i·vāw·kūt
park	park	pork
playground	játszótér	yaat·sāw·tayr
swimming pool	uszoda	u·saw·do
tap	vízcsap	veez·chop
toy shop	játékbolt	yaa·tayk·bawlt

Do you sell ...?	Kapható Önöknél ...?	kop·ho·tāw eu·neuk·nayl ...
baby wipes	babatörlőkendő	bo·bo·teur·leū·ken·dēū
disposable nappies/ diapers	eldobható pelenka	el·dawb·ho·tāw pe·len·ko
painkillers for infants	fájdalom- csillapító csecsemők számára	faa·y·do·lawm· chil·lo·pee·tāw che·che·mēūk saa·maa·ro
tissues	papírzsebkendő	po·peer·zheb·ken·dēū

Do you hire out (prams)?
Lehet Önöknél (babakocsit) bérelni? | le·het eu·neuk·nayl (bo·bo·kaw·chit) bay·rel·ni

Are there any good places to take children around here?
Vannak itt a közelben olyan helyek, ahova érdemes a gyerekeket elvinni? | von·nok itt o keu·zel·ben aw·yon he·yek o·haw·vo ayr·de·mesh a dye·re·ke·ket el·vin·ni

Is there space for a pram?
Van hely a babakocsinak? | von he·y o bo·bo·kaw·chi·nok

Are children allowed?
Beengedik a gyerekeket? | be·en·ge·dik o dye·re·ke·ket

Where can I change a nappy/diaper?
Hol cserélhetek pelenkát? | hawl che·rayl·he·tek pe·len·kaat

Do you mind if I breast-feed here?
Megengedi, hogy itt   *meg·en·ge·di hawj itt*
szoptassak?   *sawp·tosh·shok*

Could I have some paper and pencils, please?
Kaphatnék néhány   *kop·hot·nayk nay·haan'*
papírlapot és ceruzát?   *po·peer·lo·pawt aysh tse·ru·zaat*

Is this suitable for (five)-year-old children?
Ez megfelelő (öt)éves   *ez meg·fe·le·lēū (eut)·ay·vesh*
gyerekek számára?   *dye·rek·ek saa·maa·ro*

Do you know a dentist who's good with children?
Ismer olyan fogorvost,   *ish·mer aw·yon fawg·awr·vawsht*
aki jól ért a gyerekekhez?   *o·ki yāwl ayrt o dye·re·kek·hez*

Do you know a doctor who's good with children?
Ismer olyan orvost,   *ish·mer aw·yon awr·vawsht*
aki jól ért a gyerekekhez?   *o·ki yāwl ayrt o dye·re·kek·hez*

If your child is sick, see **health**, page 187.

talking with children

How old are you?
Hány éves vagy?   *haan' ay·vesh voj*

What's your name?
Hogy hívnak?   *hawj heev·nok*

When's your birthday?
Mikor van a   *mi·kawr von o*
születésnapod?   *sew·le·taysh·no·pawd*

Do you go to school/kindergarten?
Jársz iskolába/   *yaars ish·kaw·laa·bo/*
óvodába?   *āw·vaw·daa·bo*

What grade are you in?
Hányadikos vagy?   *haa·nyo·di·kawsh voj*

Do you like …?	*Szeretsz …?*	*se·*rets …
school	*iskolába járni*	*ish·*kaw·laa·bo *yaar·*ni
sport	*sportolni*	*shpawr·*tawl·ni

Do you like your teacher? (kindergarten)
Szereted az óvó nénit?   *se·*re·ted oz *āw·*vāw *nay·*nit

Do you like your teacher? (primary school, grades 1-4)
Szereted a tanító   *se·*re·ted o *ta·*nee·tāw
bácsit/nénit? **m/f**   *baa·*chit/*nay·*nit

Do you like your teachers? (all grades above grade 4)
Szereted a tanáraidat?   *se·*re·ted o *to·*naa·ro·i·dot

What do you do after school?
Mit csinálsz tanítás után?   mit *chi·*naals *to·*nee·taash *u·*taan

Do you learn English?
Tanulsz angolul?   *to·*nuls on·gaw·lul

I come from very far away.
Én nagyon messziről   ayn *no·*dyawn *mes·*si·rēūl
jövök.   *yeu·*veuk

PRACTICAL

basics

alapvető kifejezések

Yes.	*Igen.*	*i·gen*
No.	*Nem.*	*nem*
Please.	*Kérem.* **pol**	*kay·rem*
	Kérlek. **inf**	*kayr·lek*
Thank you	*(Nagyon)*	*(no·dyawn)*
(very much).	*Köszönöm.*	*keu·seu·neum*
You're welcome.	*Szívesen.*	*see·ve·shen*
Excuse me.	*Elnézést kérek.*	*el·nay·zaysht kay·rek*
(to get attention)		
Excuse me.	*Bocsánat.*	*baw·chaa·not*
(to get past)		
Sorry.	*Sajnálom.*	*shoy·naa·lawm*

greetings & goodbyes

üdvözlések és búcsúzások

On first introduction, Hungarians usually shake hands and say their full names. The family name is said first followed by the first name. As you become more familiar with people, they may suggest you call them by their first name.

Note that when you want to say 'Hello', 'Hi', or 'Bye', the word will change depending on whether you are speaking to one person or more than one. Look for the symbols **sg** (singular) or **pl** (plural) to determine which word to use.

between friends

These two names are used between male friends:

| **mate/pal** | *haver* | *ho·ver* |
| **my old man** | *öregem* | *eu·re·gem* |

Hello.	Szervusz. sg	ser·vus
	Szervusztok. pl	ser·vus·tawk
Hi.	Szia/Sziasztok. sg/pl	si·o/si·os·tawk
Good ...	Jó ... kívánok.	yāw ... kee·vaa·nawk
afternoon/day	napot	no·pawt
evening	estét	esh·tayt
morning	reggelt	reg·gelt

How are you?

Hogy van? pol	hawj von
Hogy vagy? inf	hawj voj

Fine. And you?

Jól. És Ön/te? pol/inf yāwl aysh eun/te

What's your name?

Mi a neve/neved? pol/inf mi o ne·ve/ne·ved

My name is ...

A nevem ... o ne·vem ...

I'd like to introduce you to ...

Szeretném/Szeretnélek	se·ret·naym/se·ret·nay·lek
bemutatni ...nak. pol/inf	be·mu·tot·ni ....nok

This is my ...	Ez a ...	ez o ...
colleague	kollégám m	kawl·lay·gaam
	kolléganőm f	kawl·lay·go·nēūm
daughter	lányom	laa·nyawm
friend	barátom m	bo·raa·tawm
	barátnőm f	bo·raat·nēūm
husband	férjem	fayr·yem
partner	barátom m	bo·raa·tawm
(intimate)	barátnőm f	bo·raat·nēūm
son	fiam	fi·om
wife	feleségem	fe·le·shay·gem

For other family members, see **family**, page 105.

I'm pleased to meet you.	*Örvendek.*	*eur*·ven·dek
See you later.	*Viszontlátásra.*	*vi*·sawnt·laa·taash·ro
Bye.	*Viszlát.* pol	*vis*·laat
	Szia/Sziasztok. inf sg/pl	*si*·o/*si*·os·tawk
Good night.	*Jó éjszakát.*	yāw *ay*·y·so·kaat

titles & addressing people

titulusok és megszólítások

Mr	*Úr*	ūr
Mrs/Miss	*Asszony/Kisasszony*	os·sawn'/kish·os·sawn'
Sir/Madam	*Uram/Asszonyom*	u·rom/os·saw·nyawm
Doctor (medical)	*Doktor úr* m	*dawk*·tawr ūr
	Doktornő f	*dawk*·tawr·nēū
Teacher	*Tanár úr* m	*to*·naar ūr
	Tanárnő f	*to*·naar·nēū

meeting people

Your best option for addressing a married woman is to call her *Asszonyom* os·saw·nyawm which is similar to the term 'Ma'am' in the US. Use the term *Kisasszony* kish·os·sawn' for a woman who is either unmarried or under 30. Note that there is no term for 'Ms' in Hungarian.

The correct way to address a married woman in Hungarian is a thorny question. Before World War II there used to be precise titles which reflected a person's social rank. After the war, everyone was addressed as 'comrade' – *elvtársnő* elv·taarsh·nēū for women and *elvtárs* elv·taarsh for men. So Mrs Kovács would be called *Kovács elvtársnő* kaw·vaach elv·taarsh·nēū (lit: Kovács comrade).

These forms are obsolete, but while men may now be referred to as *Úr* ür (Mr), there is no truly satisfactory term for 'Mrs'. Mrs Kovács might be called *Kovácsné* kaw·vaach·nay, which is her husband's surname plus *-né* ·nay, but this could be considered impolite. Or she could be called *Kovácsné asszony* kaw·vaach·nay os·sawn' (lit: Kovács-Mrs married-woman) although this is often far too formal.

making conversation

társalgás

Hungarians are fairly open and direct people and like to talk about just about everything. Work, religion, love and politics are popular topics for discussion, but be aware that conversations about Hungarian politics can become very heated. Money is also a touchy subject. Hungarians will rarely discuss how much they earn or even talk about the price they paid for something. As a visitor you might find yourself doing most of the talking, since curious locals like to quiz foreigners all about their country of origin.

SOCIAL

What a beautiful day!
Milyen szép nap van!   *mi*·yen sayp nop von

Nice/Awful weather, isn't it?
Szép/Szörnyű idő van, nem?   sayp/*seur*·nyēw *i*·dēü von nem

What's new?
Mi újság?   mi *ūy*·shaag

Where are you going?
Hova megy/mész? pol/inf   *haw*·vo mej/mays

What are you doing?
Mit csinál/csinálsz? pol/inf   mit *chi*·naal/*chi*·naals

Do you like it here?
Tetszik Önnek/   *tet*·sik *eun*·nek/
neked itt? pol/inf   *ne*·ked itt

local talk

Hey!	*Hé!*	hay
Great!	*Nagyszerű!*	*noj*·se·rēw
Sure.	*Persze, biztosan.*	*per*·se *biz*·taw·shon
Maybe.	*Talán.*	*to*·laan
No way!	*Szó sem lehet róla!*	sāw shem *le*·het *rāw*·lo
Just joking.	*Csak vicceltem.*	chok *vits*·tsel·tem
Just a minute.	*Egy pillanat.*	ej *pil*·lo·not
It's OK.	*Oké.*	*o*·kay
No problem.	*Nem probléma.*	nem *prawb*·lay·mo
I understand.	*Világos.*	*vi*·laa·gawsh
I'm ready.	*Kész vagyok.*	kays *vo*·dyawk

Are you ready?
Kész van/vagy? pol/inf   kays von/voj

Listen up!
Figyeljen/Figyelj! pol/inf   *fi*·dyel·yen/*fi*·dyel·y

Take a look at this!
Ezt nézze/nézd meg! pol/inf   ezt *nayz*·ze/nayzd meg

I don't want any.
Nem kérek.   nem *kay*·rek

Leave me alone!
Hagyjon/Hagyj békén! pol/inf   *hoj*·yawn/*hoj*·y bay·kayn

I love it here.
Nagyon tetszik nekem itt.   no·dyawn *tet*·sik *ne*·kem itt

What's this called?
Ezt hogy hívják?   ezt hawj *heev*·yaak

That's (beautiful), isn't it!
Ugye (szép)!   u·dye (sayp)

Do you live here?
Ön itt lakik? pol   eun itt *lo*·kik
Te itt laksz? inf   te itt loks

Are you here on holiday?
Ön szabadságon van itt? pol   eun so·bod·shaa·gawn von itt
Te szabadságon vagy itt? inf   te so·bod·shaa·gawn voj itt

I'm here …	… *vagyok itt.*	… *vo*·dyawk itt
for a holiday	*Szabadságon*	so·bod·shaa·gawn
on business	*Üzleti ügyben*	ewz·le·ti *ewj*·ben
to study	*Tanulás céljából*	to·nu·laash *tsayl*·yaa·bāwl

How long are you here for?
Mennyi ideig marad/   men'·nyi *i*·de·ig mo·rod/
maradsz itt? pol/inf   mo·rods itt

I'm here for (four) weeks/days.
(Négy) hétig/napig   (nayj) *hay*·tig/*no*·pig
maradok itt.   mo·ro·dawk itt

---

out for drinks

When choosing wine, look for the words *minőségi bor* mi·nēū·shay·gi bawr, or 'quality wine'. This is the closest thing to quality labelling in Hungary. The first word on the label indicates where the wine is from and the second tells you which grape variety you're buying, eg Tokaji Aszú *taw*·ko·yi o·sū.

An empty glass is always refilled straightaway, so if you've had enough you should leave your glass half full. Don't clink glasses if you are drinking beer.

nationalities

Where are you from?
 Ön honnan jön? pol   eun *hawn*·non yeun
 Te honnan jössz? inf   te *hawn*·non yeuss

I'm from ...   *Én ... jövök.*   ayn ... *yeu*·veuk
  Australia   *Ausztráliából*   o·ust·raa·li·aa·bāwl
  Canada   *Kanadából*   ko·no·daa·bāwl
  Singapore   *Szingapúrból*   sin·go·pūr·bāwl

For more countries, see the **dictionary**. Be sure to add the ending -*ból* ·bawl when telling someone where you're from.

age

How old are you?
 Hány éves? pol   haan' *ay*·vesh
 Hány éves vagy? inf   haan' *ay*·vesh voj

How old are your children?
 Hány évesek a gyerekei/   haan' *ay*·ve·shek o *dye*·re·ke·i/
 gyerekeid? pol/inf   *dye*·re·ke·id

I'm ... years old.
 ... éves vagyok.   ... *ay*·vesh vo·dyawk

He/She is ... years old.
 ... éves.   ... *ay*·vesh

Too old!
 Túl öreg!   tūl *eu*·reg

I'm younger than I look.
 Fiatalabb vagyok, mint   fi·o·to·lobb vo·dyawk mint
 amennyinek látszom.   o·men·nyi·nek *laat*·sawm

For your age, see **numbers & amounts**, page 29.

occupations & studies

What's your occupation?
Mi a foglalkozása/		mi o *fawg·lol·kaw·zaa·sho/*
foglalkozásod? pol/inf		*fawg·lol·kaw·zaa·shawd*

I'm a/an …	… *vagyok.*	… *vo*·dyawk
barrister/	*Ügyvéd*	*ewj*·vayd
solicitor		
car mechanic	*Autószerelő*	*o·u·tāw·se·re·*lēū
chef	*Szakács*	*so*·kaach
clerk	*Tisztviselő*	*tist·*vi·she·lēū
doctor	*Orvos*	*awr*·vawsh
engineer	*Mérnök*	*mayr*·neuk
entrepreneur	*Vállalkozó*	*vaal·*lol·kaw·zāw
estate agent	*Ingatlanügynök*	*in·*got·lon·ewj·neuk
hairdresser	*Fodrász*	*fawd*·raas
journalist	*Újságíró*	*üy·*shaag·ee·rāw
lawyer	*Jogász*	*yaw*·gaas
secretary	*Titkár/*	*tit*·kaar/
	Titkárnő m/f	*tit·*kaar·nēū
teacher	*Tanár*	*to*·naar

I work in …	… *dolgozom.*	… *dawl·*gaw·zawm
administration	*Az állam-*	oz *aal·*lom·
	igazgatásban	i·goz·go·taash·bon
health	*Az*	oz
	egészségügyben	e·gays·shayg·ewj·ben
sales &	*A*	o
marketing	*kereskedelemben*	*ke·*resh·ke·de·lem·ben

I'm …	… *vagyok.*	… *vo·*dyawk
retired	*Nyugdíjas*	*nyug·*dee·yosh
self-employed	*Önálló*	*eun·*aal·lāw
unemployed	*Munkanélküli*	*mun·*ko·nayl·kew·li

For more occupations, see the **dictionary**.

SOCIAL

104

What are you studying?

> *Mit tanul/tanulsz?* pol/inf   mit *to*·nul/*to*·nuls

I'm studying …	… *tanulok.*	… *to*·nu·lawk
accounting	*Könyvelést*	*keun'*·ve·laysht
dentistry	*Fogászatot*	*faw*·gaa·so·tawt
history	*Történelmet*	*teur*·tay·nel·met
Hungarian	*Magyart*	*mo*·dyort
law	*Jogot*	*yaw*·gawt
linguistics	*Nyelvészetet*	*nyel*·vay·se·tet
music	*Zenét*	*ze*·nayt

family

család

Hungarians always know their place in the family hierarchy. To talk about brothers and sisters, Hungarian speakers need to choose the word for 'older brother' or 'younger sister' (or vice versa).

Do you have (a) …?	*Van …?*	von …
children	*gyereke*	*dye*·re·ke
family	*családja*	*cho*·laad·yo
grandchildren	*unokája*	*u*·naw·kaa·yo
husband	*férje*	*fayr*·ye
partner	*barátja* m	*bo*·raat·yo
	barátnője f	*bo*·raat·nēū·ye
siblings	*testvére*	*tesht*·vay·re
wife	*felesége*	*fe*·le·shay·ge

meeting people

I have (a/an) ...	*Van ...*	von ...
I don't have (a/any) ...	*Nincs ...*	ninch ...
daughter(s)	*lányom*	laa·nyawm
family	*családom*	cho·laa·dawm
father	*apám*	o·paam
grandchild(ren)	*unokám*	u·naw·kaam
grandfather	*nagyapám*	noj·o·paam
grandmother	*nagyanyám*	noj·o·nyaam
husband	*férjem*	fayr·yem
mother	*anyám*	o·nyaam
older brother(s)	*bátyám*	baa·tyaam
older sister(s)	*nővérem*	nēū·vay·rem
partner	*barátom* m	bo·raa·tawm
	barátnőm f	bo·raat·nēūm
sibling(s)	*testvérem*	tesht·vay·rem
son(s)	*fiam*	fi·om
wife	*feleségem*	fe·le·shay·gem
younger brother(s)	*öcsém*	eu·chaym
younger sister(s)	*húgom*	hū·gawm

Are you married? (asking a man)
   Nős?   nēūsh

Are you married? (asking a woman)
   Férjnél van?   fayr·y·nayl von

I live with someone.
   Együtt élek valakivel.   e·dyewtt *ay*·lek *vo*·lo·ki·vel

well-wishing		
Bon voyage!	*Jó utat!*	yāw u·tot
Congratulations!	*Gratulálok!*	gro·tu·laa·lawk
Good luck!	*Jó szerencsét!*	yāw se·ren·chayt
Happy birthday!		
Boldog születésnapot!		bawl·dawg sew·le·taysh·no·pawt
Happy name day!		
Boldog névnapot!		bawl·dawg nayv·no·pawt
Merry Christmas!		
Kellemes karácsonyt!		kel·le·mesh ko·raa·chawn't

I'm ...	... *vagyok.*	... *vo*·dyawk
divorced	*Elvált*	*el*·vaalt
married	*Nős/Férjnél* m/f	nēush/*fayr*·y·nayl
single	*Egyedülálló*	e·dye·dewl·aal·lāw
widowed	*Özvegy*	*euz*·vej

I'm separated.
Különváltan élek.   kew·leun·vaal·ton *ay*·lek

farewells

In this section, phrases are in the informal *te* te form only. If you're not sure what this means, see the box in **feelings & opinions**, page 117.

Tomorrow is my last day here.
Holnap van az utolsó   *hawl*·nop von oz *u*·tawl·shāw
napom itt.   no·pawm itt

It's been great meeting you.
Örülök, hogy   eu·reu·lewk hawj
találkoztunk.   to·laal·kawz·tunk

---

let your body talk

Waving their hands about, gesticulating wildly, nodding their heads, making curious signals with their fingers, rolling their eyes dramatically – Hungarians just don't do any of it. That's not to say you shouldn't, however – it's a sure-fire way of getting people's attention …

meeting people

107

If you come to (Scotland) you can stay with me.

Ha (Skóciá)ba jössz,	ho (*shkāw*·tsi·aa)·bo yeuss
lakhatsz nálam.	lok·hots *naa*·lom

Keep in touch!

Tartsuk a	*tort*·shuk o
kapcsolatot!	kop·chaw·lo·tawt

What's your …?	*Mi …?*	mi …
address	*a címed*	o *tsee*·med
email address	*az e-mail címed*	oz *ee*·mail *tsee*·med
phone number	*a telefonszámod*	o te·le·fawn·saa·mawd

Here's my …	*Itt …*	itt …
address	*a címem*	o *tsee*·mem
email address	*az e-mail címem*	oz *ee*·mail *tsee*·mem
phone number	*a telefonszámom*	o te·le·fawn·saa·mawm

---

monthy python's hungarian phrasebook

For all those who know and love Monty Python's Hungarian phrasebook sketch, we are proud to present the following phrases. Use them with our blessing at any good Hungarian *dohánybolt* daw·haan'·bawlt (tobacconist).

My hovercraft is full of eels.

A légpárnás hajóm	o *layg*·paar·naash *ho*·yāwm
tele van angolnával.	te·le von *on*·gawl·naa·vol

If I said you had a beautiful body, would you hold it against me?

Rossz néven vennéd, ha	rawss *nay*·ven *ven*·nayd ho
azt mondanám, hogy	ozt *mawn*·do·naam hawj
szép tested van?	sayp *tesh*·ted von

In this chapter, phrases are in the informal *te* te form only. If you're not sure what this means, see the box in **feelings & opinions**, page 117.

common interests

közös érdeklődés

What do you do in your spare time?
Mit csinálsz a   mit *chi*·naals o
szabadidődben?   so·bod·i·dēūd·ben

Do you like ...?	*Szereted ...?*	se·re·ted ...
I (don't) like ...	*(Nem) Szeretem ...*	(nem) se·re·tem ...
computer	*a számítógépes*	o saa·mee·tāw·gay·pesh
games	*játékokat*	yaa·tay·kaw·kot
films	*a filmeket*	o fil·me·ket
music	*a zenét*	o ze·nayt
sport	*a sportot*	o shpawr·tawt
thermal baths	*a gyógyfürdőket*	o dyāwj·fewr·dēū·ket

as easy as rubik's cube

We can thank a Hungarian for the fad of Christmas 1980 – the Rubik's Cube was the brainchild of inventor Ernő Rubik. Released in Hungary in 1977, the device is known there as *Bűvös Kocka* bēw·veush kawts·ko, the 'Magic Cube'. Since then it's estimated that one in eight people have been tormented by the square little devil. Besides starting a worldwide craze for Cubic Rubes (the official name for Cube fans), Mr Rubik is unwittingly responsible for little-known diseases such as 'cubist's thumb' and 'Rubik's wrist'.

interests

109

Do you like ...?	Szeretsz ...?	se·rets ...
I (don't) like ...	(Nem) Szeretek ...	(nem) se·re·tek ...
chess	sakkozni	shok·kawz·ni
clubbing	diszkóba járni	dis·kāw·bo yaar·ni
cooking	főzni	fēūz·ni
dancing	táncolni	taan·tsawl·ni
drawing	rajzolni	roy·zawl·ni
gardening	kertészkedni	ker·tays·ked·ni
going to soccer matches	meccsre járni	mech·re yaar·ni
going to the cinema	moziba járni	maw·zi·bo yaar·ni
going to the theatre	színházba járni	seen·haaz·bo yaar·ni
hiking	kirándulni	ki·raan·dul·ni
painting	festeni	fesh·te·ni
photography	fényképezni	fayn'·kay·pez·ni
reading	olvasni	awl·vosh·ni
shopping	vásárolni	vaa·shaa·rawl·ni
socialising	társaságba járni	taar·sho·shaag·bo yaar·ni
surfing the Internet	szörfözni az interneten	seur·feuz·ni oz in·ter·ne·ten
travelling	utazni	u·toz·ni
walking	sétálni	shay·taal·ni
watching TV	tévét nézni	tay·vayt nayz·ni

For other sporting activities, see **sport**, page 141.

music

Do you ...?		
dance	Táncolsz?	taan·tsawls
go to concerts	Jársz koncertre?	yaars kawn·tsert·re
listen to music	Hallgatsz zenét?	holl·gots ze·nayt
play an instrument	Játszol valamilyen hangszeren?	yaat·sawl vo·lo·mi·yen hong·se·ren
sing	Énekelsz?	ay·ne·kels

SOCIAL

In Hungarian, adjectives often become plural to match a plural noun. So you'd say *a filmek jók* o *fil*·mek yāwk, or 'The films are good[s]'. Below is a list of common adjectives and their plural forms:

adjective	singular		plural	
bad	*rossz*	rawss	*rosszak*	*raws*·sok
beautiful	*szép*	sayp	*szépek*	*say*·pek
big	*nagy*	noj	*nagyok*	*no*·dyawk
cold	*hideg*	*hi*·deg	*hidegek*	*hi*·de·gek
difficult	*nehéz*	ne·hayz	*nehezek*	*ne*·he·zek
dry	*száraz*	*saa*·roz	*szárazak*	*saa*·ro·zok
easy	*könnyű*	*keun'*·nyēw	*könnyűek*	*keun'*·nyēw·ek
good	*jó*	yāw	*jók*	yāwk
hot	*forró*	*fawr*·rāw	*forróak*	*fawr*·rāw·ok
long	*hosszú*	*haws*·sū	*hosszúak*	*haws*·sū·ok
short	*rövid*	*reu*·vid	*rövidek*	*reu*·vi·dek
small	*kicsi*	*ki*·chi	*kicsik*	*ki*·chik
wet	*nedves*	*ned*·vesh	*nedvesek*	*ned*·ve·shek

Which ... do	*Milyen ...*	*mi*·yen ...
you like?	*szeretsz?*	*se*·rets
bands	*zenekarokat*	*ze*·ne·ko·raw·kot
composers	*zeneszerzőket*	*ze*·ne·ser·zēū·ket
music	*zenét*	*ze*·nayt
singers	*énekeseket*	*ay*·ne·ke·she·ket

blues	*blues*	blüz
classical music	*klasszikus zene*	*klos*·si·kush *ze*·ne
electronic music	*elektronikus zene*	e·lekt·*raw*·ni·kush *ze*·ne
Roma music	*cigányzene*	*tsi*·gaan'·*ze*·ne
Hungarian folk music	*magyar népzene*	*mo*·dyor *nayp*·ze·ne
jazz	*dzsessz*	jess
Klezmer music	*Klezmer-zene*	*klez*·mer·*ze*·ne
operetta	*operett*	*aw*·pe·rett
pop music	*popzene*	*pawp*·ze·ne
rock music	*rockzene*	*rawk*·ze·ne
traditional music	*hagyományos zene*	*ho*·dyaw·maa·nyawsh *ze*·ne
world music	*nemzetközi zene*	*nem*·zet·keu·zi *ze*·ne

Planning to go to a concert? See **tickets**, page 40, and **going out**, page 123.

cinema & theatre

mozi és színház

I feel like going to a/an ...	*Szeretnék elmenni ...*	se·ret·nayk *el*·men·ni ...
ballet	*egy balettra*	ej *bo*·lett·ro
concert	*egy koncertre*	ej *kawn*·tsert·re
dance house	*egy táncházba*	ej *taants*·haaz·bo
film	*megnézni egy filmet*	*meg*·nayz·ni ej *fil*·met
opera	*egy opera-előadásra*	ej *aw*·pe·ro·e·lēū·o·daash·ro
play	*megnézni egy színdarabot*	*meg*·nayz·ni ej *seen*·do·ro·bawt

Did you like the ...?	Tetszett ...?	tet·sett ...
ballet	a balett	o baw·lett
concert	a koncert	o kawn·tsert
dance house	a táncház	o taants·haaz
film	a film	o film
opera	az opera	oz aw·pe·ro
play	a színdarab	o seen·do·rob

What's showing at the cinema/theatre tonight?

Mit játszanak ma este a   mit *yaat*·so·nok mo *esh*·te o
moziban/színházban?   *maw*·zi·bon/*seen*·haaz·bon

Is it in English?

Angolul beszél?   on·gaw·lul be·sayl

Does it have (English) subtitles?

(Angol) Feliratos?   (on·gawl) fel·i·ro·tawsh

Is it dubbed?

Szinkronizált?   sink·raw·ni·zaalt

Have you seen …?
Láttad …?   *laat·*tod …

Who's in it?
Ki játszik benne?   ki *yaat·*sik *ben·*ne

It stars …
… játssza a főszerepet.   … *jaats·*so o *fēū·*se·re·pet

Is this seat taken?
Foglalt ez a hely?   *fawg·*lolt ez o *he·*y

I (don't) like …   *(Nem) Szeretem …* (nem) *se·*re·tem …

action movies	*az akciófilmeket*	oz *ok·*tsi·āw·fil·me·ket
animated films	*a rajzfilmeket*	o *royz·*fil·me·ket
comedies	*a vígjátékokat*	o *veeg·*yaa·tay·kaw·kot
documentaries	*a dokumentum-filmeket*	o *daw·*ku·men·tum·fil·me·ket
drama	*a drámákat*	o *draa·*maa·kot
(Hungarian) cinema	*a (magyar) filmeket*	o (*mo·*dyor) fil·me·ket
horror movies	*a horrorfilmeket*	o *hawr·*rawr·fil·me·ket
sci-fi	*a tudományos-fantasztikus filmeket*	o *tu·*daw·maa·nyawsh·*fon·*tos·ti·kush fil·me·ket
short films	*a rövidfilmeket*	o *reu·*vid·fil·me·ket
thrillers	*a krimiket*	o *kri·*mi·ket
war movies	*a háborús filmeket*	o *haa·*baw·rūsh fil·me·ket

---

visiting etiquette

If you're invited to a Hungarian's house, arrive right on time for dinner. Apparently you're granted a 5-minute period of grace, but no more … If you're heading out to a party or large gathering, you're allowed half an hour's leeway for last-minute disorganisation. No matter how early or late you arrive, it's not done to ask for a tour of the house. It's best to wait for your host to offer you a seat that's appropriate to your social rank.

feelings

érzelmek

Are you …?	… *vagy?* inf	… voj
Are you …?	…? pol	…
happy	*Boldog*	*bawl*·dawg
hungry	*Éhes*	*ay*·hesh
sad	*Szomorú*	*saw*·maw·rū
thirsty	*Szomjas*	*sawm*·yosh
tired	*Fáradt*	*faa*·rott

I'm (not) …	*(Nem) Vagyok …*	(nem) *vo*·dyawk …
happy	*boldog*	*bawl*·dawg
hungry	*éhes*	*ay*·hesh
sad	*szomorú*	*saw*·maw·rū
thirsty	*szomjas*	*sawm*·yosh
tired	*fáradt*	*faa*·rott

Are you cold?
Fázik/Fázol? pol/inf — *faa*·zik/*faa*·zawl

I'm (not) cold.
(Nem) Fázom. — (nem) *faa*·zawm

Are you hot?
Melege/Meleged van? pol/inf — *me*·le·ge/*me*·le·ged von

I'm hot.
Melegem van. — *me*·le·gem von

I'm not hot.
Nincs melegem. — ninch *me*·le·gem

mixed emotions

a little	*egy kicsit*	ej *ki*·chit
I'm a little sad.	*Egy kicsit szomorú vagyok.*	ej *ki*·chit *saw*·maw·rū vo·dyawk
extremely	*rendkívül*	*rend*·kee·vewl
I'm extremely sorry.	*Rendkívül sajnálom.*	*rend*·kee·vewl *shoy*·naa·lawm
not at all	*egyáltalán nem*	*ej*·aal·to·laan nem
I don't care at all.	*Egyáltalán nem érdekel.*	*ej*·aal·to·laan nem *ayr*·de·kel
very	*nagyon*	no·dyawn
I feel very lucky.	*Nagyon szerencsésnek érzem magam.*	no·dyawn se·ren·chaysh·nek *ayr*·zem mo·gom

Are you in a hurry?
  Siet/Sietsz? pol/inf   *shi*·et/*shi*·ets

I'm (not) in a hurry.
  (Nem) Sietek.   (nem) *shi*·e·tek

Are you embarrassed?
  Zavarban van/vagy? pol/inf   *zo*·vor·bon von/*zo*·vor·bon voj

Are you worried?
  Aggódik/Aggódsz? pol/inf   *og*·gāw·dik/*og*·gāwds

I'm (not) worried.
  (Nem) Aggódom.   (nem) *og*·gāw·dawm

If you're not feeling well, see **health**, page 187.

opinions

vélemények

Did you like it?
  Tetszett?   *tet*·sett

What do you think of it?
  Mit gondol/ gondolsz róla? pol/inf   mit *gawn*·dawl/ *gawn*·dawls *rāw*·lo

I think it's ...	Szerintem ...	se·rin·tem ...
I thought it was ...	Szerintem ... volt.	se·rin·tem ... vawlt
awful	szörnyű	seur·nyēw
(very) bad/	(nagyon) rossz/	(no·dyaywn) rawss/
good	jó	yāw
beautiful	szép	sayp
boring	unalmas	u·nol·mosh
challenging	kihívó	ki·hee·vāw
excellent	kitűnő	ki·tēw·nēū
great	nagyszerű	noj·se·rēw
interesting	érdekes	ayr·de·kesh
original	eredeti	e·re·de·ti
OK	OK	aw·kay
strange	furcsa	fur·cho
too expensive	túl drága	tūl draa·go
unclear	nem világos	nem vi·laa·gawsh

For moments when you'd like to express an opinion, see **art**, page 139, **sport**, page 141, and **interests**, page 109.

For moments when you'd like to express an opinion, see **art**, page 139, **sport**, page 141, and **interests**, page 109.

a pure formality

When you speak to someone in Hungarian you have to decide whether you should address them in the 'polite' or 'informal' way. The polite *Ön* eun form is generally used with strangers, new acquaintances, older people, officials and service personnel. The 'informal' *te* te form is used with relatives, friends, colleagues, children and sometimes foreigners. In Hungarian not only some personal pronouns (the equivalents of 'you') but also verbs have separate formal and informal forms. In this book we have always chosen the correct form demanded by the situation that the phrase is used in. For phrases where either form might be appropriate we have given both. Look for the symbols **pol** (polite) and **inf** (informal) to find out what form the phrase is in.

feelings & opinions

politics & social issues

Politics can be an inflammatory issue in Hungary and Hungarians tend to be passionate about it. Now that the country has many different parties with radically different platforms and images, there's a lot of debate. Politics, as played out on Hungarian television, is not always a pretty sight. The gloves are off, the game is often rough, and so is the language.

Who do you vote for?
Kire szavaz/szavazol? pol/inf   *ki·re so·voz/so·vo·zawl*

I support the ... party.	*Én a ... pártot támogatom.*	*ayn o ... paar·tawt taa·maw·go·tawm*
I'm a member of the ... party.	*Én a ... párt tagja vagyok.*	*ayn o ... paart tog·yo vo·dyawk*
communist	*kommunista*	*kawm·mu·nish·to*
conservative	*konzervatív*	*kawn·zer·vo·teev*
democratic	*demokrata*	*de·mawk·ro·to*
green	*zöld*	*zeuld*
liberal (progressive)	*liberális*	*li·be·raa·lish*
social democratic	*szociál-demokrata*	*saw·tsi·aal de·mawk·ro·to*
socialist	*szocialista*	*saw·tsi·o·lish·to*

I (don't) like talking politics.
(Nem) Szeretek politikáról beszélni.   *(nem) se·re·tek paw·li·ti·kaa·rawl be·sayl·ni*

I'm (not) interested in politics.
(Nem) Érdekel a politika.   *(nem) ayr·de·kel o paw·li·ti·ko*

I've had enough of politics.
Elegem van a politikából.   *e·le·gem von o paw·li·ti·kaa·bawl*

Did you hear about ...?
Hallott/Hallottál a ...ról? pol/inf   *hol·lawtt/hol·lawt·taal o ...rawl*

Do you agree with it?
*Egyetért/Egyetértesz
vele?* pol/inf

e·dyet·ayrt/e·dyet·ayr·tes
ve·le

I agree with …
Egyetértek …val.

e·dyet·ayr·tek …·val

I don't agree with …
Nem értek egyet …val.

nem *ayr*·tek e·dyet …·val

How do people feel about …?
*Hogyan éreznek az
emberek a …val
kapcsolatban?*

haw·dyon *ay*·rez·nek oz
em·be·reko …·val
kop·chaw·lot·bon

How can we protest against …?
*Hogyan tiltakozhatunk
… ellen?*

haw·dyon til·to·kawz·ho·tunk
… el·len

How can we support …?
*Hogyan
támogathatjuk …?*

haw·dyon
taa·maw·got·hot·yuk …

feelings & opinions

119

In my country we're concerned about …

Minket otthon …   min·ket awtt·hawn …
foglalkoztat/   fawg·lol·kawz·tot/
foglalkoztatnak. sg/pl   fawg·lol·kawz·tot·nok

abortion	az abortusz sg	oz o·bawr·tus
animal rights	az állatok jogai pl	oz aal·lo·tawk yaw·go·i
corruption	a korrupció sg	o kawr·rup·tsi·āw
crime	a bűnözés sg	o bēw·neu·zaysh
discrimination	a megkülön-	o meg·kew·leun·
	böztetés sg	beuz·te·taysh
drugs	a kábítószerek pl	o kaa·bee·tāw·se·rek
the economy	a gazdaság sg	o goz·do·shaag
education	az oktatás sg	oz awk·to·taash
the environment	a környezet sg	o keur·nye·zet
equal	az egyenlő	oz e·dyen·lēū
opportunity	esélyek pl	e·shay·yek
the European	az Európai	oz e·u·rāw·po·i
Union	Unió sg	u·ni·āw
euthanasia	az eutanázia sg	oz e·u·to·naa·zi·o
globalisation	a globalizáció sg	o glaw·bo·li·zaa·tsi·āw
the government	a kormány sg	o kawr·maan'
high taxes	a magas adók pl	o mo·gosh o·dāwk
human rights	az emberi jogok pl	oz em·be·ri yaw·gawk
immigration	a bevándorlás sg	o be·vaan·dawr·laash
inequality	az egyenlőtlenség sg	oz e·dyen·lēūt·len·shayg
party politics	a pártpolitika sg	o paart·paw·li·ti·ko
poverty	a szegénység sg	o se·gayn'·shayg
privatisation	a privatizáció sg	o pri·vo·ti·zaa·tsi·āw
racism	a fajgyűlölet sg	o foy·dyēw·leu·let
the rights of	a határon túli	o ho·taa·rawn tū·li
Hungarians	magyarok	mo·dyo·rawk
living across	jogai pl	yaw·go·i
the borders		
Roma issues	a cigánykérdés sg	o tsi·gaan'·kayr·daysh
sexism	a nemi	o ne·mi
	előítéletek pl	e·lēū·ee·tay·le·tek
social welfare	a közjólét sg	o keuz·yāw·layt
terrorism	a terrorizmus sg	o ter·raw·riz·mush
unemployment	a munkanélküliség sg	o mun·ko·nayl·kew·li·shayg

the environment

Is this a	*Ez egy*	ez ej
protected …?	*védett …?*	*vay*·dett …
forest	*erdő*	*er*·dēū
park	*park*	pork
species	*faj*	foy

Is there a … problem here?
Van itt probléma …? von itt *prawb*·lay·mo …

What should be done about …?
Mit kellene tenni … mit *kel*·le·ne *ten*·ni …
kapcsolatban? *kop*·chaw·lot·bon

---

how's it going?

If you want to describe 'how' something is done, you need to use an 'adverb of manner'. This is created by adding an ending to the appropriate adjective. As there are a large number to choose from, you might find this list quite useful:

bad	*rossz*	*rawss*
badly	*rosszul*	*raws*·sul
beautiful	*szép*	sayp
beautifully	*szépen*	*say*·pen
quick	*gyors*	dyawrsh
quickly	*gyorsan*	*dyawr*·shon
difficult	*nehéz*	ne·hayz
with difficulty	*nehezen*	ne·he·zen
easy	*könnyű*	*keun'*·nyēw
easily	*könnyen*	*keun'*·nyen
good	*jó*	yāw
well	*jól*	yāwl
slow	*lassú*	*losh*·shū
slowly	*lassan*	*losh*·shon

feelings & opinions

121

air pollution	a levegő-szennyezéssel	o le·ve·gēū·sen·nye·zaysh·shel
conservation	a természet-védelemmel	o ter·may·set·vay·de·lem·mel
deforestation	az erdőirtással	oz er·dēū·ir·taash·shol
drought	a szárazsággal	o saa·roz·shaag·gol
ecosystem	az ökoszisztémával	oz eu·kaw·sis·tay·maa·vol
endangered species	a veszélyeztetett fajokkal	o ve·say·yez·te·tett fo·yawk·kol
floods	az árvizekkel	oz aar·vi·zek·kel
genetically modified food	a genetikailag módosított élelmiszerekkel	o ge·ne·ti·ko·i·log māw·daw·shee·tawtt ay·lel·mi·se·rek·kel
global warming	a globális felmelegedéssel	o glaw·baa·lish fel·me·le·ge·daysh·shel
hunting	a vadászattal	o vo·daa·sot·tol
hydro-electricity	a hidro-elektromossággal	o hid·raw-e·lekt·raw·mawsh·shaag·gol
irrigation	az öntözéssel	oz eun·teu·zaysh·shel
nuclear energy	az atomenergiával	oz o·tawm·e·ner·gi·aa·vol
nuclear testing	az atom-kísérletekkel	oz o·tawm·kee·shayr·le·tek·kel
ozone layer	az ózonréteggel	oz āw·zawn·ray·teg·gel
pesticides	a rovarirtó szerekkel	o raw·vor·ir·tāw se·rek·kel
pollution	a környezet-szennyezéssel	o keur·nye·zet·sen'·nye·zaysh·shel
recycling programme	az újra feldolgozási programmal	oz üy·ro fel·dawl·gaw·zaa·shi prawg·rom·mol
toxic waste	a toxikus hulladékokkal	o tawk·si·kush hul·lo·day·kawk·kol
water supply	a vízellátással	o veez·el·laa·taash·shol

In this chapter, phrases are in the informal *te* te form only. If you're not sure what this means, see the box in **feelings & opinions**, page 117.

where to go

hová menjünk

What's there to do in the evenings?

Mit lehet csinálni esténként?		mit *le*·het *chi*·naal·ni *esh*·tayn·kaynt

Where can I find …?	*Hol találok …?*	hawl *to*·laa·lawk …
clubs	*klubokat*	*klu*·baw·kot
gay venues	*meleg szórakozó-helyeket*	*me*·leg *sāw*·ro·kaw·zāw·he·ye·ket
places to eat	*egy helyet, ahol enni lehet*	ej *he*·yet o·hawl *en*·ni *le*·het
pubs	*pubokat*	*po*·baw·kot

Is there a local … guide?	*Van itt helyi …?*	von itt *he*·yi …
entertainment	*programkalauz*	*prawg*·rom·ko·lo·uz
film	*moziműsor*	*maw*·zi·mēw·shawr
gay	*információs füzet melegek számára*	*in*·fawr·maa·tsi·āwsh *few*·zet *me*·le·gek *saa*·maa·ro
music	*zenei kalauz*	*ze*·ne·i *ko*·lo·uz

As you make your way into Hungary's rich cultural life, don't forget to check out some traditional entertainment. A *táncház* taants·haaz (dance house) is the perfect place for Hungarian folk music and dancing, and is a great way to meet some locals. To entertain your inner child, check out some *cirkusz* tsir·kus (circus performances) or even a bit of *bábszínházba* baab·seen·haaz·bo (puppet theatre).

What's on …?	Mi a program …?	mi o *prawg*·rom …
locally	helyben	he·y·ben
this	ezen a	e·zen o
weekend	hétvégén	hayt·vay·gayn
today	ma	mo
tonight	ma este	mo esh·te
I feel like going to a/an …	Szeretnék elmenni egy …	se·ret·nayk el·men·ni ej …
ballet	balettra	bo·lett·ro
bar	bárba	baar·bo
café	kávéházba	kaa·vay·haaz·bo
circus	cirkuszba	tsir·kus·bo
concert	koncertre	kawn·tsert·re
dance house	táncházba	taants·haaz·bo
film	moziba	maw·zi·bo
karaoke bar	karaoke bárba	ko·ro·aw·ke baar·bo
nightclub	éjszakai szórakozóhelyre	ay·so·ko·i sāw·ro·kaw·zāw·he·y·re
opera	operaelőadásra	aw·pe·ro·e·lēū·o·daash·ro
party	partira	por·ti·ro
performance	előadásra	e·lēū·o·daash·ro
play	színházba	seen·haaz·bo
pub	pubba	pob·bo
puppet show	bábszínházba	baab·seen·haaz·bo
restaurant	étterembe	ayt·te·rem·be

For more on eateries, bars and drinks, see **eating out**, page 157.

invitations

What are you doing …?	*Mit csinálsz …?*	mit *chi*·naals …
now	*most*	mawsht
this weekend	*ezen a hétvégén*	*e*·zen o *hayt*·vay·gayn
tonight	*ma este*	mo *esh*·te

Would you like to go (for a) …?	*Szeretnél elmenni …?*	*se*·ret·nayl *el*·men·ni …
I feel like going (for a) …	*Szeretnék elmenni …*	*se*·ret·nayk *el*·men·ni …
coffee	*meginni egy kávét*	*meg*·in·ni ej *kaa*·vayt
dancing	*táncolni*	*taan*·tsawl·ni
drink	*inni valamit*	*in*·ni *vo*·lo·mit
meal	*enni valamit*	*en*·ni *vo*·lo·mit
out somewhere	*valahová*	*vo*·lo·haw·vaa
walk	*sétálni*	*shay*·taal·ni

going by the figures

When you look for addresses in Budapest, you'll see that many of them start with a roman numeral, eg *V Ferenciek tere 5*. This numeral indicates the district. If you see a four-digit post code in the address, look at the second or third number to find out which district you want.

My round.
Ezt én fizetem.   ezt ayn *fi*·ze·tem

Do you know a good restaurant?
Ismersz egy jó éttermet?   ish·mers ej yāw *ayt*·ter·met

Would you come to the concert with me?
Eljönnél velem   el·*yeun*·nayl *ve*·lem
a koncertre?   o *kawn*·tsert·re

We're having a party.
Parti van nálunk.   *por*·ti von *naa*·lunk

Come!
Gyere el!   *dye*·re el

responding to invitations

Sure!
Persze!   *per*·se

Yes, I'd love to.
Igen, szeretnék.   *i*·gen *se*·ret·nayk

Where shall we go?
Hova menjünk?   *haw*·vo *men*·yewnk

No, I'm afraid I can't.
Nem, attól tartok, nem   nem *ot*·tāwl *tor*·tawk nem
tudok.   *tu*·dawk

Sorry, I can't sing/dance.
Sajnos nem tudok   *sho*·y·nawsh nem *tu*·dawk
énekelni/táncolni.   *ay*·ne·kel·ni/*taan*·tsawl·ni

How about tomorrow?
Lehetne holnap?   *le*·het·ne *hawl*·nop

There are two Hungarian words for the Romany people –
cigány tsi·gaan' (gypsy) and *roma raw·*mo (Roma). In this
phrasebook we have chosen to use 'Roma' instead of the
pejorative term 'gypsy'. Although the rights of the Roma
were inscribed in the 1989 constitution, you may be sur-
prised by the high levels of racism expressed by many
Hungarians.

arranging to meet

találkozó megbeszélése

What time will we meet?
Mikor találkozunk?   *mi·*kawr *to·*laal·kaw·zunk

Where will we meet?
Hol találkozunk?   hawl *to·*laal·kaw·zunk

Let's meet at …	*Találkozzunk …*	*to·*laal·kawz·zunk …
(eight) o'clock	*(nyolc) órakor*	(nyawlts) *āw·*ro·kawr
the (entrance)	*a (bejárat)nál*	o (*be·*yaa·rot)·naal

I'll pick you up.
Elmegyek érted.   *el·*me·dyek *ayr·*ted

Are you ready?
Készen vagy?   *kay·*sen voj

I'm ready.
Készen vagyok.   *kay·*sen vo·dyawk

I'll be coming later.
Én később jövök.   ayn *kay·*shēūbb *yeu·*veuk

Where will you be?
Hol leszel?   hawl *le·*sel

If I'm not there by (nine), don't wait for me.
Ha nem vagyok ott   ho nem *vo·*dyawk awtt
(kilenc)ig, ne várj rám.   (*ki·*lents)·ig ne *vaar·*y raam

going out

OK!
> *OK!* — aw·kay

I'll see you then.
> *Ott találkozunk.* — awtt *to*·laal·kaw·zunk

See you later.
> *Viszontlátásra.* — vi·sawnt·laa·taash·ro

See you tomorrow.
> *A holnapi viszontlátásra.* — o *hawl*·no·pi *vi*·sawnt·laa·taash·ro

I'm looking forward to it.
> *Előre örülök neki.* — e·lēū·re *eu*·rew·leuk *ne*·ki

Sorry I'm late.
> *Sajnálom, hogy elkéstem.* — *sho*·y·naa·lawm hawj *el*·kaysh·tem

Never mind.
> *Nem baj.* — nem *bo*·y

For other times, see **time & dates**, page 33.

drugs

kábítószerek

I don't take drugs.
> *Én nem szedek kábítószert.* — ayn nem *se*·dek *kaa*·bee·tāw·sert

I take ... occasionally.
> *Alkalomadtán ... szedek.* — *ol*·ko·lawm·od·taan ... *se*·dek

Do you want to have a smoke?
> *Akarsz egyet szívni?* — *o*·kors e·dyet *seev*·ni

Do you have a light?
> *Van tüzed?* — von *tew*·zed

For other drugs, see the **dictionary**.

romance

In this chapter, phrases are in the informal *te* te form only. If you're not sure what this means, see the box in **feelings & opinions**, page 117.

asking someone out

randevúra hívni valaki

Where would you like to go (tonight)?
Hova szeretnél menni (ma este)? — haw·vo se·ret·nayl men·ni (mo esh·te)

Would you like to do something (tomorrow)?
Szeretnél valamit csinálni (holnap)? — se·ret·nayl vo·lo·mit chi·naal·ni (hawl·nop)

Yes, I'd love to.
Igen, szeretnék. — i·gen se·ret·nayk

Sorry, I can't.
Sajnos nem tudok. — sho·y·nawsh nem tu·dawk

pick-up lines

leszólítások

Do you know what you're missing? Me!
Tudod, mi hiányzik mellőled? Én! — tu·dawd mi hi·aa·ny·zik mel·lēū·led ayn

I fancy you.
Rád vagyok kattanva. — raad vo·dyawk kot·ton·vo

Can I invite you for a drink?
Meghívhatlak egy italra? — meg·heev·hot·lok ej i·tol·ro

129

You're good-looking.
 Csinos vagy. — chi·nawsh voj

You have beautiful eyes.
 Szép a szemed. — sayp o se·med

You look like someone I know.
 Emlékeztetsz valakire, akit — em·lay·kez·tets vo·lo·ki·re o·kit
 ismerek. — ish·me·rek

You're a fantastic dancer.
 Fantasztikusan táncolsz. — fon·tos·ti·ku·shon taan·tsawls

Shall we dance?
 Táncolunk egyet? — taan·tsaw·lunk e·dyet

local talk

He/She is a babe.
 Jó pasi/nő. — yāw po·shi/nēū

He/She is a good-looking guy/girl.
 Helyes csaj/srác. — he·yesh cho·y/shraats

He/She is hot.
 Szexi. — sek·si

He/She gets around.
 Jól ismerik. — yāwl ish·me·rik

He/She is ugly.
 Csúnya. — chū·nyo

I like him/her.
 Rá vagyok zizzenve. — raa vo·dyawk ziz·zen·ve

Can I …?		
dance with you	*Táncolhatok veled?*	*taan*·tsawl·ho·tawk *ve*·led
give you a lift home	*Hazavihetlek?*	*ho*·zo·vi·het·lek
sit here	*Ideülhetek?*	*i*·de·ewl·he·tek
walk you home	*Hazakísérhetlek?*	*ho*·zo·kee·shayr·het·lek

rejections

No, thank you.
Köszönöm, nem. — *keu*·seu·neum nem

I'd rather not.
Inkább nem. — *in*·kaabb nem

I'm here with my girlfriend/boyfriend.
A barátnőmmel/ barátommal vagyok itt. — o bo·raat·nēūm·mel/ bo·raa·tawm·mol *vo*·dyawk itt

Excuse me, I have to go now.
Bocsánat, mennem kell. — *baw*·chaa·not *men*·nem kell

I don't have the time now.
Most nem érek rá. — mawsht nem *ay*·rek raa

Maybe another time.
Talán máskor. — to·laan *maash*·kawr

Go away!
Menj innen! — *men*·y *in*·nen

Go to hell!
Menj a fenébe! — *men*·y o *fe*·nay·be

Leave me alone!
Hagyj békén! — *hoj*·y *ay*·kayn

romance

131

getting closer

I like you very much.
Nagyon kedvellek.   no·dyawn ked·vel·lek

You're great.
Fantasztikus vagy.   fon·tos·ti·kush voj

You're wonderful.
Csodálatos vagy.   chaw·daa·lo·tawsh voj

Can I hold your hand?
Megfoghatom a kezed?   meg·fawg·ho·tawm o ke·zed

Can I kiss you?
Megcsókolhatlak?   meg·chāw·kawl·hot·lok

Do you want to come inside for a while?
Nem akarsz bejönni   nem o·kors be·yeun·ni
egy kicsit?   ej ki·chit

Do you want a massage?
Akarod, hogy   o·ko·rawd hawj
megmasszírozzalak?   meg·mos·see·rawz·zo·lok

Can I stay over?
Itt maradhatok   itt mo·rod·ho·tawk
éjszakára?   ay·so·kaa·ro

---

don't get too excited

No, these words are not quirky sexual invitations, so don't think you've got lucky if someone says them to you. *Ifjúság* if·ūy·shaag, pronounced rather like 'if-you-shag', actually means 'young people', and *mi újság* mi ūy·shaag, which sounds a bit like the caveman's invitation 'me-you-shag', is really 'What's up?'.

sex

Kiss me.
Csókolj meg!   chāw·kawl·y meg

I want you.
Akarlak.   o·kor·lok

Let's go to bed.
Feküdjünk le!   fe·kewd·yewnk le

Touch me here.
Tedd ide a kezed!   tedd i·de o ke·zed

Do you like this?
Jó neked így?   yāw ne·ked eej

I (don't) like that.
Ezt (nem) szeretem.   ezt (nem) se·re·tem

Don't!
Ne!   ne

I think we should stop now.
Azt hiszem, itt abba kellene   ozt hi·sem itt ob·bo kel·le·ne
hagynunk.   hoj·nunk

Do you have a condom?
Van óvszered?   von āwv·se·red

Let's use a condom.
Használjunk óvszert!   hos·naal·yunk āwv·sert

I won't do it without protection.
Nem csinálom   nem chi·naa·lawm
védekezés nélkül.   vay·de·ke·zaysh nayl·kewl

It's my first time.
Nekem ez az első.   ne·kem ez oz el·shēū

It helps to have a sense of humour.
Jó, ha van az embernek   yāw ho von oz em·ber·nek
humorérzéke.   hu·mawr·ayr·zay·ke

romance

133

Oh my god!	*Úristen!*	*ūr*·ish·ten
That's great.	*Ez nagyon jó.*	ez *no*·dyawn yāw
Easy tiger!	*Csak lassan!*	chok *losh*·shon
That was …	*Ez … volt.*	ez … vawlt
amazing	*csodálatos*	*chaw*·daa·lo·tawsh
romantic	*romantikus*	*raw*·mon·ti·kush
wild	*vad*	vod

love

Will you …?	*Akarsz …?*	*o*·kors …
go out with me	*járni velem*	*yaar*·ni *ve*·lem
meet my	*talákozni a*	*to*·laal·kawz·ni o
parents	*szüleimmel*	*sew*·le·im·mel

I think we're good together.
  Azt hiszem, jól összeillünk.   ozt *hi*·sem yāwl *eus*·se·il·lewnk

I love you.
  Szeretlek.   *se*·ret·lek

Will you marry me? (asking a man)
  Elveszel feleségül?   *el*·ve·sel *fe*·le·shay·gewl

Will you marry me? (asking a woman)
  Akarsz a feleségem lenni?   *o*·kors o *fe*·le·shay·gem *len*·ni

The word for friend *barát/barátnő* m/f *bo·raat/bo·raat·nēū* is also the word for 'partner'. Only context and body language will tell you which meaning is intended. Some people use the term *párom paa·rawm* (lit: couple-my) for partner but this sounds a bit soppy and old-fashioned. If you're in a schmoopy mood, try using some of these endearments:

my darling	*drágám*	*draa·gaam*
my dear	*kedvesem*	*ked·ve·shem*
my heart	*szívem*	*see·vem*
my only one	*egyetlenem*	*e·dyet·le·nem*
my star	*csillagom*	*chil·lo·gawm*

problems

problémák

I don't think it's working out.
Azt hiszem, ez nem megy.   ozt *hi*·sem ez nem mej

I've had enough of you.
Elegem van belőled.   *e*·le·gem von *be*·lēū·led

Let's stop seeing each other.
Ne találkozzunk többet.   ne *to*·laal·kawz·zunk *teūb*·bet

Are you seeing someone else?
Valaki mással jársz?   *vo*·lo·ki *maash*·shol yaars

He's just a friend.
Ő csak egy barátom.   ēū chok ej *bo*·raa·tawm

She's just a friend.
Ő csak egy barátnőm.   ēū chok ej *bo*·raat·nēūm

We're just friends.
Csak barátok vagyunk.   chok *bo*·raa·tawk *vo*·dyunk

I never want to see you again.
Soha többé nem   *shaw*·ho *teūb*·bay nem
akarlak látni.   *o*·kor·lok *laat*·ni

romance

135

We'll work it out.
Majd kitalálunk valamit.   moyd *ki*·to·laa·lunk *vo*·lo·mit

leaving

távozás

I don't want to leave you.
Nem akarlak elhagyni.   nem *o*·kor·lok *el*·hoj·ni

I have to leave (tomorrow).
(Holnap) el kell utaznom.   (*hawl*·nop) el kell *u*·toz·nawm

It hurts me very much that I have to leave.
Nagyon fáj, hogy el kell   *no*·dyawn *faa*·y hawj el kell
mennem.   *men*·nem

I'll ...

keep in touch	*Keresni foglak.*	*ke*·resh·ni *fawg*·lok
miss you	*Hiányozni fogsz.*	*hi*·aa·nyawz·ni fawgs
visit you	*Meg foglak*	meg *fawg*·lok
	látogatni.	*laa*·taw·got·ni
write to you	*Írni fogok neked.*	*eer*·ni *faw*·gawk *ne*·ked

---

say it with flowers

If you're wooing your beloved with flowers, remember that only red roses are suitable for floral romancing (not white or yellow). Carnations are only suitable for a funeral, as are bunches with an odd number of flowers in them.

religion

vallás

What's your religion?
Ön milyen vallású? pol   eun *mi*·yen *vol*·laa·shū
Te milyen vallású vagy? inf   te *mi*·yen *vol*·laa·shū voj

I'm not religious.
Nem vagyok vallásos.   nem *vo*·dyawk *vol*·laa·shawsh

I'm ...	*Én ... vagyok.*	ayn ... *vo*·dyawk
agnostic	*agnosztikus*	*o*·gnaws·ti·kush
Buddhist	*buddhista*	*budd*·hish·to
Calvinist	*református*	*re*·fawr·maa·tush
Catholic	*katolikus*	*ko*·taw·li·kush
Christian	*keresztény*	*ke*·res·tayn'
Hindu	*hinduista*	*hin*·du·ish·to
Jewish	*zsidó*	*zhi*·dāw
Lutheran	*evangélikus*	*e*·von·gay·li·kush
Muslim	*muszlim*	*mus*·lim
Orthodox	*ortodox*	*awr*·taw·dawks
Protestant	*protestáns*	*praw*·tesh·taansh

I (don't) believe in ...	*(Nem) Hiszek ...*	(nem) *hi*·sek ...
astrology	*az asztrológiában*	oz *ost*·raw·lāw·gi·aa·bon
fate	*a végzetben*	o *vayg*·zet·ben
fortune-telling	*a jóslásban*	o *yāwsh*·laash·bon
God	*istenben*	*ish*·ten·ben

Where can I ...?	Hol ...?	hawl ...
attend	hallgathatok	holl·got·ho·tawk
mass	misét	mi·shayt
attend	vehetek részt	ve·he·tek rayst
a service	istentiszteleten	ish·ten·tis·te·le·ten
pray/worship	imádkozhatok	i·maad·kawz·ho·tawk

cultural differences

kulturális különbségek

Is this a local custom?
Ez egy helyi vagy nemzeti szokás?
ez ej *he*·yi voj *nem*·ze·ti *saw*·kaash

Is this a Roma custom?
Ez egy roma szokás?
ez ej *raw*·mo *saw*·kaash

I don't want to offend you.
Nem akarom megsérteni.
nem o·ko·rawm *meg*·shayr·te·ni

I'd rather not join in.
Én inkább nem vennék részt ebben.
ayn *in*·kaabb nem *ven*·nayk rayst *eb*·ben

I'll try it.
Megpróbálom.
meg·praw·baa·lawm

I didn't mean to do/say anything wrong.
Nem akartam semmi rosszat csinálni/mondani.
nem o·kor·tom *shem*·mi *raws*·sot *chi*·naal·ni/*mawn*·do·ni

I'm sorry, it's against my ...	Sajnálom, ez ... ellen van.	shoy·naa·lawm, ez ... el·len von
beliefs	a meggyőző-désem	o *meg*·dyēū·zēū·day·shem
principles	az elveim	oz *el*·ve·im
religion	a vallásom	o *vol*·laa·shawm

This is ...	Ez ...	ez ...
fun	jó mulatság	yāw *mu*·lot·shaag
interesting	érdekes	*ayr*·de·kesh
new to me	új nekem	ūy *ne*·kem

When's the gallery/museum open?

Mikor van nyitva a	mi·kawr von nyit·vo o
galéria/múzeum?	go·lay·ri·o/mū·ze·um

What kind of art are you interested in?

Milyen művészet	mi·yen mēw·vay·set
érdekli/érdekel? pol/inf	ayr·dek·li/ayr·de·kel

What's in the collection?

Mit tartalmaz	mit tor·tol·moz
a gyűjtemény?	o dyēw·y·te·mayn'

What do you think of (Pál Szinyei Merse)?

Mit gondol/gondolsz	mit gawn·dawl/gawn·dawls
(Szinyei Merse Pál)ról? pol/inf	(sin·nye·i mer·she paal)·rāwl

It's an exhibition of …

Ez egy … kiállítás.	ez ej … ki·aal·lee·taash

I'm interested in …

Érdekel …	ayr·de·kel …

I like the works of …

Szeretem … munkáit.	se·re·tem … mun·kaa·it

It reminds me of …

…ra emlékeztet.	…ro em·lay·kez·tet

artwork	műalkotás	mēw·ol·kaw·taash
design	terv	terv
drawing	rajz	royz
etching	rézkarc	rayz·korts
exhibit	kiállítási tárgy	ki·aal·lee·taa·shi taarj
folk architecture	népi építészet	nay·pi ay·pee·tay·set

folk art	népművészet	nayp·mēw·vay·set
graphic art	grafika	gro·fi·ko
installation	megrendezés	meg·ren·de·zaysh
opening	megnyitó	meg·nyi·tāw
painter	festő	fesh·tēū
painting (canvas)	festmény	fesht·mayn'
painting (the art)	festészet	fesh·tay·set
permanent	állandó	aal·lon·dāw
collection	gyűjtemény	dyēw·y·te·mayn'
print	nyomat	nyaw·mot
sculptor	szobrász	sawb·raas
sculpture	szobrászat	sawb·raa·sot
statue	szobor	saw·bawr
studio	műterem	mēw·te·rem
style	stílus	shtee·lush
technique	technika	teh·ni·ko

... art/architecture	... művészet/ építészet	... mēw·vay·set/ ay·pee·tay·set
Art Nouveau	szecessziós	se·tses·si·āwsh
Baroque	barokk	bo·rawkk
Classicist	klasszicista	klos·si·tsish·to
Gothic	gótikus	gāw·ti·kush
Hungarian	magyar	mo·dyor
Hungarian	magyar	mo·dyor
Secessionist	szecesszionista	se·tses·si·aw·nish·to
impressionist	impresszionista	imp·res·si·aw·nish·to
modern	modern	maw·dern
Realist	realista	re·o·lish·to
Romanesque	román	raw·maan
	stílusú	shtee·lu·shū
Romantic	romantikus	raw·mon·ti·kush
Eclectic	eklektikus	ek·lek·ti·kush
Renaissance	reneszánsz	re·ne·saans
Socialist	szocialista	saw·tsi·o·lish·to
Realist	realista	re·o·lish·to

In this chapter, phrases are in the informal *te* te form only. If you're not sure what this means, see the box in **feelings & opinions**, page 117.

sporting interests

sport iránti érdeklődés

What sport do you play?
Mit sportolsz?   mit *shpawr*·tawls

What sport do you follow?
Milyen sport érdekel?   *mi*·yen shpawrt *ayr*·de·kel

I play/do ...	*Én ...*	ayn ...
athletics	*atlétizálok*	ot·lay·ti·zaa·lawk
basketball	*kosárlabdázom*	*kaw*·shaar·lob·daa·zawm
football (soccer)	*futballozom*	fut·bol·law·zawm
hunting	*vadászom*	vo·daa·sawm
karate	*karatézom*	ko·ro·tay·zawm
kayaking	*kajakozom*	ko·yo·kaw·zawm
tennis	*teniszezem*	te·ni·se·zem
volleyball	*röplabdázom*	reup·lob·daa·zawm
water polo	*vízilabdázom*	vee·zi·lob·daa·zawm
windsurfing	*szörfözöm*	seur·feu·zeum

I follow ...	*Érdekel ...*	ayr·de·kel ...
athletics	*az atlétika*	oz ot·lay·ti·ko
basketball	*a kosárlabda*	o *kaw*·shaar·lob·do
football (soccer)	*a futball*	o fut·boll
tennis	*a tenisz*	o te·nis

I like ...	Szeretek ...	se·re·tek ...
badminton	tollaslabdázni	tawl·losh·lob·daaz·ni
fishing	horgászni	hawr·gaas·ni
hiking	kirándulni	ki·raan·dul·ni
swimming	úszni	ūs·ni
table tennis	pingpongozni	ping·pawn·gawz·ni

I ...	Én ...	ayn ...
cycle	biciklizem	bi·tsik·li·zem
run	futok	fu·tawk
walk	sétálok	shay·taa·lawk

Who's your favourite ...?	Ki a kedvenc ...?	ki o ked·vents ...
sportsperson	sportolód	shpawr·taw·lāwd
team	csapatod	cho·po·tod

Do you like (football)?
Szereted (a futball)t?   se·re·ted (o fut·boll)t

Yes, very much.
Igen, nagyon.   i·gen no·dyawn

Not really.
Nem igazán.   nem i·go·zaan

I like watching it.
Szeretem nézni.   se·re·tem nayz·ni

For more sports, see the **dictionary**.

going to a game

elmenni egy mérkőzésre

Would you like to go to a game?
Szeretnél elmenni egy   se·ret·nayl el·men·ni ej
mérkőzésre?   mayr·kēū·zaysh·re

Who are you supporting?
Kinek szurkolsz?   ki·nek sur·kawls

What's the score?	*Mi az állás?*	mi oz *aal*·laash
draw/even	*döntetlen*	*deun*·tet·len
love/zero	*nulla*	*nul*·lo
match-point	*Már csak egy pont kell a győzelemhez.*	maar chok ej pawnt kell o *dyēū*·ze·lem·hez

Who's …?	*Ki …?*	ki …
playing	*játszik*	*yaat*·sik
winning	*nyer*	nyer

That was a … game!	*Ez … játék volt.*	ez … *yaa*·tayk vawlt
bad	*pocsék*	*paw*·chayk
boring	*unalmas*	*u*·nol·mosh
great	*nagyszerű*	*noj*·se·rēw

playing sport

sportolás

Do you want to play?
Akarsz játszani?
o·kors *yaat*·so·ni

Can I join in?
Beszállhatok?
be·saall·ho·tawk

That would be great.
Az nagyon jó lenne.
oz *no*·dyawn yāw *len*·ne

I can't.
Nem tudok.
nem *tu*·dawk

I have an injury.
Megsérültem.
meg·shay·rewl·tem

Can I take lessons?
Lehet leckéket venni?
le·het *lets*·kay·ket *ven*·ni

Your/My point.
Egy pont oda/ide.
ej pawnt *aw*·do/*i*·de

Kick/Pass it to me!
Add ide nekem!
odd *i*·de *ne*·kem

sport

sports talk

What a ...!	Micsoda ...!	mi·chaw·do ...
goal	gól	gāwl
hit	ütés	ew·taysh
kick	rúgás	rū·gaash
pass	átadás	aat·o·daash
performance	teljesítmény	tel·ye·sheet·mayn'

You're a good player.
Jól játszol.   yāwl yaat·sawl

Thanks for the game.
Köszönöm a játékot.   keu·seu·neum o yaa·tay·kawt

Where's a good place to ...?	Hol lehet jól ...?	hawl le·het yāwl ...
fish	horgászni	hawr·gaas·ni
go horse riding	lovagolni	law·vo·gawl·ni
run	futni	fut·ni
ski	síelni	shee·el·ni

Where's the nearest ...?	Hol van a legközelebbi ...?	hawl von o leg·keu·ze·leb·bi ...
golf course	golfpálya	gawlf·paa·yo
gym	sportterem	shpawrt·te·rem
swimming pool	uszoda	u·saw·do
tennis court	teniszpálya	te·nis·paa·yo
thermal bath	termálfürdő	ter·maal·fewr·dēū

Do I have to be a member to attend?
Tagnak kell lenni ahhoz,   tog·nok kell len·ni oh·hawz
hogy az ember   hawj oz em·ber
bemehessen?   be·me·hesh·shen

Is there a women-only session?
Van csak nők számára   von chok nēūk saa·maa·ro
fenntartott foglalkozás?   fenn·tor·tawtt fawg·lol·kaw·zaash

Where are the changing rooms?
Hol vannak az öltözők?   hawl von·nok oz eul·teu·zēūk

SOCIAL

144

What's the charge per ...?	Mennyibe kerül egy ...?	men'·nyi·be ke·rewl ej ...
day	nap	nop
game	játszma	yaats·mo
hour	óra	āw·ro
visit	látogatás	laa·taw·go·taash

Can I hire a ...?	Lehet ... bérelni?	le·het ... bay·rel·ni
ball	labdát	lob·daat
bicycle	biciklit	bi·tsik·lit
court	pályát	paa·yat
racquet	ütőt	ew·tēūt

extreme sports

extrém sportok

I'd like to go ...	Szeretnék elmenni ...	se·ret·nayk el·men·ni ...
abseiling	egy sziklához és kötélen leereszkedni	ej sik·laa·hawz aysh keu·tay·len le·e·res·ked·ni
bungee jumping	kötélugrani	keu·tayl·ug·ro·ni
caving	barlangászni	bor·lon·gaas·ni
game fishing	sporthorgászni	shpawrt·hawr·gaas·ni
hang-gliding	sárkányrepülni	shaar·kaan'·re·pewl·ni
mountain biking	hegyibiciklizni	he·dyi·bi·tsik·liz·ni
parasailing	ejtőernyő-vitorlázni	ey·tēū·er·nyēū·vi·tawr·laaz·ni
rock climbing	sziklát mászni	sik·laat maas·ni
skydiving	zuhanó ejtőernyőzni	zu·ho·nāw ey·tēū·er·nyēūz·ni
snow-boarding	hódeszkázni	hāw·des·kaaz·ni
white-water rafting	vadvízi evezésre	vod·vee·zi e·ve·zaysh·re

Is the equipment secure?
  Biztonságos a
  felszerelés?

  biz·tawn·shaa·gawsh o
  fel·se·re·laysh

Is this safe?
  Ez biztonságos?

  ez *biz*·tawn·shaa·gawsh

fishing

horgászat

Where are the good spots?
  Hol vannak a jó helyek?

  hawl *von*·nok o yāw *he*·yek

Do I need a fishing permit?
  Kell, hogy legyen
  horgászengedélyem?

  kell hawj *le*·dyen
  hawr·gaas·en·ge·day·yem

Do you do fishing tours?
  Önök szerveznek
  horgásztúrákat?

  eu·neuk *ser*·vez·nek
  hawr·gaas·tū·raa·kot

What's the best bait?
  Mi a legjobb csali?

  mi o *leg*·yawbb *cho*·li

Are they biting?
  Harapnak a halak?

  ho·rop·nok o *ho*·lok

What kind of fish are you landing?
  Milyen halat fogtál?

  mi·yen *ho*·lot *fawg*·taal

How much does it weigh?
  Mennyi a súlya?

  men'·nyi o *shū*·yo

bait	*csali*	*cho*·li
burley	*beetetőcsali*	*be*·e·te·tēū·cho·li
flare	*villantó*	*vil*·lon·tāw
float	*úszó*	*ū*·sāw
hook/hooks	*horog/horgok*	*haw*·rawg/*hawr*·gawk
life jacket	*mentőmellény*	*men*·tēū·mel·layn'
(fishing) line	*(horgász)zsinór*	(*hawr*·gaas·)*zhi*·nāwr
lures	*műcsali*	*mēw*·cho·li
(fishing) rod	*(horgász)bot*	(*hawr*·gaas·)bawt
sinkers	*ólom*	*āw*·lawm

horse riding

Can you recommend a riding school?
Tudsz ajánlani egy lovaglóiskolát?
tuds *o*·yaan·lo·ni ej *law*·vog·lāw·ish·kaw·laat

How much is a (one)-hour ride?
Mennyibe kerül egy (egy)órás lovaglás?
men'·nyi·be ke·rewl ej (ej)·āw·raash *law*·vog·laash

How much is a (one)-hour lesson?
Mennyibe kerül egy (egy)órás lecke?
men'·nyi·be ke·rewl ej (ej)·āw·raash *lets*·ke

How much is a (three)-day riding tour?
Mennyibe kerül egy (három)napos lovastúra?
men'·nyi·be ke·rewl ej (haa·rawm)·no·pawsh *law*·vosh·tū·ro

How long is the ride?
Mennyi ideig tart a lovaglás?
men'·nyi *i*·de·ig tort o *law*·vog·laash

I'm an experienced rider.
Tapasztalt lovas vagyok.
to·pos·tolt *law*·vosh vo·dyawk

I'm not an experienced rider.
Nem vagyok tapasztalt lovas.
nem vo·dyawk to·pos·tolt *law*·vosh

Can I hire a hat and boots?
Lehet lovaglókalapot és csizmát bérelni?
le·het *law*·vog·lāw·ko·lo·pawt aysh *chiz*·maat bay·rel·ni

bit	*zabla*	*zob*·lo
bridle	*kantár*	*kon*·taar
canter	*könnyű vágta*	*keun'*·nyēw *vaag*·to
carriage	*kocsi*	*kaw*·chi
crop	*ostornyél*	*awsh*·tawr·nyayl
gallop	*vágta*	*vaag*·to
groom	*lovász*	*law*·vaas
horse	*ló*	*lāw*

pony	*póni*	*pāw*·ni
reins	*gyeplő*	*dyep*·lēū
saddle	*nyereg*	*nye*·reg
stable	*istálló*	*ish*·taal·lāw
stirrup	*kengyel*	*ken*·dyel
trot	*ügetés*	*ew*·ge·taysh
walk	*léptetés*	*layp*·te·taysh

ice-skating

korcsolyázás

Is there a skating rink here?
Van itt korcsolyapálya? von itt *kawr*·chaw·yo·paa·yo

Do you like ice-skating?
Szeretsz korcsolyázni? se·rets *kawr*·chaw·yaaz·ni

Do you feel like ice-skating?
Van kedved korcsolyázni? von *ked*·ved *kawr*·chaw·yaaz·ni

I (don't) like ice-skating.
(Nem) Szeretek (nem) *se*·re·tek
korcsolyázni. *kawr*·chaw·yaaz·ni

I can skate (well).
(Jól) Tudok korcsolyázni. (yāwl) *tu*·dawk *kawr*·chaw·yaaz·ni

I can't skate.
Nem tudok korcsolyázni. nem *tu*·dawk *kawr*·chaw·yaaz·ni

I'll teach you ice-skating.
Megtanítalak *meg*·to·nee·to·lok
korcsolyázni. *kawr*·chaw·yaaz·ni

Can I hire skates?
Lehet korcsolyát bérelni? *le*·het *kawr*·chaw·yaat *bay*·rel·ni

Isn't it dangerous?
Nem veszélyes? nem *ve*·say·yesh

It's dangerous to skate here, the ice is too thin.
Veszélyes itt korcsolyázni, *ve*·say·yesh itt *kawr*·chaw·yaaz·ni
a jég nem elég vastag. o yayg nem *e*·layg *vosh*·tog

Hold on to me!
  Kapaszkodj belém!   *ko·pos·kawd·y be·*laym

Slow down!
  Lassabban!   *losh·*shob·bon

ice skates	*korcsolya*	*kawr·*chaw·yo
skating boots	*korcsolyacipő*	*kawr·*chaw·yo·tsi·pēū
skating rink	*korcsolyapálya*	*kawr·*chaw·yo·paa·yo

football/soccer

futball

When does the match …?	*Mikor …?*	*mi·*kawr …
start	*kezdődik a meccs*	*kez·*dēū·dik o mech
finish	*lesz vége a meccsnek*	les *vay·*ge o mech·nek

What's the score?
  Hogy áll a mérkőzés?   hawj aall o *mayr·*kēū·zaysh

Which one is the better team?
  Melyik a jobb csapat?   *me·*yik o yawbb *cho·*pot

Who's their coach?
  Ki az edzőjük?   ki oz *ed·*zēū·yewk

Who's winning?
  Ki áll nyerésre?   ki aall *nye·*raysh·re

Who's playing whom?
  Ki játszik kivel?   ki *yaat·*sik *ki·*vel

Who scored the most goals?
  Ki lőtte a legtöbb gólt?   ki *lēūt·*te o *leg·*teubb gāwlt

Who won?
  Ki nyert?   ki nyert

Who plays for (Fradi)?
  Ki játszik (a Fradi)ban?   ki *yaat·*sik (o *fro·*di)·bon

He's a great (player).
  Ő nagyon jó (játékos).   ēū *no·*dyawn yāw (*yaa·*tay·kawsh)

He played brilliantly in the match against (Italy).

Nagyszerűen játszott *noj·se·rēw·en yaat·sawtt*
az (Olaszország) *oz (aw·los·awr·saag)*
elleni meccsen. *el·le·ni mech·en*

Which team is at the top of the league?

Melyik a bajnokcsapat? *me·yik o boy·nawk·cho·pot*

What a great/terrible team!

Milyen jó/szörnyű csapat! *mi·yen yāw/seur·nyēw cho·pot*

ball	*labda*	*lob·do*
coach	*edző*	*ed·zēū*
corner (kick)	*szöglet*	*seug·let*
expulsion	*kiállítás*	*ki·aal·lee·taash*
extension	*hosszabbítás*	*haws·sob·bee·taash*
fan	*szurkoló*	*sur·kaw·lāw*
feint(ing)	*cselezés*	*che·le·zaysh*
first/second	*első/második*	*el·shēū/maa·shaw·dik*
half	*félidő*	*fayl·i·dēū*
field	*futballpálya*	*fut·boll·paa·yo*
footballer	*futballista*	*fut·bol·lish·to*
foul	*szabálytalanság*	*so·baa·y·to·lon·shaag*
free kick	*szabadrúgás*	*so·bod·rū·gaash*
goal (structure)	*kapu*	*ko·pu*
goalkeeper	*kapus*	*ko·push*
manager	*menedzser*	*me·ne·jer*
offside	*les*	*lesh*
penalty	*büntető*	*bewn·te·tēū*
player	*játékos*	*yaa·tay·kawsh*
red card	*piros lap*	*pi·rawsh lop*
referee	*bíró*	*bee·rāw*
striker	*középcsatár*	*keu·zayp·cho·taar*
team	*futballcsapat*	*fut·boll·cho·pot*
throw in	*bedobás*	*be·daw·baash*
yellow card	*sárga lap*	*shaar·go lop*

Goal!
Gól!   gāwl

Go, (Fradi), go!
Hajrá (Fradi)!   ho·y·raa (fro·di)

You must be blind! (lit: glasses for the referee)
Szemüveget a bírónak!   sem·ew·ve·get o bee·rāw·nok

tennis

tenisz

I'd like to play tennis.
Szeretnék teniszezni.   se·ret·nayk te·ni·sez·ni

Can we play at night?
Játszhatunk este?   jaats·ho·tunk esh·te

I need my racquet restrung.
Újra kell húroztatnom   ūy·ro kell hū·rawz·tot·nawm
az ütőmet.   oz ew·tēū·met

ace	ász	aas
advantage	előny	e·lēūn'
clay	agyag	o·dyog
fault	szabálytalan	so·baa·y·to·lon
	adogatás	o·daw·go·taash
game, set,	játszma, szet,	yaats·mo set
match	meccs	mech
grass court	füves pálya	few·vesh paa·yo
hard court	kemény pálya	ke·mayn' paa·yo
net	háló	haa·lāw
play doubles	párosban	paa·rawsh·bon
	játszani	yaat·so·ni
racquet	ütő	ew·tēū
serve	szerva	ser·vo
set	szet	set
tennis ball	teniszlabda	te·nis·lob·do

water sports

Where's the nearest ...?	Hol van a legközelebbi ...?	hawl von a leg·keu·ze·leb·bi ...
indoor pool	fedett uszoda	fe·dett u·saw·do
lake	tó	tāw
outdoor pool	szabadtéri uszoda	so·bod·tay·ri u·saw·do

changing rooms	öltöző	eul·teu·zēū
locker	öltözőszekrény	eul·teu·zēū·sek·rayn'
swimming cap	úszósapka	ū·sāw·shop·ko
swimming costume	fürdőruha	fewr·dēū·ru·ho

Can I hire (a) ...?	Lehet ... bérelni?	le·het ... bay·rel·ni
boat	csónakot	chāw·no·kawt
canoe	kenut	ke·nut
kayak	kajakot	ko·yo·kawt
life jacket	mentőmellényt	men·tēū·mel·layn't
sailboard	vitorlás szörfdeszkát	vi·tawr·laash seurf·des·kaat
water-skis	vízisít	vee·zi·sheet
wetsuit	szörfruhát	seurf·ru·haat

Are there any water hazards?
Vannak erre vízi veszélyek?   von·nok er·re vee·zi ve·say·yek

guide	vezető	ve·ze·tēū
motorboat	motorcsónak	maw·tawr·chāw·nok
oar(s)	evező(k)	e·ve·zēū(k)
sailing boat	vitorlás hajó	vi·tawr·laash ho·yāw
windsurfing	széllovaglás	sayl·law·vog·laash

hiking

gyalogtúrázás

Where can I …?	*Hol …?*	hawl …
buy supplies	*tudok készleteket venni*	*tu*·dawk *kays*·le·te·ket ven·ni
find someone who knows this area	*találok valakit, aki ismeri ezt a környéket*	to·laa·lawk *vo*·lo·kit *o*·ki *ish*·me·ri ezt o *keur*·nyay·ket
get a map	*tudok térképet venni*	*tu*·dawk *tayr*·kay·pet ven·ni
hire hiking gear	*bérelhetek túrafelszerelést*	*bay*·rel·he·tek *tū*·ro·fel·se·re·laysht
Is the track …?	*A túristaút …?*	o *tū*·rish·to·ūt …
(well-) marked	*(jól) ki van jelölve*	(yāwl) ki von *ye*·leul·ve
open	*nyitva van*	*nyit*·vo von
scenic	*szép kilátást kínál*	sayp *ki*·laa·taasht *kee*·naal
How …?	*Milyen …?*	*mi*·yen …
high is the climb	*magasra kell mászni*	*mo*·gosh·ro kell *maas*·ni
long is the trail	*hosszú a túraösvény*	*haws*·sū o *tū*·ro·eush·vayn'
Do we need to take …?	*Kell magunkkal vinni …?*	kell *mo*·gunk·kol *vin*·ni …
bedding	*ágyneműt*	*aaj*·ne·mēwt
food	*ennivalót*	*en*·ni·vo·lāwt
water	*vizet*	*vi*·zet

Do we need a guide?
Van szükségünk vezetőre?   von *sewk*·shay·gewnk *ve*·ze·tēū·re

Are there guided treks?
Vannak túravezető által   von·nok *tū*·ro·ve·ze·tēū *aal*·tol
vezetett túrák?   ve·ze·tett *tū*·raak

Is it safe?
Biztonságos?   biz·tawn·shaa·gawsh

Is the water OK to drink?
Iható a víz?   i·ho·tāw o veez

Is there a hut?
Van ott menedékház?   von awtt me·ne·dayk·haaz

When does it get dark?
Mikor sötétedik?   mi·kawr *sheu*·tay·te·dik

Which is	*Melyik*	*me*·yik
the ... route?	*a ... útvonal?*	o ... *ūt*·vaw·nol
easiest	*legkönnyebb*	*leg*·keun·nyebb
most interesting	*legérdekesebb*	*leg*·ayr·de·ke·shebb
shortest	*legrövidebb*	*leg*·reu·vi·debb

Where can I find the ...?	*Hol találom ...?*	hawl *to*·laa·lawm ...
camp ground	*a kempinget*	o *kem*·pin·get
nearest	*a legközelebbi*	o *leg*·keu·ze·leb·bi
village	*falut*	*fo*·lut
showers	*a zuhanyozót*	o *zu*·ho·nyaw·zāwt
toilets	*a vécét*	o *vay*·tsayt

Where have you come from?
Honnan jössz?   *hawn*·non yeuss

How long did it take?
Mennyi ideig tartott?   men'·nyi *i*·de·ig *tor*·tawtt

Can I go through here?
Át tudok menni itt?   aat *tu*·dawk *men*·ni itt

I'm lost.
Eltévedtem.   *el*·tay·ved·tem

beach

strand

Hungary is a landlocked nation which boasts some of the biggest lakes in Europe. Sunbathing is a popular pastime on lakeside beaches, so don't forget to put on some *naptej* *nop*·te·y (sunscreen)!

Where's	*Hol van*	hawl von
the ... beach?	*a ... strand?*	o ... shtrond
best	*legjobb*	*leg*·yawbb
nearest	*legközelebbi*	*leg*·keu·ze·leb·bi
nudist	*nudista*	*nu*·dish·to
public	*szabad*	*so*·bod

Is it safe to dive/swim here?
   Lehet itt biztonságosan   *le*·het itt *biz*·tawn·shaa·gaw·shon
   fejest ugrani/úszni?   *fe*·yesht *ug*·ro·ni/*ūs*·ni

Do we have to pay?
   Kell fizetni?   kell *fi*·zet·ni

How much	*Mennyibe kerül*	*men'*·nyi·be ke·rewl
for a/an ...?	*egy ...?*	ej ...
chair	*szék*	sayk
hut	*kabin*	*ko*·bin
umbrella	*napernyő*	*nop*·er·nyēū

---

signs

Fejest ugrani tilos!	*fe*·yesht *ug*·ro·ni *ti*·lawsh	**No Diving**
Úszni tilos!	*ūs*·ni *ti*·lawsh	**No Swimming**

---

weather

időjárás

What's the weather like?
   Milyen az idő?   *mi*·yen oz *i*·dēū

What will the weather be like tomorrow?
   Milyen lesz az idő holnap?   *mi*·yen les oz *i*·dēū *hawl*·nop

outdoors

155

It's ...	Az idő ...	oz i·dēū ...
cloudy	felhős	fel·hēūsh
cold	hideg	hi·deg
fine	jó	yāw
freezing	jéghideg	yayg·hi·deg
hot	nagyon meleg	no·dyawn me·leg
sunny	napos	no·pawsh
warm	meleg	me·leg
windy	szeles	se·lesh

It's ...	Esik ...	e·shik ...
It will be ...	Esni fog ...	esh·ni fawg ...
raining	az eső	oz e·shēū
snowing	a hó	o hāw

flora & fauna

növény- és állatvilág

What ... is that?	Az milyen ...?	oz mi·yen ...
animal	állat	aal·lot
flower	virág	vi·raag
plant	növény	neu·vayn'
tree	fa	fo

Is it ...?		
common	Nagyon elterjedt?	no·dyawn el·ter·yett
dangerous	Veszélyes?	ve·say·esh
endangered	Veszélyeztetett?	ve·say·yez·te·tett
poisonous	Mérgező?	mayr·ge·zēū
protected	Védett?	vay·dett

local plants & animals		
deer	szarvas	sor·vosh
fox	róka	rāw·ko
poppy	pipacs	pi·poch
roe deer	őz	ēūz
wild boar	vaddisznó	vod·dis·nāw

key language

alapvető kifejezések

breakfast	*reggeli*	*reg·ge·li*
lunch	*ebéd*	*e·bayd*
dinner	*vacsora*	*vo·chaw·ro*
morning tea	*tízórai*	*teez·āw·ro·i*
afternoon tea	*uzsonna*	*u·zhawn·no*
snack	*snack*	*snekk*
eat v	*enni*	*en·ni*
drink v	*inni*	*in·ni*
I'd like ...	*Szeretnék ...*	*se·ret·nayk ...*
I'm starving!	*Nagyon éhes*	*no·dyawn ay·hesh*
	vagyok!	*vo·dyawk*

finding a place to eat

hol együnk

Where would you go for ...?	*Hová menne ...?*	*haw·vaa men·ne ...*
a celebration	*megünnepelni valamit*	*meg·ewn·ne·pel·ni vo·lo·mit*
a cheap meal	*ha olcsón akarna enni*	*ho awl·chāwn o·kor·no en·ni*
delicious cakes	*finom süteményért*	*fi·nawm shew·te·may·nyayrt*
local specialities	*helyi speciali- tásokért*	*he·yi shpe·tsi·o·li- taa·shaw·kayrt*

Can you recommend a ... ?	Tud/Tudsz ajánlani egy ...? pol/inf	tud/tuds o·yaan·lo·ni ej ...
bar	bárt	baart
beer cellar	sörözőt	sheu·reu·zēūt
bistro	gyorséttermet	dyawrsh·ayt·ter·met
café	kávézót	kaa·vay·zāwt
pastry shop	cukrászdát	tsuk·raas·daat
pub	pubot	pu·bawt
restaurant	éttermet	ayt·ter·met
self-service restaurant	önkiszolgálót	eun·ki·sawl·gaa·lāwt
village inn	fogadót	faw·ga·dāwt
village tavern	csárdát	chaar·daat
wine cellar	borozót	baw·raw·zāwt
I'd like to reserve a table for ...	Szeretnék asztalt foglalni ...	se·ret·nayk os·tolt fawg·lol·ni ...
(two) people	(két) főre	(kayt) fēū·re
(eight) o'clock	(nyolc) órára	(nyawlts) āw·raa·ro

I'd like ..., please.	Legyen szíves, hozzon egy ...	le·dyen see·vesh hawz·zawn ej ...
a children's menu	gyerekmenüt	dye·rek·me·newt
the drink list	itallapot	i·tol·lo·pawt
a half portion	fél adagot	fayl o·do·gawt
the menu (in English)	(angol nyelvű) étlapot	(on·gawl nyel·vēw) ayt·lo·pawt

eat, drink & be merry

You can buy both food and alcohol in Hungarian pubs, inns and taverns. If you want to eat traditional fare with your drinks then beer and wine cellars are your best bet.

I'd like ...	Szeretnék ...	se·ret·nayk ...
a table for (five)	egy asztalt (öt) személyre	ej os·tolt (eut) se·may·re
the non-smoking section	a nem dohányzó részben ülni	o nem· daw·haan'·zāw rays·ben ewl·ni
the smoking section	a dohányzó részben ülni	o daw·haan'·zāw rays·ben ewl·ni

Are you still serving food?
Még szolgálnak fel   mayg sawl·gaal·nok fel
ennivalót?   en·ni·vo·lāwt

How long is the wait?
Mennyi ideig kell várni?   men'·nyi i·de·ig kell vaar·ni

at the restaurant

What would you recommend?
Mit ajánlana?   mit o·yaan·lo·no

What's in that dish?
Mit tartalmaz ez a fogás? mit tor·tol·moz ez o faw·gaash

What's that called?
Azt hogy hívják?   ozt hawj heev·yaak

I'll have that.
Azt kérem.   ozt kay·rem

Does it take long to prepare?
Sokáig tart az   shaw·kaa·ig tort oz
elkészítése?   el·kay·see·tay·she

Is it self-serve?
Önkiszolgáló?   eun·ki·sawl·gaa·lāw

Is service included in the bill?
A kiszolgálás díja   o ki·sawl·gaa·laash dee·ya
benne van a számlában?   ben·ne von o saam·laa·bon

te·le vo·dyunk	*Tele vagyunk.*	We're full.
zaar·vo vo·dyunk	*Zárva vagyunk.*	We're closed.
ej pil·lo·not	*Egy pillanat.*	One moment.
mit hawz·ho·tawk	*Mit hozhatok?*	What can I get for you?
o·oz ... o·yaan·lawm	*A/az ... ajánlom.*	I suggest the ...
se·re·ti ...	*Szereti ...?*	Do you like ...?
haw·dyon le·dyen el·kay·seet·ve	*Hogyan legyen elkészítve?*	How would you like that cooked?
tesh·shayk	*Tessék!*	Here you go!
yāw ayt·vaa·dyot	*Jó étvágyat!*	Enjoy your meal!

Are these complimentary?
Ezek ingyen vannak?   e·zek in·dyen von·nok

How much will that be?
Mennyi lesz?   men'·nyi les

I didn't order that.
Nem rendeltem ilyet.   nem ren·del·tem i·yet

There's a mistake in the bill.
Valami hiba van a   vo·lo·mi hi·bo von o
számlában.   saam·laa·bon

I'd like to see the manager, please.
Szeretnék beszélni az   se·ret·nayk be·sayl·ni oz
üzletvezetővel, kérem.   ewz·let·ve·ze·tēū·vel kay·rem

I'd like a ...	*... szeretnék.*	... se·ret·nayk
local speciality	*Valamilyen helyi specialitást*	vo·lo·mi·yen he·yi shpe·tsi·o·li·taasht
sandwich	*Egy szendvicset*	ej send·vi·chet

I'd like ...	*... szeretném.*	... se·ret·naym
that dish	*Azt az ételt*	ozt oz ay·telt
the chicken	*A csirkét*	o chir·kayt
the menu	*Az étlapot*	oz ayt·lo·pawt

I'd like it with …	… kérem.	… kay·rem
black pepper	Borssal	bawrsh·shol
cheese	Sajttal	shoyt·tol
garlic	Fokhagymával	fawk·hoj·maa·vol
hot paprika	Erős paprikaával	e·rēūsh pop·ri·kaa·vol
ketchup	Ketchuppal	ke·cheup·pel
nuts	Mogyoróval	maw·dyaw·rāw·vol
oil	Olajjal	aw·lo
salt	Sóval	shāw·vol
sugar	Cukorral	tsu·kawr·rol
tomato sauce	Paradicsom-szósszal	po·ro·di·chawm·sāws·sol
vinegar	Ecettel	e·tset·tel

I'd like it without …	… nélkül kérem.	… nayl·kewl kay·rem
black pepper	Bors	bawrsh
cheese	Sajt	shoyt
garlic	Fokhagyma	fawk·hoj·mo
hot paprika	Erős paprika	e·rēūsh pop·ri·ko
ketchup	Ketchup	ke·cheup
nuts	Mogyoró	maw·dyaw·rāw
oil	Olaj	aw·loy
salt	Só	shāw
sugar	Cukor	tsu·kawr
tomato sauce	Paradicsom-szósz	po·ro·di·chawm·sāws
vinegar	Ecet	e·tset

For other specific meal requests, see **vegetarian & special meals**, page 171.

lashings of goulash

Hungary's most famous dish is goulash, the beef soup known locally as *gulyásleves* gu·yaash·le·vesh. The word originally came from the *gulyás* gu·yaash (herdsmen/cowboys) who made it from their hard-earned *hús* hūsh (meat).

étvágygerjesztők	*ayt*·vaaj·ger·yes·tēūk	appetisers
saláták	*sho*·laa·taak	salads
levesek	*le*·ve·shek	soups
hideg/meleg	*hi*·deg/*me*·leg	cold/hot entrees
előételek	*e*·lēū·ay·te·lek	
köretek	*keu*·re·tek	garnishes
savanyúságok	*sho*·vo·nyū·shaa·gok	pickles
főételek	*fēū*·ay·te·lek	main courses
húsételek	*húsh*·ay·te·lek	meat dishes
vegetáriánus	*ve*·ge·taa·ri·aa·nush	vegetarian
ételek	*ay*·te·lek	dishes
tészták	*tays*·taak	pastas
pizzák	*piz*·zaak	pizzas
desszertek	*des*·ser·tek	desserts
italok	*i*·to·lawk	drinks
üdítőitalok	*ew*·dee·tēū·i·to·lawk	soft drinks
aperitifek	*o*·pe·ri·ti·fek	apéritifs
röviditalok	*reu*·vid·i·to·lawk	spirits
sörök	*sheu*·reuk	beers
borok	*baw*·rawk	wines
fehér borok	*fe*·hayr *baw*·rawk	white wines
pezsgő borok	*pezh*·gēū *baw*·rawk	sparkling wines
vörös borok	*veu*·reush *baw*·rawk	red wines
csemegeborok	*che*·me·ge·baw·rawk	dessert wines
emésztést	*e*·mays·taysht	digestifs
serkentő italok	*sher*·ken·tēū *i*·to·lawk	

For more words you might see in a menu, see the **menu decoder**, page 175.

at the table

Please bring a ...	*Kérem, hozzon egy ...*	*kay·*rem *hawz·*zawn ej ...
cloth	*rongyot*	*rawn·*dyawt
glass	*poharat*	*paw·*ho·rot
serviette	*szalvétát*	*sol·*vay·taat
wineglass	*borospoharat*	*baw·*rawsh·*paw·*ho·rot

This is ...	*Ez ...*	ez ...
(too) cold	*(túl) hideg*	(tūl) *hi·*deg
spicy	*fűszeres*	*fēw·*se·resh
superb	*nagyszerű*	*noj·*se·rēw

Please bring the bill.
Kérem, hozza a számlát.
*kay·*rem *hawz·*zo o *saam·*laat

I'm full.
Jóllaktam.
*yāwl·*lok·tom

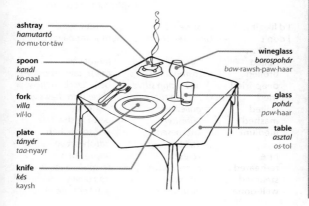

ashtray
hamutartó
ho·mu·tor·tāw

spoon
kanál
ko·naal

fork
villa
vil·lo

plate
tányér
taa·nyayr

knife
kés
kaysh

wineglass
borospohár
baw·rawsh·paw·haar

glass
pohár
paw·haar

table
asztal
os·tol

talking food

beszélgetés az ételekről

I love this dish.
Szeretem ezt az ételt. se·re·tem ezt oz ay·telt

I love the local cuisine.
Szeretem a helyi konyhát. se·re·tem o he·yi kawn'·haat

That was delicious!
Ez nagyon finom volt! ez no·dyawn fi·nawm vawlt

My compliments to the chef.
Gratulálok a szakácsnak. gro·tu·laa·lawk o so·kaach·nok

methods of preparation

ételkészítési módszerek

I'd like it ...	... *szeretném.*	... se·ret·naym
I don't want it ...	*Nem szeretném ...*	nem se·ret·naym ...
boiled	*forralva*	for·rol·vo
broiled	*roston sülve*	rawsh·tawn shewl·ve
deep-fried	*bő zsírban sütve*	bẽü zheer·bon shewt·ve
fried	*zsírban sütve*	zheer·bon shewt·ve
grilled	*grillezve*	gril·lez·ve
mashed	*pürésítve*	pew·ray·sheet·ve
medium	*közepesen*	keu·ze·pe·shen
	átsütve	aat·shewt·ve
rare	*véresen*	vay·re·shen
re-heated	*felmelegítve*	fel·me·le·geet·ve
steamed	*párolva*	paa·rawl·vo
well-done	*jól átsütve*	yãwl aat·shewt·ve

in the bar

As well as drinking in a *bárt* baart (bar) or *pub* pob (pub), your other option is a *kocsma* kawch-ma. Your average *kocsma* is cheaper and grungier than a *pub* but doesn't serve food.

Excuse me.
> *Bocsánat.*   *baw*-chaa-not

I'm next.
> *Én következem.*   ayn *keu*-vet-ke-zem

I'll have …
> *… kérek.*   … *kay*-rek

Same again, please.
> *Legyen szíves ugyanezt*   *le*-dyen *see*-vesh *u*-dyon-ezt
> *még egyszer.*   mayg *ej*-ser

I'll buy you a drink.
> *Fizetek neked egy italt.*   *fi*-ze-tek *ne*-ked ej *i*-tolt

What would you like?
> *Mit kérsz?*   mit kayrs

It's my round.
> *Ezt most én fizetem.*   ezt mawsht ayn *fi*-ze-tem

No ice, thanks.
> *Köszönöm, nem kérek jeget.*   *keu*-seu-neum nem *kay*-rek *ye*-get

How much is that?
> *Az mennyibe kerül?*   oz *men'*-nyi-be *ke*-rewl

Do you serve meals here?
> *Lehet itt enni?*   *le*-het itt *en*-ni

---

listen for …

mit kayr
> *Mit kér?*   **What are you having?**

ozt *hi*-sem *e*-le-get *i*-vawtt
> *Azt hiszem, eleget ivott.*   **I think you've had enough.**

u-tawl-shaw *ren*-de-laysh *nem*-shaw-kaa-ro *zaa*-runk
> *Utolsó rendelés,*   **Last orders.**
> *nemsokára zárunk.*

165

nonalcoholic drinks

alkoholmentes italok

... mineral water	... ásványvíz	... aash·vaan'·veez
sparkling	szénsavas	sayn·sho·vosh
still	szénsavmentes	sayn·shov·men·tesh
orange juice	narancslé	no·ronch·lay
soft drink	üdítőital	ew·dee·tēū·i·tal
(hot) water	(forró) víz	(fawr·rāw) veez
(cup of) tea ...	(csésze) tea ...	(chay·se) te·o ...
(cup of) coffee ...	(csésze) kávé ...	(chay·se) kaa·vay ...
with milk	tejjel	ey·yel
with sugar	cukor	tsu·kawr
with honey	mézzel	mayz·zel
with lemon	citrommal	tsit·rawm·mol
decaffeinated coffee	koffeinmentes	kawf·fe·in·men·tesh
double black	dupla fekete	dup·lo fe·ke·te
iced coffee	jeges	ye·gesh
single black	szimpla fekete	simp·lo fe·ke·te
strong coffee	erős	e·rēūsh
weak coffee	gyenge	dyen·ge
white coffee	tejjel	tey·yel

alcoholic drinks

alkoholos italok

Remember to sample some *pálinka* paa·lin·ko, a Hungarian brandy made from fruit like plums and cherries. You could also try *unikum* u·ni·kum, a kind of bitter schnapps made from over 40 roots and herbs which claims medicinal properties.

beer	sör	sheur
brandy	brandy	bren·di
champagne	pezsgő	pezh·gēū
cocktail	koktél	kawk·tayl

FOOD

166

a ... of beer	*egy ... sör*	ej ... sheur
can	*dobozos*	*daw*·baw·zawsh
glass	*pohár*	*paw*·haar
pint	*fél liter*	*fayl* li·ter
small bottle	*kis üveg*	kish *ew*·veg
large bottle	*nagy üveg*	noj *ew*·veg
jug	*korsó*	*kawr*·shāw

a bottle/glass	*egy üveg/*	ej *ew*·veg/
of ... wine	*pohár ... bor*	*paw*·haar ... bawr
dessert	*csemege*	*che*·me·ge
red	*vörös*	*veu*·reush
rosé	*világos*	*vi*·laa·gawsh
	vörös	*veu*·reush
sparkling	*pezsgő*	*pezh*·gēü
white	*fehér*	*fe*·hayr
a shot of ...	*egy kupica ...*	ej *ku*·pi·tso ...
gin	*gin*	jin
pálinka	*pálinka*	*paa*·lin·ko
rum	*rum*	rum
tequila	*tequila*	*te*·ki·lo
unicum	*unikum*	*u*·ni·kum
vodka	*vodka*	*vawd*·ko
whisky	*whisky*	*vis*·ki

putting on the spritz

A popular way of adding zing to wine in Hungary is by mixing up a *fröccs* freuch (spritzer). Two common versions of this bubbly refresher are the *házmester* haaz·mesh·ter (lit: concierge), 300mL of wine mixed with 200mL of soda water, and the *hosszúlépés* haws·sū·lay·paysh (lit: long-step) made with 100mL of wine and 200mL of soda water.

drinking up

Cheers! (to one person)
   Egészségére! pol   *e·gays·shay·gay·re*
   Egészségedre! inf   *e·gays·shay·ged·re*

Cheers! (to more than one person)
   Egészségükre! pol   *e·gays·shay·gewk·re*
   Egészségetekre! inf   *e·gays·shay·ge·tek·re*

This is hitting the spot.
   Ez nagyon jól esik.   ez *no·*dyawn yāwl *e·*shik

I feel fantastic!
   Nagyszerűen érzem magam!   *noj·*se·rēw·en *ayr·*zem *mo·*gom

I think I've had one too many.
   Azt hiszem, eggyel többet   ozt *hi·*sem *ej·*dyel *teub·*bet
   ittam a kelleténél.   *it·*tom o *kel·*le·tay·nayl

I'm feeling drunk.
   Úgy érzem, részeg vagyok.   ūj *ayr·*zem *ray·*seg *vo·*dyawk

I feel ill.
   Rosszul érzem magam.   *raws·*sul *ayr·*zem *mo·*gom

Where's the toilet?
   Hol a vécé?   hawl o *vay·*tsay

I'm tired, I'd better go home.
   Fáradt vagyok, jobb,   *faa·*rott *vo·*dyawk yawbb
   ha hazamegyek.   ho *ho·*zo·me·dyek

Can you call a taxi for me?
   Tud hívni nekem egy taxit?   tud *heev·*ni *ne·*kem ej *tok·*sit

I don't think you should drive.
   Azt hiszem, jobb, ha nem   ozt *hi·*sem yawbb ho nem
   vezet.   *ve·*zet

What's the local speciality?
Mi az itteni specialitás?   mi oz it·te·ni shpe·tsi·o·li·taash

What's that?
Az mi?   oz mi

Can I taste it?
Megkóstolhatom?   meg·kāwsh·tawl·ho·tawm

How much is (a kilo of cheese)?
Mennyibe kerül   men'·nyi·be ke·rewl
(egy kiló sajt)?   (ej ki·lāw shoyt)

I'd like …	*Kérek …*	kay·rek …
(20) decagrams	*(húsz) dekát*	(hūs) de·kaat
half a dozen	*fél tucatot*	fayl tu·tso·tawt
a dozen	*egy tucatot*	ej tu·tso·tawt
half a kilo	*fél kilót*	fayl ki·lāwt
a kilo	*egy kilót*	ej ki·lāwt
a bottle/jar	*egy üveggel*	ej ew·veg·gel
a packet	*egy csomaggal*	ej chaw·mog·gol
a piece	*egy darabot*	ej do·ro·bawt
a slice	*egy szeletet*	ej se·le·tet
a tin	*egy dobozzal*	ej daw·bawz·zol

I'd like …	*… kérem.*	… kay·rem
that one	*Azt*	ozt
this one	*Ezt*	ezt

how would you like that?		
cooked	*főtt*	fēütt
cured	*pácolt*	paa·tsawlt
dried	*szárított*	saa·ree·tawtt
fresh	*friss*	frish
frozen	*fagyasztott*	fo·dyos·tawtt
raw	*nyers*	nyersh
smoked	*füstölt*	fewsh·teult

I'd like ...	... kérek.	... kay·rek
just a little	Csak egy kicsit	chok ej ki·chit
more	Többet	teub·bet
some ...	Egy kis ...	ej kish ...

Do you have ...?	Van Önöknél ...?	von eu·neuk·nayl ...
anything	valami	vo·lo·mi
cheaper	olcsóbb	awl·chäwbb
other kinds	másfajta	maash·foy·to

Where can I find the ... section?	Hol találom a ...?	hawl to·laa·lawm o ...
dairy	tejtermékeket	tey·ter·may·ke·ket
fish	halakat	ho·lo·kot
frozen goods	fagyasztott árut	fo·dyos·tawtt aa·rut
fruit and vegetable	gyümölcsöket és zöldségeket	dyew·meul·cheu·ket aysh zeuld·shay·ge·ket
meat	húsokat	hū·shaw·kot
poultry	szárnyasokat	saar·nyo·shaw·kat

Could I please borrow a (frying pan)?
Kölcsönkérhetnék
egy (serpenyőt)?

keul·cheun·kayr·het·nayk
ej (sher·pe·nyēūt)

I need a (chopping board).
Szükségem van egy
(vágódeszkára).

sewk·shay·gem von ej
(vaa·gāw·des·kaa·ro)

FOOD

vegetarian & special meals
vegetáriánus és különleges ételek

ordering food

Is there a …	*Van a közelben*	von o *keu*·zel·ben
restaurant near here?	… *étterem?*	… *ayt*·te·rem
Do you have … food?	*Vannak Önöknél*	von·nok *eu*·neuk·nayl
	… *ételek?*	… *ay*·te·lek
halal	*iszlám rítus*	*is*·laam *ree*·tush
	szerint levágott	se·rint *le*·vaa·gawtt
kosher	*kóser*	*käw*·sher
vegetarian	*vegetáriánus*	*ve*·ge·taa·ri·aa·nush

I don't eat …	*Én nem eszem …*	ayn nem *e*·sem …
butter	*vajat*	*vo*·yot
eggs	*tojást*	*taw*·yaasht
fish	*halat*	*ho*·lot
fish stock	*halászlékockát*	*ho*·laas·lay·kawts·kaat
meat stock	*húsleveskockát*	*hüsh*·le·vesh·kawts·kaat
oil	*olajat*	*aw*·lo·yot
pork	*disznóhúst*	*dis*·näw·hüsht
poultry	*szárnyast*	*saar*·nyosht
red meat	*marha-vagy*	*mor*·ho voj
	birkahúst	*bir*·ko·hüsht

171

Could you prepare a meal without ...?	Tudná készíteni egy ételt ... nélkül?	tud·no kay·see·te·ni ej ay·telt ... nayl·kewl
butter	vaj	vo·y
eggs	tojás	taw·yaash
fish	hal	hol
fish stock	halászlékocka	ho·laas·lay·kawts·ko
meat stock	húsleveskocka	húsh·le·vesh·kawts·ko
oil	olaj	aw·lo·y
pork	disznóhús	dis·nāw·húsh
poultry	szárnyashús	saar·nyosh·húsh
red meat	marha- vagy birkahús	mor·ho voj bir·ko·húsh

Is this ...?	Ez ...?	ez ...
decaffeinated	koffeinmentes	kawf·fe·in·men·tesh
free of animal produce	állati termékektől mentes	aal·la·ti ter·may·kek·tēūl men·tesh
free-range	szabadon tenyésztett	so·bo·dawn te·nyaysh·tett
genetically modified	genetikailag módosított	ge·ne·ti·ko·i·log māw·daw·shee·tott
gluten-free	sikérmentes	shi·kayr·men·tesh
low fat	alacsony zsírtartalmú	o·lo·chawn' zheer·tor·tol·mū
low in sugar	alacsony cukortartalmú	o·lo·chawn' tsu·kawr·tor·tol·mū
organic	organikus	awr·go·ni·kush
salt-free	sótlan	shāwt·lon

FOOD

172

special diets & allergies

I'm on a special diet.
Különleges diétán   *kew*·leun·le·gesh *di*·ay·taan
vagyok.   *vo*·dyawk

I'm (a) ...	... vagyok.	... vo·dyawk
Buddhist	*Buddhista*	*budd*·hish·to
Hindu	*Hindu vallású*	*hin*·du *vol*·laa·shū
Jewish	*Zsidó vallású*	*zhi*·dāw *vol*·laa·shū
Muslim	*Muszlim*	*mus*·lim
vegan	*Tejterméket és*	*te*·y·ter·may·ket aysh
	tojást sem	*taw*·yaasht shem
	fogyasztó	*faw*·dyos·tāw
	vegetáriánus	ve·ge·taa·ri·aa·nush
vegetarian	*Vegetáriánus*	ve·ge·taa·ri·aa·nush

The word 'vampire' is said to have its origins in the old Magyar word *vampir*. 'Vampyre' was first used in English in 1734, in *The Travels of Three English Gentlemen from Venice to Hamburgh*. As the anonymous author wrote, 'These Vampyres are supposed to be the Bodies of deceased Persons, animated by evil Spirits, which come out of the Graves, in the Night-time, suck the Blood of many of the Living, and thereby destroy them.' To talk about their contemporary Hungarian cousins, use the word *vámpír* vaam·peer.

I'm allergic	*Allergiás*	ol·ler·gi·aash
to …	*vagyok a …*	vo·dyawk o …
dairy produce	*tejtermékekre*	te·y·ter·may·kek·re
eggs	*tojásra*	taw·yaash·ro
gelatine	*zselatinra*	zhe·lo·tin·ro
gluten	*sikérre*	shi·kayr·re
honey	*mézre*	mayz·re
MSG	*monoszódium*	maw·naw·sāw·di·um
	glutamátra	glu·to·maat·ro
nuts	*diófélékre*	di·āw·fay·layk·re
peanuts	*mogyoróra*	maw·dyaw·rāw·ro
seafood	*tenger*	ten·ger
	gyümölcseire	dyew·meul·che·i·re
shellfish	*kagylókra*	koj·lāwk·ro
	és rákokra	aysh *raa*·kawk·ro

This miniguide to Hungarian cuisine lists dishes and ingredients in alphabetical order in Hungarian. It's designed to help you get the most out of your gastronomic experience by providing you with food terms that you may see on menus etc.

A

alma ol·mo *apple*
— **pongyolában** pawn·dyaw·laa·bon apple rings dipped in batter, deep-fried, sprinkled with cinnamon & sugar & served hot

almaleves ol·mo·le·vesh *refreshing chilled soup made from apples, lemon peel, cinnamon, cloves, sugar & sour cream*

almás palacsinta ol·maash po·lo·chin·to *pancakes made from a batter with grated apples*

almás pite ol·maash pí·te *apple pie with chopped walnuts*

angolos on·gaw·lawsh *rare*

ásványvíz aash·vaan'·veez *mineral water*

aszalt szilva o·solt sil·vo *prunes*

asztali bor os·to·li bawr *table wine*

B

babérlevél bo·bayr·le·vayl *bay leaf*

bableves csülökkel bob·le·vesh chew·leuk·kel *dried bean soup with smoked pork knuckle, carrot, parsley root, onion, garlic, sour cream & paprika*

banán bo·naan *banana*

barackpálinka bo·rotsk·paa·lin·ko *apricot brandy*

bélszínszeletek Budapest módra bayl·seen·se·le·tek bu·do·pesht mawd·ro *fried beef tenderloin topped with a tomato-based sauce containing onion, smoked bacon, goose liver, mushrooms, capsicum, paprika & oil*

birsalma birsh·ol·mo *quince*

borjúhús bawr·yú·húsh *veal*

borjúkotlett magyaróvári módra bawr·yú·kawt·lett mo·dyor·áw·vaa·ri mâwd·ro *fried veal cutlets in tomato sauce, topped with chopped fried mushrooms, slices of ham & cheese & grilled*

borjúmáj bawr·yú·maa·y *calf liver*

borókabogyó baw·ráw·ko·baw·dyâw *juniper berries*

bors bawrsh *black pepper*

borsó bawr·shâw *peas*

borsszem bawrsh·sem *peppercorns*

bő zsírban sült bëü zheer·bon shewlt *deep-fried*

bugaci paraszt-saláta bu·go·tsi po·rost·sho·laa·to *salad made from green peppers, tomato, cucumber, onion, grated kaskaval & chopped parsley*

burgonya bur·gaw·nyo *potato (also known as* **krumpli***)*

C

citrom tsit·rawm *lemon*

cukor tsu·kawr *sugar*

Cs

csemegepaprika che·me·ge·pop·ri·ko *aromatic, medium-coarse, light red, mild paprika*

cseresznye che·res·nye *cherries*

cseresznyepálinka che·res·nye·paa·lin·ko *cherry brandy*

cseresznyés rétes che·res·nyaysh ray·tesh *strudel filled with sweet cherries, ground walnuts, cinnamon & sugar*

csípős paprika chee·pëüsh pop·ri·ko *spicy paprika – light brown to ochre & yellow in colour*

csirke chir·ke *chicken*

csöves kukorica cheu·vesh ku·kaw·ri·tso *corn on the cob*

csuka *chu*-ko pike (fish)
— **tejfölös tormával** *te*-y-feu-leush *tawr*-maa-vol boiled pike pieces in a horseradish, butter lemon & sour cream sauce cooked with carrot, onion & parsley root

csúsztatott palacsinta *chús*-to-tawtt *po*-lo-chin-to rich pancakes in a stack sprinkled with grated chocolate

D

daragaluska *do*-ro-go-lush-ko dumplings made from eggs & semolina

debreceni kolbász *deb*-re-tse-ni *kawl*-baas Debrecen sausage

debreceni krumpli egytál *deb*-re-tse-ni *krump*-li *ej*-taal smoked bacon & Debrecen sausages fried with onions, sprinkled with paprika & served with crispy fried potato slices

dió *di*-áw walnut

diós bukta *di*-áwsh *buk*-to rich pastry roll stuffed with ground walnuts, sugar, sultanas, cinnamon & a vanilla filling

diós metélt *di*-áwsh *me*-taylt freshly cooked pasta tossed with butter, ground walnuts & sugar

diós palacsinta *di*-áwsh *po*-lo-chin-to pancakes rolled around a nut cream filling

diós rétes *di*-áwsh *ray*-tesh strudel with a ground walnut, raisin, sugar & grated lemon rind filling

diótorta *di*-áw-tawr-to sponge cake layered with a rich sweet cream with ground walnuts & rum

disznóhús *dis*-náw-húsh pork

dobostorta *daw*-bawsh-tawr-to the crowning glory of Hungarian cakes – sponge cake layered with chocolate custard cream, decorated on top with a glazed sponge layer cut into segments

doroszmai molnárponty *daw*-raws-mo-i *mawl*-naar-pawnt' carp fillets larded with smoked bacon & cooked with mushrooms, capsicum, tomato, paprika & sour cream

E

ecet *e*-tset vinegar
ecetes *e*-tse-tesh pickled

édes *ay*-desh sweet
— **paprika** *pop*-ri-ko sweet paprika – dark red, medium-coarse, mild paprika

édes-nemes paprika *ay*-desh ne-mesh *pop*-ri-ko finely ground bright red paprika with a sweet aromatic flavour

Eger *e*-ger wine producing region famous for its Pinot Noir wines

egres *eg*-resh gooseberry

egri bikavér *eg*-ri *bi*-ko-vayr 'Eger bull's blood' – Hungary's best known dry red wine from the Eger winegrowing region

Esterházy-rostélyos *es*-ter-haa-zi *rawsh*-tay-yawsh 'Esterházy roast beef' – roast beef slices served with buttered carrots, parsley & onion in a sour cream, mustard, caper & lemon juice sauce

F

fácán *faa*-tsaan pheasant

fahéj *fo*-hay cinnamon

fehérbor *fe*-hayr-bawr white wine

fekete ribizli *fe*-ke-te *ri*-biz-li blackcurrants

féledés bor *fayl*-ay-desh bawr semisweet wine

féledés paprika *fayl*-ay-desh *pop*-ri-ko pleasantly spicy, medium-coarse, light red paprika

félszáraz bor *fayl*-saa-roz bawr semidry wine

fenyőpereszke *fe*-nyéü-pe-res-ke blewit mushroom – type of wild mushroom with a pleasant aroma

fogas *faw*-gosh zander (fish)
— **jóasszony módra** *yáw*-os-sawn' *máwd*-ro zander fillets cooked in a white wine, mushroom, parsley, butter & cream sauce

fogoly *faw*-gaw-y partridge

fokhagyma *fawk*-hoj-mo garlic

forralt *fawr*-rolt boiled

főétel *féü*-ay-tel main course

földi szeder *feul*-di se-der blackberry

földieper *feul*-di-e-per strawberry

főzelék *féü*-ze-layk side dish of vegetables sautéed in fat & cooked in stock

friss frish fresh

fürj *fewr*-y quail

füstölt *fewsh*-teult smoked

G

galuska *go*-lush-ko dumplings made from eggs, salt & flour – popular accompaniment to **pörkölt** & also used to garnish soups (see also **nokedli**)

gesztenye *ges·te·nye* chestnut

gesztenyekrém *ges·te·kraym*
sweet cream based on chestnut purée
spread on sponge cake layers

gesztenyepüré *ges·te·nye·pew·ray*
chestnut purée – often used in desserts

gesztenyés palacsinta
ges·te·nyaysh po·lo·chin·to
pancakes with a sweet chestnut-cream
filling topped with chocolate sauce

gesztenyével töltött pulyka
ges·te·nyay·vel teul·teutt pu·y·ko
turkey larded with bacon & stuffed with
a roast Spanish chestnut, bread, pork,
egg & cream stuffing

gomba *gawm·bo* mushroom

gombaleves *gom·bo·le·vesh* mushroom &
caramelised onion soup seasoned with
paprika

gombás libamáj *gawm·baash li·bo·maa·y*
goose liver fried with goose fat, mush-
rooms, onion, garlic, cream, wine &
parsley

görögdinnye *geu·reug·din·nye*
watermelon

gránátoskocka *graa·naa·tawsh·kawts·ko*
see **grenadírmas**

grenadírmas *gre·no·deer·morsh* 'march
of the grenadiers' – potatoes with sweet
paprika, onion & pasta – served with
sour gherkins (**gránátoskocka**)

gulyásleves *gu·yaash·le·vesh*
goulash soup – beef soup with carrot,
parsley root, capsicum, tomato, celery,
potatoes & pasta

gumós zeller *gu·mawsh zel·ler* celeriac

Gy

gyömbér *dyeum·bayr* ginger

gyömbéres mézeskalács *dyeum·bay·resh
may·zesh·ko·laach* gingerbread – tradi-
tional treat from the town of Debrecen

gyulai kolbász *dyu·lo·i kawl·baas* hard-
smoked sausage seasoned with paprika,
pepper, cumin, garlic & bacon

gyümölcs *dyew·meulch* fruit

H

hagyma *hoj·mo* onion

hagymás tört krumpli
hoj·maash teurt krump·li potatoes
served with fried onions

hajdúkáposzta *ho·y·dü·kaa·paws·to*
cured pork knuckles cooked with potato,
sauerkraut, onion, ground paprika,
garlic & garnished with smoked bacon

hal *hol* fish

halászlé vegyes halból
ho·laas·lay ve·dyesh hol·báwl fish soup
with onion, tomato & a dose of paprika,
giving it a bright red colour

harcsa *hor·cho* catfish

házi *haa·zi* homemade

házinyúl *haa·zi·nyül* rabbit

hirtelen sült *hir·te·len shewlt* sautéed

hortobágyi palacsinta
hawr·taw·baa·dyi po·lo·chin·to ground
meat rolled in savoury pancakes, topped
with a sour cream & paprika sauce

hortobágyi ürügulyás
hawr·taw·baa·dyi ew·rew·gu·yaash
mutton stew with capsicum, tomato,
potato, onions & garlic

hús *hüsh* meat

J

jól átsütött *yáwl aat·shew·teutt* well-done

juhtúrós puliszka *yuh·tü·ráwsh pu·lis·ko*
polenta baked with melted butter &
ewe's milk cheese

K

kacsa *ko·cho* duck

kacsapecsenye *ko·cho·pe·che·nye*
duck roasted with apples, quinces &
marjoram inside

kacsasült káposztás cvekedlivel töltve
*ko·cho·shewlt kaa·paws·taash
tsve·ked·li·vel teult·ve* roast duck stuffed
with chopped salted cabbage, noodles,
duck fat, eggs & marjoram

kalács *ko·laach* plaited glazed loaf

kapor *ko·pawr* dill

káposzta *kaa·paws·to* cabbage

káposztás kocka *kaa·paws·taash
kawts·ko* white cabbage stir-fried in
sweetened butter then tossed with
pepper & freshly cooked pasta

kapribogyó *kop·ri·baw·dyáw* capers

kapros túrós palacsinta *kop·rawsh
tü·ráwsh po·lo·chin·to* pancakes with a
sweetened quark, egg & dill filling

karalábé *ko-ro-laa-bay kohlrabi*
karalábéfőzelék *ko-ro-laa-bay-fēū-ze-layk creamed kohlrabi with parsley, butter, marrow stock, flour & milk*
karalábéleves *ko-ro-laa-bay-le-vesh kohlrabi soup with sour cream & parsley*
karfiol *kor-fi-awl cauliflower*
karfiolleves *kor-fi-awl-le-vesh soup of cauliflower, parsley, sour cream & paprika*
kaskaval *kosh-ka-vaal semihard cheese made from ewe's milk*
kávékrém *kaa-vay-kraym sweet coffee cream spread on sponge cakes*
kékhátú galambgomba *kayk-haa-tū go-lomb-gawm-bo green agaric mushroom*
kenyér *ke-nyayr bread*
kifli *kif-li crescent-shaped bread roll*
kolbász *kawl-baas thick sausage*
kolozsvári rakott káposzta *kaw-lawzh-vaa-ri ro-kawtt kaa-paws-to sauerkraut braised in butter layered with rice, sliced boiled eggs & sausage, sour cream & paprika then oven-baked*
korhelyleves *kawr-he-y-le-vesh stew of smoked ham shank, sauerkraut, paprika & onion topped with sliced Debrecen sausage*
koriander *kaw-ri-on-der coriander*
köret *keu-ret garnish*
körte *keur-te pear*
közepesen átsütött *keu-ze-pe-shen aat-shew-teutt medium*
krumpli *krump-li potato (also known as burgonya)*
kürtőskalács *kewr-tēūsh-ko-laach Transylvanian cake made by wrapping dough around a roller, coating it with a honey, egg yolk, sugar, almond (or walnut) glaze & roasting it on a spit*

L

lángos *laan-gawsh deep-fried potato cakes topped with cabbage, ham, garlic juice, cheese, sour cream, or dill*
lé *lay juice (of meat or fruit)*
lebbencs *leb-bench wafer-thin sheets of pasta sometimes added to soups*
lecsó *le-chāw dish of stewed tomato, peppers, onions, oil & paprika*
lekváros szelet *lek-vaa-rawsh se-let sponge cake layered with strawberry jam*
lencse *len-che lentils*

lencseleves nemesvámosi módra *len-che-le-vesh ne-mesh-vaa-maw-shi māwd-ro lentils cooked in a stock made from smoked ribs, combined with onions, capsicum, tomato, celery leaves & sour cream*
leves *le-vesh soup – soups play an important part in Hungarian cuisine & are inevitably served at lunch (the main meal of the day)*
liba *li-bo goose*
libamáj *li-bo-maa-y goose liver*
libamájpástétom *li-bo-maa-y-paash-tay-tawm goose liver pâté*
libazsír *li-bo-zheer goose fat*
lila tölcsérpereszke *li-lo teul-chayr-pe-res-ke lilac blewit mushroom – wild mushroom with a pungent flavour*

M

máj *maa-y liver*
májgaluska *maa-y-go-lush-ko liver dumplings – egg dumplings made from day-old bread, chicken, veal or pork livers & fried with onion*
majonézes krumplisaláta *mo-yaw-nay-zesh krump-li-sho-laa-to potato salad with mayonnaise*
majoranna *mo-yaw-ron-no marjoram*
májusi pereszke *maa-yu-shi pe-res-ke May blewit mushroom – wild mushroom with a delicate aroma & pleasant taste*
mák *maak poppy seeds*
mákos és diós beigli *maa-kawsh aysh di-āwsh be-y-gli poppy seed & nut rolls traditionally served at Christmas*
mákos guba mézzel *maa-kawsh gu-bo mayz-zel pudding made from poppy seeds, pastry & honey*
mákos kifli *maa-kawsh kif-li croissant-shaped bread roll topped with poppy seeds*
mákos metélt *maa-kawsh me-taylt see mákos tészta*
mákos palacsinta *maa-kawsh po-lo-chin-to sweet pancakes with a vanilla sugar & poppy seed filling*
mákos rétes *maa-kawsh ray-tesh strudel with a poppy seed & apple filling*
mákos tészta *maa-kawsh tays-to sweet pasta dish of poppy seeds, sugar & lemon rind tossed with freshly cooked pasta (also mákos metélt)*

málna *maal*-no raspberry

mandula *mon*-du-lo almond

marcipán *mor*-tsi-paan marzipan – shaped into elaborate floral cake decorations, or used as the basis for candies filled with fruit & coated in chocolate

marhahús *mor*-ho-hüsh beef

mazsola *mo*-zhaw-lo sultana

mecseki betyárgombócleves *me*-che-ki be-tyaar-gawm-bäwts-le-vesh soup made from meat stock, carrot, parsley root, celeriac, lard, flour, sour cream, egg yolk & thyme

meggy *mejj* morello cherry

meggyes rétes *mej*-dyesh ray-tesh strudel with a morello cherry & walnut filling

meggyleves *mejj*-le-vesh chilled soup of morello cherries, water, sour cream, dry red wine, egg yolk, sugar, grated lemon peel & cinnamon – can be gooseberries, blackberries, raspberries or redcurrants

menü *me*-new set menu

méz *mayz* honey

mezei nyúl *me*-ze-i nyül hare

mézeskalács *may*-zesh-ko-laach honey cake

minőségi bor *mi*-nēü-shay-gi bawr vintage wine

mogyoró *maw*-dyaw-räw hazelnut

mustár *mush*-taar mustard

N

nagy őzlábgomba noj ēüz-laab-gawm-bo parasol mushroom – flavoursome wild mushroom

napi ajánlat *no*-pi o-yaan-lot daily special

napraforgómag *nop*-ro-fawr-gäw-mog sunflower seeds

narancs *no*-ronch orange

nokedli *naw*-ked-li see galuska

nyárson sült *nyaar*-shawn shewlt roasted on a spit

nyers *nyersh* raw

O

olaj *aw*-lo-y oil

olajban sült *aw*-lo-y-bon shewlt fried in oil

ormánsági töltött dagadó *awr*-maan-shaa-gi teul-teutt do-go-däw boned pork spare ribs stuffed with bread, fried onion, bacon, pig's liver & egg

öntött saláta *eun*-teutt sho-laa-to lettuce salad with a fried bacon & garlic, sour cream & vinegar dressing

őszibarack *ēü*-si-bo-rotsk peach

őszibarackos rétes *ēü*-si-bo-rots-kawsh ray-tesh peach strudel

őzgerinc erdei ízesítéssel *ēüz*-ge-rints er-de-i ee-ze-shee-taysh-shel cured saddle of venison larded with smoked bacon, flavoured with pepper, juniper berries, coriander & mustard & roasted

P

pacal *po*-tsol tripe

pácolt *paa*-tsawlt marinated

palacsinta *po*-lo-chin-to pancakes – served sweet & savoury as appetisers, main courses & desserts

pálinka *paa*-lin-ko brandy made from a variety of fruits

palóc leves *po*-läwts le-vesh soup made from cubed leg of mutton (or beef), French beans, potato, onion, lard, paprika, bay leaf & caraway

paprika *pop*-ri-ko capsicum • red pepper

paprikás *pop*-ri-kaash stew made of lean meat (such as veal, chicken or rabbit) capsicum, onion & tomato simmered in a fatty paprika & sour cream gravy — **krumpli** *krump*-li potatoes, capsicum & tomatoes cooked in a smoked bacon, onion, garlic & paprika base

paradicsom *po*-ro-di-chawm tomato

pecsenye *pe*-che-nye roasted

petrezselyem *pet*-re-zhe-yem parsley

petrezselyemgyökér *pet*-re-zhe-yem-dyeu-kayr parsley root

petrezselymes újkrumpli *pet*-re-zhe-y-mesh ü-y-krump-li new potatoes fried in oil seasoned with parsley & salt

pikáns *pi*-kaansh savoury

pils *pilsh* pale lager-style beer

pirospaprika *pi*-rawsh-pop-ri-ko paprika – the quintessential & highly prized Hungarian spice served in dishes or placed on the table in sprinklers to garnish dishes

menu decoder

179

pisztráng pist·raang trout
pogácsa paw·gaa·cho small circular sweet or savoury pastries preferably eaten hot
ponty pawnt' carp
pontyszeletek hagymás káposztával pawnt'·se·le·tek hoj·maash kaa·paws·taa·vol carp fillets fried with bacon then topped with sauerkraut, white wine & pepper & baked
pörkölt peur·keult diced meat stew with a fatty paprika-laden gravy of onion, capsicum & tomato
prézlis nudli prayz·lish nud·li boiled cylindrical noodles made from mashed potato, egg, flour, butter & breadcrumbs
pulyka pu·y·ko turkey
püspökkenyér pewsh·peuk·ke·nyayr cake consisting of candied fruit, raisins & nuts in a sponge base

R

rántás raan·taash heavy roux made of pork lard & flour often added to cooked vegetables or soups
rántott raan·tawtt 'crumbed' – coating of meat, fish, cheese or vegetables with flour, beaten eggs and breadcrumbs before deep-frying
— **csirke** chir·ke 'crumbed chicken' – chicken pieces are battered & deep-fried after the wings are stuffed with chicken liver
— **karfiol** kor·fi·awl crumbed deep-fried cauliflower florets
— **libamájszeletek** li·bo·maa·y·se·le·tek crumbed deep-fried goose liver
— **ponty** pawnt' crumbed carp fillets – traditional Christmas fare
— **sertésborda** sher·taysh·bawr·do Hungarian version of the Wiener Schnitzel but with a crumbed pork cutlet
— **sonkás palacsinta** shawn·kaash po·lo·chin·to ground ham flavoured with paprika, folded into pancake squares then crumbed & fried
répa ray·po carrot
rétes ray·tesh strudel – one of the most famous Hungarian dishes – fillings include poppy seeds, quark with semolina & raisins, peach, cherry & walnut
ribizli ri·biz·li redcurrants

rizs rizh rice
roston sült rawsh·tawn shewlt grilled
rózsapaprika rāw·zho·pop·ri·ko spicy, medium-coarse, bright red paprika

S

sajt sho·y·t cheese
sárgabarack shaar·go·bo·rotsk apricot
sárga rókagomba shaar·go rāw·ko·gawm·bo chanterelle mushroom – very tasty mushroom sometimes added to **pörkölt** & **paprikás** dishes
sárgadinnye shaar·go·din'·nye honeydew melon
sárgarépafőzelék shaar·go·ray·po·fēū·ze·layk diced carrots cooked in butter, sugar, salt, marrow stock, flour & milk
savanyú sho·vo·nyū sour
— **káposzta** kaa·paws·to sauerkraut
— **nyúlgerinc** nyūl·ge·rints saddle of hare larded with bacon & cooked in a piquant sauce of onion, butter, sour cream, sugar, lemon juice & mustard
— **uborka** u·bawr·ko pickled gherkins
serpenyős sher·pe·nyēūsh pan-fried
sertéshús sher·taysh·hūsh pork
só shāw salt
somlói galuska shawm·lāw·i go·lush·ko decadent dessert made from layered jam rolls topped with raisins, walnuts, jam, cocoa powder & cream then smothered in vanilla custard & rum syrup
sonka shawn·ko ham
sonkás kocka shawn·kaash kots·ko chopped ham mixed with butter, eggs, sour cream & pasta then baked
sonkával töltött gomba shawn·kaa·vol teul·teutt gawm·bo mushroom caps stuffed with smoked ham in paprika-flavoured cheese sauce & grilled
soproni lakodalmas leves shawp·raw·ni lo·kaw·dol·mosh le·vesh 'Sopron wedding soup' with chicken, carrot, parsley root, celeriac, cabbage, mushrooms, garlic, onion, ginger & vermicelli
sóska shāwsh·ko sorrel
sóskafőzelék shāwsh·ko·fēū·ze·layk creamed sorrel with butter, salt, flour, marrow stock, cream & sugar
sovány shaw·vaan' lean
sötét trombitagomba sheu·tayt trawm·bi·to·gawm·bo trumpet of death mushroom – tasty wild mushroom

spárga *shpaar-*go **asparagus**
spárgás bárányborda *shpaar-*gaash *baa-*raan'-*bawr-*do **lamb cutlets with asparagus tips & mushrooms**
spenót *shpe-*näwt **spinach**
stíriai metélt *shtee-*ri-o-i *me-*taylt boiled quark & sour cream dumplings baked with butter, sugar, sour cream, egg yolks & lemon rind
sült shewlt **baked**
— **csirke** *chir-*ke **roast chicken**
— **újkrumpli** *ū-*y-*krump-*li new potatoes fried whole or in slices
sütemény *shew-*te-mayn' **pastry**

Sz

szaft soft **juice (of meat or fruit)**
szaftos *sof-*tawsh **juicy (meat or fruit)**
szalonna so-*lawn-*no **bacon**
szalonnás rántotta so-*lawn-*naash *raan-*tawt-to egg poured over fried onions, chopped bacon & sausages then scrambled
száraz bor *saa-*roz bawr **dry wine**
szárazbab *saa-*roz-bob **dried beans**
szárított *saa-*ree-tawtt **dried**
szegedi tarhonyás hús *se-*ge-di *tor-*haw-nyaash hūsh diced pork cooked with onion, paprika, capsicum, tomato & fried pasta pellets
szegfűszeg *seg-*fēw-seg **cloves**
székely gulyás *say-*ke-y *gu-*yaash stew of sautéed pork, bacon, onion, sauerkraut, paprika & sour cream
szeletelt *se-*le-telt **chopped**
szentgyörgyhegyi palacsinta *sent-*dyeurj-he-dyi *po-*lo-chin-to rolled walnut-cream-filled pancakes baked in custard
szerecsendió *se-*re-chen-di-äw **nutmeg**
szilva *sil-*vo **plums**
szilvapálinka *sil-*vo-paa-lin-ko **plum brandy**
szilvás gombóc *sil-*vaash *gawm-*bäwts potato-based dumplings filled with pitted plums, sugar cubes & cinnamon then boiled
szósz säws **sauce**
szőlő *sēū-*lēū **grapes**

T

tarhonya *tor-*haw-nyo **pearl-like grains of pasta made from flour, eggs & salt**
tarhonyaleves *tor-*haw-nyo-le-vesh soup with **tarhonya**, tomato, capsicum, potato, onion, paprika & parsley
tej *te-*y **milk**
tejföl *te-*y-feul **sour cream**
tejszínhab *te-*y-seen-hob **whipped cream**
tekert mákos kifli *te-*kert *maa-*kawsh *kif-*li poppy seed roll in the shape of a knot
téliszalámi *tay-*li-so-laa-mi smoked pork salami made with a secret blend of spices
tészta *tays-*to **pasta – each dish is made with specially shaped pasta**
tócsi *täw-*chi potato pancakes flavoured with caraway seed
tojás *taw-*yaash **egg**
tokaji aszú *taw-*ko-yi o-sū **prized sweet dessert wine made from aszú grapes infected with 'noble rot' (Botrytis cinera)**
tokaji aszú eszencia *taw-*ko-yi o-sū e-sen-tsi-o very rare variety of **tokaji**, mixed with concentrated sugar essence then matured in oak for at least 15 years
tokaji furmint *taw-*ko-yi *fur-*mint wine made from the Furmint grape & matured in dry & semisweet styles
tokány *taw-*kaan' meat stewed in white wine, tomato paste, onion, garlic, oil & seasonings
torma *tawr-*mo **horseradish**
torta *tawr-*to **cake**
tök teuk **pumpkin**
tökfőzelék *teuk-*fēū-ze-layk creamed pumpkin mixed with onion, dill, butter, flour, paprika, capsicum, vinegar & sour cream
töltelék *teul-*te-layk **stuffing**
töltött *teul-*teutt **stuffed**
— **csirke** *chir-*ke chicken stuffed with bread, fried onion, chicken liver, egg & seasonings then roasted in melted butter
— **káposzta** *kaa-*paws-to sauerkraut cabbage leaves stuffed with onion, rice & ground pork & cooked with layered sauerkraut, meat stock & a paprika roux
— **paprika** *pop-*ri-ko capsicums stuffed with onion, rice & ground pork & topped with a tomato sauce

— süllőtekercs tejszínes-paprikás mártással *shewl-lêü-te-kerch te-y-see-nesh-pop-ri-kaash maar-taash-shol* rolled zander fillets with mushroom, egg yolk, onion & parsley filling, cooked in a cream & paprika sauce

— tök kapormártással *teuk ko-pawr-maar-taash-shol* marrow stuffed with minced pork, rice & egg, topped with dill, lemon juice, lemon rind & sour cream sauce & baked

túró *tü-rãw* quark – smooth cottage cheese usually made from cow's milk

túróscsusza *tü-rãwsh-chu-so* freshly cooked noodles served with sour cream, dill, quark and fried bacon

túrós pogácsa *tü-rãwsh paw-gaa-cho* pogácsa made from a dough of quark, flour, baking powder, butter, salt & lard

túrós rétes *tü-rãwsh ray-tesh* strudel with a filling of quark, semolina & raisins

tüdő *tew-dêü* lung

tűzdelt fácán *tëwz-delt faa-tsaan* pheasant larded with smoked bacon & roasted in redwine gravy

Ty

tyúkhúsleves *tyük-hüsh-le-vesh* chicken soup with carrot, kohlrabi & parsley & celery roots

U

uborka *u-bawr-ko* cucumber

unicum *u-ni-kum* dark bitter herb schnapps with extracts from over 40 different roots & herbs

ürühús *ew-rew-hüsh* mutton

V

vadas libamell *vo-dosh li-bo-mell* goose breast marinated in vinegar, juniper berries, peppercorns, bay leaves, onion, carrot & parsley root then roasted with bacon, goose fat, mustard & sour cream

vaddisznó *vod-dis-nãw* wild boar

vadhús *vod-hüsh* venison

vaj *vo-y* butter

vajas kifli *vo-yosh kif-li* butter croissant

vajas pogácsa *vo-yosh paw-gaa-cho* pogácsa made from a dough of flour, sugar, butter, yeast, egg yolks & sour cream

vanília *vo-nee-li-o* vanilla

vargabéles *vor-go-bay-lesh* dessert with layered ribbon pasta & strudel dough topped with a custard-like quark, sour cream, lemon rind, egg & vanilla sugar mixture

véres *vay-reshh* rare

virsli *virsh-li* thin sausage

vörösbor *veu-reush-bawr* red wine

vörösszárnyú keszeg *veu-reush-saar-nyü ke-seg* golden shiner (fish)

Z

zeller *zel-ler* celery

zellerlevél *zel-ler-le-vayl* celery leaves

zöldbab *zeuld-bob* grean beans

zöldbabfőzelék *zeuld-bob-fêü-ze-layk* cooked green beans, with onion, parsley, butter, flour, garlic, paprika, sour cream & vinegar

zöldbableves *zeuld-bob-le-vesh* green bean soup

zöldborsóleves *zeuld-bawr-shãw-le-vesh* soup of garden peas, paprika & parsley, served with egg or liver dumplings

zöldség *zeuld-shayg* vegetable

zöldségleves *zeuld-shayg-le-vesh* soup made from onion, carrot, parsley, tomato, capsicum & paprika

Zs

zsemle *zhem-le* bread roll

zsemlegombóc *zhem-le-gawm-bãwts* dumplings made from milk-soaked bread, lard, eggs & flour

zsír *zheer* lard

zsírban sült *zheer-bon shewlt* fried in lard

zsíros *zhee-rawsh* fat

SAFE TRAVEL > essentials
a legfontosabb kifejezések

emergencies

szükséghelyzetek

Help!	Segítség!	she·geet·shayg
Stop!	Álljon meg!	aall·yawn meg
Go away!	Menjen innen!	men·yen in·nen
Thief!	Tolvaj!	tawl·voy
Fire!	Tűz!	tēwz
Watch out!	Vigyázzon!	vi·dyaaz·zawn

Call the police!
Hívja a rendőrséget! — heev·yo o rend·ēūr·shay·get

Call a doctor!
Hívjon orvost! — heev·yawn awr·vawsht

Call an ambulance!
Hívja a mentőket! — heev·yo o men·tēū·ket

It's an emergency!
Sürgős esetről van szó. — shewr·gēūsh e·shet·rēūl von sāw

There's been an accident!
Baleset történt. — bo·le·shet teur·taynt

Could you please help?
Tudna segíteni? — tud·no she·gee·te·ni

Can I use your phone?
Használhatom a telefonját? — hos·naal·ho·tawm o te·le·fawn·yaat

signs

Baleseti ambulancia	bo·le·she·ti om·bu·lon·tsi·yo	Emergency Department
Kórház	kāwr·haaz	Hospital
Rendőrség	rend·ēūr·shayg	Police Station

essentials

183

I'm lost.
Eltévedtem.   el·tay·ved·tem

Where are the toilets?
Hol a vécé?   hawl o *vay*·tsay

Is it safe ...?	*Biztonságos ...?*	biz·tawn·shaa·gawsh ...
at night	*éjszaka*	ay·so·ko
for gay people	*melegek számára*	me·le·gek saa·maa·ro
for travellers	*turisták*	tu·rish·taak
	számára	saa·maa·ro
for women	*nők számára*	neük saa·maa·ro
on your own	*egyedül*	e·dye·dewl

police

Where's the police station?
Hol a rendőrség?   hawl o *rend*·eūr·shayg

I want to report an offence.
Bűncselekményt szeretnék   bēwn·che·lek·maynt se·ret·nayk
bejelenteni.   be·ye·len·te·ni

It was him/her.
Ő volt az.   eū vawlt oz

I have insurance.
Van biztosításom.   von biz·taw·shee·taa·shawm

I've been ...
He/She has been ...

assaulted	*Megtámadtak.*	meg·taa·mod·tok
raped	*Megerőszakoltak.*	meg·e·rēū·so·kawl·tok
ripped off	*Becsaptak.*	be·chop·tok
robbed	*Kiraboltak.*	ki·ro·bawl·tok

He/She tried to ... me.	*Megpróbált ...*	meg·prāw·baalt ...
assault	*megtámadni*	meg·taa·mod·ni
rape	*megerőszakolni*	meg·e·rēū·so·kawl·ni
rob	*kirabolni*	ki·ro·bawl·ni

My … was/were stolen.	Ellopták …	el·lawp·taak …
I've lost my …	Elvesztettem …	el·ves·tet·tem …
backpack	a hátizsákomat	o haa·ti·zhaa·kaw·mot
bags	a csomagjaimat	o chaw·mog·yo·i·mot
credit card	a hitelkártyámat	o hi·tel·kaar·tyaa·mot
handbag	a kézitáskámat	o kay·zi·taash·kaa·mot
jewellery	az ékszereimet	oz ayk·se·re·i·met
money	a pénzemet	o payn·ze·met
papers	az irataimat	oz i·ro·to·i·mot
travellers cheques	az utazási csekkjeimet	oz u·to·zaa·shi chekk·ye·i·met
passport	az útlevelemet	oz üt·le·ve·le·met
purse	a pénztárcámat	o paynz·taar·tsaa·mot
wallet	a tárcámat	o taar·tsaa·mot

the police may say …

You're charged with …	A vád Ön ellen …	o vaad eun el·len …
He/She is charged with …	A vád ellene …	o vaad el·le·ne …
assault	testi sértés	tesh·ti shayr·taysh
disturbing the peace	rendzavarás	rend·zo·vo·raash
not having a visa	az, hogy nincs vízuma	oz hawj ninch vee·zu·mo
overstaying your visa	az, hogy túllépte a vízum időtartamát	oz hawj tül·layp·te o vee·zum i·dēū·tor·to·maat
possession (of illegal substances)	az, hogy (illegális anyagok) birtokában volt	oz hawj (il·le·gaa·lish o·nyo·gawk) bir·taw·kaa·bon vawlt
shoplifting	bolti tolvajlás	bawl·ti tawl·voy·laash
theft	lopás	law·paash
It's a … fine.	Ez egy … bírság.	ez ej … beer·shaag
parking	parkolási	por·kaw·laa·shi
speeding	gyorshajtásért járó	dyawrsh·hoy·taa·shayrt yaa·rāw

What am I accused of?
   Mivel vádolnak?   *mi·vel vaa·dawl·nok*

I'm sorry.
   Sajnálom.   *shoy·naa·lawm*

I didn't realise I was doing anything wrong.
   Nem voltam tudatában   *nem vawl·tom tu·do·taa·bon*
   annak, hogy valami   *on·nok hawj vo·lo·mi*
   rosszat csinálok.   *raws·sot chi·naa·lawk*

I didn't do it.
   Nem csináltam azt.   nem *chi·naal·tom ozt*

Can I pay an on-the-spot fine?
   Fizethetek helyszíni   *fi·zet·he·tek hey·see·ni*
   bírságot?   *beer·shaa·gawt*

I want to contact my embassy/consulate.
   Kapcsolatba akarok lépni   *kop·chaw·lot·bo o·ko·rawk layp·ni*
   a követségemmel/   o *keu·vet·shay·gem·mel/*
   konzulátusommal.   *kawn·zu·laa·tu·shawm·mol*

Can I make a phone call?
   Telefonálhatok?   *te·le·faw·naal·ho·tawk*

Can I have a lawyer (who speaks English)?
   Kaphatok egy ügyvédet   *kop·ho·tawk ej ewj·vay·det*
   (aki beszél angolul)?   *(o·ki be·sayl on·gaw·lul)*

This drug is for personal use.
   Ez a szer személyes   ez o ser *se·may·yesh*
   használatra való.   *hos·naa·lot·ro vo·láw*

I have a prescription for this drug.
   Van receptem ehhez a   von *re·tsep·tem e·hez* o
   gyógyszerhez.   *dyáwj·ser·hez*

doctor

orvos

Where's the	Hol a	hawl o
nearest ...?	legközelebbi ...?	leg·keu·ze·leb·bi ...
dentist	fogorvos	fawg·awr·vawsh
doctor	orvos	awr·vawsh
emergency	baleseti	bo·le·she·ti
department	ügyelet	ew·dye·let
hospital	kórház	kāwr·haaz
medical centre	orvosi rendelő	awr·vaw·shi ren·de·lēū
optometrist	szemészet	se·may·set
(night)	(éjszaka	(ay·so·ko
pharmacist	nyitvatartó)	nyit·vo·tor·tāw)
	gyógyszertár	dyāwj·ser·taar

I need a doctor (who speaks English).
(Angolul beszélő) (on·gaw·lul be·say·lēū)
Orvosra van awr·vawsh·ro von
szükségem. sewk·shay·gem

Could I see a female doctor?
Beszélhetnék egy be·sayl·het·nayk ej
orvosnővel? awr·vawsh·nēū·vel

Could the doctor come here?
Ide tudna jönni az orvos? i·de tud·no yeun·ni oz awr·vawsh

Is there an after-hours emergency number?
Van munkaidő után von mun·ko·i·dēū u·taan
hívható telefonszám? heev·ho·tāw te·le·fawn·saam

I've run out of my medication.
Elfogyott az el·faw·dyawtt oz
orvosságom. awr·vawsh·shaa·gawm

This is my usual medicine.
Ezt az orvosságot szedem. ezt oz awr·vawsh·shaa·gawt se·dem

My son/daughter weighs (20) kilos.
A fiam/lányom (húsz) kiló. o fi·om/laa·nyawm (hūs) ki·lāw

What's the correct dosage?
Mi a helyes adagolás? mi o he·yesh o·do·gaw·laash

I don't want a blood transfusion.
Nem akarok nem o·ko·rawk
vérátömlesztést. vayr·aat·eum·les·taysht

Please use a new syringe/needle.
Kérem, használjon új kay·rem hos·naal·yawn ū·y
fecskendőt/tűt. fech·ken·dēūt/tēwt

I have my own syringe.
Van saját fecskendőm von sho·yaat fech·ken·dēūm
tűm. tēwm

I've been vaccinated against …	*Be vagyok oltva … ellen.*	be vo·dyawk awlt·vo … el·len
He/She has been vaccinated against …	*Be van oltva … ellen.*	be von awlt·vo … el·len
hepatitis A/B/C	*hepatitis Á/B/C*	he·po·ti·tis aa/bay/tsay
meningo-encephalitis	*agyhártya- és agyvelőgyulladás*	oj·haar·tyo·aysh oj·ve·lēū·dyul·lo·daash
tetanus	*tetanusz*	te·to·nus
typhoid	*tífusz*	tee·fus

I need new …	*Új … van szükségem.*	ū·y … von sewk·shay·gem
contact lenses	*kontaktlencsére*	kawn·tokt·len·chay·re
glasses	*szemüvegre*	sem·ew·veg·re

My prescription is …
A receptem … o re·tsep·tem …

How much will it cost?
Mennyibe kerül? men'·nyi·be ke·rewl

Can I have a receipt for my insurance?
Kaphatok egy számlát a kop·ho·tawk ej saam·laat o
biztosítóm részére? biz·taw·shee·tāwm ray·say·re

symptoms & conditions

tünetek és állapotok

I'm sick.
Rosszul vagyok. raws·sul vo·dyawk

My friend is (very) sick.
A barátom/barátnőm o bo·raa·tawm/bo·raat·nēūm
(nagyon) rosszul van. m/f (no·dyawn) raws·sul von

My son/daughter is (very) sick.
A fiam/lányom (nagyon) o fi·om/laa·nyawm (no·dyawn)
rosszul van. raws·sul von

He/She is ... van.		... von
having a/an ...		
allergic reaction	*Allergiás*	ol·ler·gi·aash
	rohama	raw·ho·mo
asthma attack	*Asztmás*	ost·maash
	rohama	raw·ho·mo
epileptic fit	*Epilepsziás*	e·pi·lep·si·aash
	rohama	raw·ho·mo
heart attack	*Szívrohama*	seev·raw·ho·mo

I've been ...		
injured	*Megsérültem.*	meg·shay·rewl·tem
vomiting	*Hányok.*	haa·nyawk

He/She has been ...		
injured	*Megsérült.*	meg·shay·rewlt
vomiting	*Hány.*	haan'

health

189

What's the problem?
Mi a probléma?   mi o *prawb*·lay·mo

Where does it hurt?
Hol fáj?   hawl *faa*·y

Do you have a temperature?
Van láza?   von *laa*·zo

How long have you been like this?
Mennyi ideje van ez a   *men*'·nyi *i*·de·ye von ez o
panasza?   *po*·no·so

Have you had this before?
Volt korábban ilyen   vawlt *kaw*·raab·bon *i*·yen
panasza?   *po*·no·so

Are you sexually active?
Él nemi életet?   ayl *ne*·mi *ay*·le·tet

Have you had unprotected sex?
Közösült   *keu*·zeu·shewlt
védekezés nélkül?   *vay*·de·ke·zaysh *nayl*·kewl

Do you ...?
drink	*Iszik alkoholt?*	*i*·sik *ol*·kaw·hawlt
smoke	*Dohányzik?*	*daw*·haan'·zik
take drugs	*Szed*	sed
	kábítószert?	*kaa*·bee·tāw·sert

Are you ...?
allergic to	*Allergiás*	*ol*·ler·gi·aash
anything	*valamire?*	*vo*·lo·mi·re
on medication	*Szed valamilyen*	sed *vo*·lo·mi·yen
	gyógyszert?	*dyāwj*·sert

How long are you travelling for?
Mennyi ideig utazik?   *men*'·nyi *i*·de·ig *u*·to·zik

You need to be admitted to hospital.
Kórházba kell   *kāwr*·haaz·bo kell
mennie.   *men*·ni·e

SAFE TRAVEL

190

You should have it checked when you go home.
Ezt ki kellene vizsgáltatni, ezt ki *kel*·le·ne *vizh*·gaal·tot·ni
amikor hazaér. o·mi·kawr ho·zo·ayr

You should return home for treatment.
Haza kellene mennie ho·zo *kel*·le·ne *men*·ni·e
orvosi kezelésre. awr·vaw·shi ke·ze·laysh·re

You're a hypochondriac.
Ön hipochonder. eun *hi*·paw·hawn·der

I feel ...
anxious	*Félek.*	*fay*·lek
depressed	*Depressziós*	*dep*·res·si·āwsh
	hangulatban	*hon*·gu·lot·bon
	vagyok.	*vo*·dyawk
dizzy	*Szédülök.*	*say*·dew·leuk
hot and cold	*Melegem van*	*me*·le·gem von
	és fázom is.	aysh *faa*·zawm ish
nauseous	*Hányingerem van.*	*haan'*·in·ge·rem von
shivery	*Ráz a hideg.*	raaz o *hi*·deg

I feel ...
	... érzem magam.	... ayr·zem mo·gom
better	*Jobban*	*yawb*·bon
strange	*Furcsán*	*fur*·chaan
weak	*Gyengének*	*dyen*·gay·nek
worse	*Rosszabbul*	*raws*·sob·bul

It hurts here.
Itt fáj. itt *faa*·y

I'm dehydrated.
Ki vagyok száradva. ki *vo*·dyawk *saa*·rod·vo

I can't sleep.
Nem tudok aludni. nem *tu*·dawk o·lud·ni

I think it's the medication I'm on.
Azt hiszem, a gyógyszer ozt *hi*·sem o *dyāwj*·ser
miatt van, amit szedek. *mi*·ott von o·mit *se*·dek

I'm on medication for ...
  ... gyógyszert szedek.   *... dyāwj·sert se·dek*

He/She is on medication for ...
  ... gyógyszert szed.   *... dyāwj·sert sed*

I have (a) ...

cold	*Meg vagyok fázva.*	*meg vo·dyawk faaz·vo*
cough	*Köhögök.*	*keu·heu·geuk*
diabetes	*Cukorbeteg vagyok.*	*tsu·kawr·be·teg vo·dyawk*
headache	*Fáj a fejem.*	*faa·y o fe·yem*
sore throat	*Fáj a torkom.*	*faa·y o tawr·kawm*

He/She has (a)

cold	*Meg van fázva.*	*meg von faaz·vo*
cough	*Köhög.*	*keu·heug*
diabetes	*Cukorbeteg.*	*tsu·kawr·be·teg*
headache	*Fáj a feje.*	*faa·y o fe·ye*
sore throat	*Fáj a torka.*	*faa·y o tawr·ko*

I have (a) ...   *... van.*   *... von*

asthma	*Asztmám*	*ost·maam*
constipation	*Székrekedésem*	*sayk·re·ke·day·shem*
diarrhoea	*Hasmenésem*	*hosh·me·nay·shem*
fever	*Lázam*	*laa·zom*
nausea	*Hányingerem*	*haan'·in·ge·rem*

He/She has (a) ...   *... van.*   *... von*

asthma	*Asztmája*	*ost·maa·ya*
constipation	*Székrekedése*	*sayk·re·ke·day·she*
diarrhoea	*Hasmenése*	*hosh·me·nay·she*
fever	*Láza*	*laa·zo*
nausea	*Hányingere*	*haan'·in·ge·re*

women's health

(I think) I'm pregnant.
(Azt hiszem) Terhes vagyok.   (ozt hi·sem) ter·hesh vo·dyawk

I'm on the pill.
Fogamzásgátlót szedek.   faw·gom·zaash·gaat·lawt se·dek

I haven't had my period for (six) weeks.
(Hat) hete nem jött meg   (hot) he·te nem yeutt meg
a menstruációm.   o mensht·ru·aa·tsi·awm

I've noticed a lump here.
Észrevettem itt egy csomót.   ays·re·vet·tem itt ej chaw·mawt

She's having a baby.
Szül.   sewl

I need ...	*... van szükségem.*	*... von sewk·shay·gem*
a pregnancy	*Terhességi*	ter·hesh·shay·gi
test	*tesztre*	test·re
contraception	*Valamilyen*	vo·lo·mi·yen
	fogamzásgátlóra	faw·gom·zaash·gaat·law·ro
the morning-	*Esemény utáni*	e·she·mayn' u·taa·ni
after pill	*fogamzásgátló*	faw·gom·zaash·gaat·law
	tablettára	tob·let·taa·ro

---

the doctor may say ...

Are you using contraception?
Használ valamilyen   hos·naal vo·lo·mi·yen
fogamzásgátlót?   faw·gom·zaash·gaat·lawt

Are you menstruating?
Menstruál?   mensht·ru·aal

When did you last have your period?
Mikor volt az utolsó   mi·kawr vawlt oz u·tawl·shaw
vérzése?   vayr·zay·she

Are you pregnant?
Terhes?   ter·hesh

You're pregnant.
Terhes.   ter·hesh

---

health

193

allergies

I'm allergic to ...	Allergiás vagyok ...	ol·ler·gi·aash vo·dyawk ...
He/She is allergic to ...	Allergiás ...	ol·ler·gi·aash ...
antibiotics	az antibiotikumokra	oz on·ti·bi·aw·ti·ku·mawk·ro
anti-inflammatories	a gyulladás-gátlókra	o dyul·lo·daash·gaat·lāwk·ro
aspirin	az aszpirinre	oz os·pi·rin·re
bees	a méhekre	o may·hek·re
codeine	a kodeinre	o ko·de·in·re
penicillin	a penicillinre	o pe·ni·tsil·lin·re
pollen	a virágporra	o vi·raag·pawr·ro
sulphur-based drugs	a kén alapanyagú szerekre	o kayn o·lop·o·nyo·gū se·rek·re

I have a skin allergy.
Bőrallergiám van.   bēūr·ol·ler·gi·aam von

inhaler	inhalálókészülék	in·ho·laa·lāw·kay·sew·layk
injection	injekció	in·yek·tsi·āw
antihistamines	antihisztaminok	on·ti·his·to·mi·nawk

For food-related allergies, see **vegetarian & special meals**, page 173.

parts of the body

testrészek

My ... hurts.
  Fáj ...   faa·y ...
I can't move my ...
  Nem tudom mozgatni ...   nem *tu*·dawm *mawz*·got·ni ...
I have a cramp in my ...
  Begörcsölt ...   *be*·geur·cheult ...
My ... is swollen.
  Bedagadt ...   *be*·do·gott ...
Ouch!
  Jaj!   yo·y

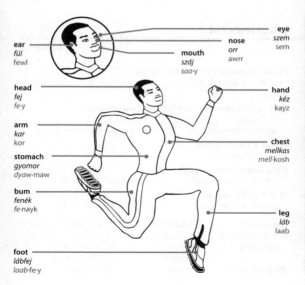

ear
fül
fewl

head
fej
fe·y

arm
kar
kor

stomach
gyomor
dyaw·maw

bum
fenék
fe·nayk

foot
lábfej
laab·fe·y

mouth
száj
saa·y

nose
orr
awrr

eye
szem
sem

hand
kéz
kayz

chest
mellkas
mell·kosh

leg
láb
laab

health

195

alternative treatments

I don't use (Western medicine).
Nem használok   nem *hos*·naa·lawk
(nyugati gyógyítást).   (*nyu*·go·ti *dyāw*·dyee·taasht)

I prefer …	*Jobban szeretem …*	*yawb*·bon *se*·re·tem …
Can I see	*Beszélhetek*	*be*·sayl·he·tek
someone who	*valakivel, aki*	*vo*·lo·ki·vel o·ki
practices …	*… alkalmaz.*	… *ol*·kol·moz
acupuncture	*az akupunktúrát*	oz o·ku·punk·tū·raat
naturopathy	*a természet-*	o *ter*·may·set·
	gyógyászatot	dyāw·dyaa·so·tawt
reflexology	*a reflexológiát*	o *ref*·lek·saw·lāw·gi·aat

pharmacist

I need something for (a headache).
Kérek valamit (fejfájás)   *kay*·rek *vo*·lo·mit (*fey*·faa·yaash)
ellen.   *el*·len

Do I need a prescription for (antihistamines)?
Kell recept   kell *re*·tsept
(antihisztaminokra)?   (*on*·ti·his·to·mi·nawk·ro)

I have a prescription.
Van receptem.   von *re*·tsep·tem

How many times a day?
Naponta hányszor?   *no*·pawn·to *haan'*·sawr

Will it make me drowsy?
Álmos leszek tőle?   *aal*·mawsh *le*·sek *tēū*·le

antiseptic	*fertőzésgátló*	*fer*·tēū·zaysh·gaat·lāw
contraceptives	*fogamzásgátló*	*faw*·gom·zaash·gaat·lāw
painkillers	*fájdalom-*	*faa*·y·do·lawm·
	csillapító	chil·lo·pee·tāw
thermometer	*lázmérő*	*laaz*·may·rēū

Twice a day (with food).
Naponta kétszer
(étkezés közben).
no·pawn·to kayt·ser
(ayt·ke·zaysh keuz·ben)

Before/After meals.
Étkezés előtt/után.
ayt·ke·zaysh e·lēūt/u·taan

Have you taken this before?
Szedett már ilyet?
se·dett maar i·yet

You must complete the course.
Be kell fejeznie
a sorozatot.
be kell fe·yez·ni·e
o shaw·raw·zo·tawt

dentist

fogorvos

I need a dentist (who speaks English).
(Angolul beszélő)
Fogorvosra van
szükségem.
(on·gaw·lul be·say·lēū)
fawg·awr·vawsh·ro von
sewk·shay·gem

I have a ...	**... a fogam.**	**... o faw·gom**
broken tooth	*Eltörött*	el·teu·reutt
cavity	*Lukas*	lu·kosh
toothache	*Fáj*	faa·y

I need a/an ...	*Kérek ...*	kay·rek ...
anaesthetic	*érzéstelenítőt*	ayr·zaysh·te·le·nee·tēūt
filling	*tömést*	teu·maysht

the dentist may say ...

Open wide.
Nyissa ki nagyra a száját. nyish·sho ki noj·ro o saa·yaat

This won't hurt a bit.
Ez egyáltalán nem ez e·dyaal·to·laan nem
fog fájni. fog faa·y·ni

Bite down on this.
Harapjon rá. ho·rop·yawn raa

Don't move.
Ne mozduljon. ne mawz·dul·yawn

Rinse!
Öblítsen! eub·leet·shen

Come back, I haven't finished!
Jöjjön vissza, még nem yeuy·yeun vis·so mayg nem
vagyunk kész. vo·dyunk kays

I've lost a filling.
Kiesett a tömés. ki·e·sett o teu·maysh

My dentures are broken.
Eltörött a műfogsorom. el·teu·reutt o mēw·fawg·shaw·rawm

My gums hurt.
Fáj az ínyem. faa·y oz ee·nyem

I don't want it extracted.
Nem akarom kihúzatni. nem o·ko·rawm ki·hū·zot·ni

A few Hungarian words have different masculine and feminine forms, such as 'teacher'. These are marked with ⓜ or ⓕ. You'll also find words marked as adjective ⓐ, noun ⓝ, verb ⓥ, singular sg, plural pl, informal inf and polite pol where necessary. Words which take word endings, such as the Hungarian words for 'about' and 'our', are shown with their different endings. To work out which one to use, look at the **a–z phrasebuilder** and **vowel harmony**, page 14.

A

aboard *a fedélzeten* o fe·dayl·ze·ten
abortion *abortusz* o·bawr·tus
about -ról/-ről ·râwl/·reül
above *fölött* feu·leutt
abroad *külföldön* kewl·feul·deun
accident *baleset* bol·e·shet
accommodation *szállás* saal·laash
account (bank) *számla* saam·lo
across *át* aat
activist *aktivista* ok·ti·vish·to
actor *színész* see·nays
acupuncture *akupunktúra* o·ku·punk·tū·ro
adaptor *adapter* o·dop·ter
addiction *függőség* fewg·gēū·shayg
address *cím* tseem
administration *adminisztráció* od·mi·nist·raa·tsi·āw
admission (price) *belépő* be·lay·pēū
admit *beenged* be·en·ged
adult ⓝ *felnőtt* fel·nēūtt
advertisement *hirdetés* hir·de·taysh
advice *tanács* to·naach
aerobics *aerobic* e·raw·bik
aeroplane *repülőgép* re·pew·lēū·gayp
Africa *Afrika* of·ri·ko
after *után* u·taan
(this) afternoon *(ma) délután* (mo) dayl·u·taan
aftershave *borotválkozás utáni arcszesz* baw·rawt·vaal·kaw·zaash u·taa·ni orts·ses
again *megint* me·gint
age ⓝ *kor* kawr
(three days) ago *(három nappal) ezelőtt* (haa·rawm nop·pol) ez·e·lēūtt

agree *egyetért* e·dyet·ayrt
agriculture *mezőgazdaság* me·zēū·goz·do·shaag
ahead *előre* e·lēū·re
AIDS *AIDS* ayds
air *levegő* le·ve·gēū
air-conditioned *légkondicionált* layg·kawn·di·tsi·aw·naalt
air-conditioning *légkondicionálás* layg·kawn·di·tsi·aw·naa·laash
airline *légitársaság* lay·gi·taar·sho·shaag
airmail *légiposta* lay·gi·pawsh·to
airplane *repülőgép* re·pew·lēū·gayp
airport *repülőtér* re·pew·lēū·tayr
airport tax *repülőtéri adó* re·pew·lēū·tay·ri o·dāw
aisle (plane etc) *folyosó* faw·yaw·shāw
alarm clock *ébresztőóra* ayb·res·tēū·āw·ro
alcohol *alkohol* ol·kaw·hawl
all *minden* min·den
allergy *allergia* ol·ler·gi·o
alley *köz* keuz
almond *mandula* mon·du·lo
almost *majdnem* moyd·nem
alone *egyedül* e·dye·dewl
already *már* maar
also *is* ish
altar *oltár* awl·taar
altitude *magasság* mo·gosh·shaag
always *mindig* min·dig
ambassador *nagykövet* noj·keu·vet
ambulance *mentő* men·tēū
America *Amerika* o·me·ri·ko
American football *amerikai futball* o·me·ri·ko·i fut·ball

anaemia *vérszegénység* vayr·se·gayn'·shayg
anarchist *anarchista* o·nor·hish·to
ancient *régi* ray·gi
and *és* aysh
angry *mérges* mayr·gesh
animal *állat* aal·lot
ankle *boka* baw·ko
another *másik* maa·shik
answer ⓥ *válasz* vaa·los
ant *hangya* hon·dyo
anteroom *előszoba* e·leü·saw·bo
antibiotics *antibiotikumok* on·ti·bi·aw·ti·ku·mawk
antinuclear *antinukleáris* on·ti·nuk·le·aa·rish
antique ⓝ *antik* on·tik
antiseptic ⓝ *antiszeptikus* on·ti·sep·ti·kush
any *bármilyen* baar·mi·yen
apartment *lakás* lo·kaash
appendix (body) *vakbél* vok·bayl
apple *alma* ol·mo
appointment *megbeszélt időpont* meg·be·saylt i·deü·pawnt
apricot *sárgabarack* shaar·go·bo·rotsk
April *április* aap·ri·lish
archaeological *régészeti* ray·gay·se·ti
architect *építész* ay·pee·tays
architecture *építészet* ay·pee·tay·set
argue *vitatkozik* vi·tot·kaw·zik
arm (body) *kar* kor
aromatherapy *aromaterápia* o·raw·mo·te·raa·pi·o
arrest ⓥ *letartóztatás* le·tor·tāwz·to·taash
arrivals *érkezés* ayr·ke·zaysh
arrive *érkezik* ayr·ke·zik
art *művészet* mēw·vay·set
art gallery *galéria* go·lay·ri·o
artist *művész* mēw·vays
ashtray *hamutartó* ho·mu·tor·tāw
Asia *Ázsia* aa·zhi·o
ask (a question) *kérdez* kayr·dez
ask (for something) *kér* kayr
asparagus *spárga* shpaar·go
aspirin *aszpirin* os·pi·rin
asthma *asztma* ost·mo
at *-nál/-nél* ·naal/·nayl
athletics *atlétika* ot·lay·ti·ko
atmosphere *atmoszféra* ot·maws·fay·ro
aubergine *padlizsán* pod·li·zhaan
August *augusztus* o·u·gus·tush

aunt *nagynéni* noj·nay·ni
Australia *Ausztrália* o·ust·raa·li·o
Australian Rules Football *ausztrál futbal* o·ust·raal fut·ball
Austria *Ausztria* o·ust·ri·o
Austro-Hungarian Empire *Osztrák-Magyar Monarchia* awst·raak·mo·dyor maw·nor·hi·o
automated teller machine (ATM) *bankautomata* bonk·o·u·taw·mo·to
autumn *ősz* ēüs
avenue *fasor* fo·shawr
avocado *avokádó* o·vaw·kaa·dāw
awful *borzalmas* bawr·zol·mosh

B

B&W (film) *fekete-fehér* fe·ke·te·fe·hayr
baby *baba* bo·bo
baby food *babaeledel* bo·bo·e·le·del
baby powder *babahintőpor* bo·bo·hin·tēü·pawr
babysitter *bébiszitter* bay·bi·sit·ter
back (body) *hát* haat
back (position) *vissza* vis·so
backpack *hátizsák* haa·ti·zhaak
bacon *szalonna* so·lawn·no
bad *rossz* rawss
bag *táska* taash·ko
baggage *poggyász* pawd'·dyaas
baggage allowance *ingyen szállítható poggyász* in·dyen saal·leet·ho·tāw pawd'·dyaas
baggage claim *poggyászkiadó* pawd'·dyaas·ki·o·dāw
bakery *pékség* payk·shayg
balance (account) *egyenleg* e·dyen·leg
balcony *erkély* er·kay
ball (sport) *labda* lob·do
ballet *balett* bo·lett
banana *banán* bo·naan
band (music) *együttes* e·dyewt·tesh
bandage *kötés* keu·taysh
Band-Aid *ragtapasz* rog·to·pos
bank (institution) *bank* bonk
bank account *bankszámla* bonk·saam·lo
banknote *bankjegy* bonk·yej
baptism *keresztelő* ke·res·te·lēü
bar *bár* baar
bar work *bárban végzett munka* baar·bon vayg·zett mun·ko
barber *borbély* bawr·bay

baseball *baseball* bayz-bäwl
basket *kosár* kaw-shaar
basketball *kosárlabda* kaw-shaar-lob-do
bath ⓝ *fürdő* fewr-dēu
bathing suit *fürdőruha* fewr-dēu-ru-ho
bathroom *fürdőszoba* fewr-dēu-saw-bo
battery (car) *akkumulátor*
  ok-ku-mu-laa-tawr
battery (general) *elem* e-lem
be *lenni* len-ni
beach *strand* shtrond
beach volleyball
  strandon játszott röplabda
  shtron-dawn yaat-sawtt reup-lob-do
bean *bab* bob
beansprout *babcsíra* bob-chee-ro
beautiful *szép* sayp
beauty salon *kozmetikai szalon*
  kawz-me-ti-ko-i so-lawn
because *mert* mert
bed *ágy* aaj
bed linen *ágynemű* aaj-ne-mēw
bedding *ágyfelszerelés*
  aaj-fel-se-re-laysh
bedroom *hálószoba* haa-lāw-saw-bo
bee *méh* mayh
beef *marhahús* mor-ho-hūsh
beer *sör* sheur
beer cellar *söröző* sheu-reu-zēu
beetroot *cékla* tsayk-lo
before *előtt* e-lēütt
beggar *koldus* kawl-dush
behind *mögött* meu-geutt
Belgium *Belgium* bel-gi-um
below *alatt* o-lott
beside *mellett* mel-lett
best *legjobb* leg-yawbb
bet *fogadás* faw-go-daash
better *jobb* yawbb
between *között* keu-zeutt
bible *Biblia* bib-li-o
bicycle *bicikli* bi-tsik-li
big *nagy* noj
bigger *nagyobb* no-dyawbb
biggest *legnagyobb* leg-no-dyawbb
bike chain *bicikliláncz* bi-tsik-li-laants
bike lock *biciklizár* bi-tsik-li-zaar
bike path *bicikliút* bi-tsik-li-ūt
bike shop *biciklibolt* bi-tsik-li-bawlt
bill (restaurant etc) *számla* saam-lo
binoculars *látcső* laat-chēu
bird *madár* mo-daar

birth certificate
  születési anyakönyvi kivonat
  sew-le-tay-shi o-nyo-keun'-vi ki-vaw-not
birthday *születésnap* sew-le-taysh-nop
biscuit *keksz* keks
bite ⓥ *csípés* chee-paysh
bite (dog) *harap* ho-rop
bite (insect) *csíp* cheep
bitter *keserű* ke-she-rēw
black *fekete* fe-ke-te
bladder *húgyhólyag* hüj-hāw-yog
blanket *takaró* to-ko-rāw
blind *vak* vok
blister *hólyag* hāw-yog
blocked (nose, etc) *el van dugulva*
  el von du-gul-vo
blocked (road) *le van zárva*
  le von zaar-vo
blood *vér* vayr
blood group *vércsoport* vayr-chaw-pawrt
blood pressure *vérnyomás*
  vayr-nyaw-maash
blood test *vérvizsgálat* vayr-vizh-gaa-lot
blue *kék* kayk
board (plane, ship) *felszáll* fel-saall
boarding house *penzió* pen-zi-āw
boarding pass *beszállókártya*
  be-saall-lāw-kaar-tyo
boat (big) *hajó* ho-yāw
boat (small) *csónak* chāw-nok
body *test* tesht
boiled *forralt* fawr-rolt
bone *csont* chawnt
book ⓝ *könyv* keun'v
book ⓥ *lefoglal* le-fawg-lol
booked out *minden hely foglalt*
  min-den he-y fawg-lolt
bookshop *könyvesbolt*
  keun'-vesh-bawlt
boot (footwear) *bakancs* bo-konch
boots (footwear) *bakancsok*
  bo-kon-chawk
border *határ* ho-taar
bored *unott* u-nawtt
boring *unalmas* u-nol-mosh
borrow *kölcsönkér* keul-cheun-kayr
botanic garden *botanikus kert*
  baw-to-ni-kush kert
both *mindkettő/mindkét*
  mind-ket-tēü/mind-kayt
bottle *üveg* ew-veg
bottle opener *sörnyitó* sheur-nyi-tāw

bottle shop *alkoholos italokat árusító bolt* ol·kaw·haw·lawsh i·to·law·kot aa·ru·shee·tāw bawlt

bottom (body) *fenék* fe·nayk

bottom (position) *alj* ol·y

bowl *tál* taal

box *doboz* daw·bawz

boxer shorts *bokszernadrág* bawk·ser·nod·raag

boxing *boksz* bawks

boy *fiú* fi·ū

boyfriend *barát* bo·raat

bra *melltartó* mell·tor·tāw

brakes *fék* fayk

brandy *brandy* bren·di

brave *bátor* baa·tawr

bread *kenyér* ke·nyayr

bread roll *zsemle* zhem·le

break ⓥ *szünet* sew·net

break down ⓥ *elromlik* el·rawm·lik

breakfast *reggeli* reg·ge·li

breast (body) *mell* mell

breathe *lélegzik* lay·leg·zik

bribe ⓝ *kenőpénz* ke·nő·paynz

bridge *híd* heed

bridle *kantár* kon·taar

briefcase *aktatáska* ok·to·taash·ko

brilliant *ragyogó* ro·dyaw·gāw

bring *hoz* hawz

broccoli *brokkoli* brawk·kāw·li

brochure *brosúra* braw·shū·ro

broken *eltörött* el·teu·reutt

broken down *elromlott* el·rawm·lawtt

bronchitis *hörghurut* heurg·hu·rut

brother (older) *báty* baat'

brother (younger) *öcs* euch

brown *barna* bor·no

bruise ⓝ *horzsolás* hawr·zhaw·laash

brush ⓝ *kefe* ke·fe

Brussels sprout *kelbimbó* kel·bim·bāw

bucket *vödör* veu·deur

Buddhist *buddhista* budd·hish·to

budget *költségvetés* keult·shayg·ve·taysh

buffet *büfé* bew·fay

bug *poloska* paw·lawsh·ko

build *épít* ay·peet

builder *építőmester* ay·pee·tēū·mesh·ter

building *épület* ay·pew·let

Bulgaria *Bulgária* bul·gaa·ri·o

bull *bika* bi·ko

bumbag *övtáska* euv·taash·ko

burn ⓝ *ég* ayg

burnt *megégett* meg·ay·gett

bus *busz* bus

bus station *buszállomás* bus·aal·law·maash

bus stop *buszmegálló* bus·meg·aal·lāw

bush farm *tanya* to·nyo

business *üzlet* ewz·let

business class *business class* biz·nis kloss

business trip *üzleti út* ewz·le·ti üt

businessman *üzletember* ewz·let·em·ber

businesswoman *üzletasszony* ewz·let·os·sawn'

busker *vándorkomédiás* vaan·dawr·kaw·may·di·aash

busy *elfoglalt* el·fawg·lolt

but *de* de

butcher *hentes* hen·tesh

butcher's shop *hentesüzlet* hen·tesh·ewz·let

butter *vaj* vo·y

butterfly *pillangó* pil·lon·gāw

button *gomb* gawmb

buy *vesz* ves

C

cabbage *káposzta* kaa·paws·to

cable car *drótkötélpálya-kabin* drāwt·keu·tayl·paa·yo·ko·bin

café *kávézó* kaa·vay·zāw

cake *sütemény* shew·te·mayn'

cake shop *cukrászda* tsuk·raas·do

calculate *számol* saa·mawl

calculator *számológép* saa·maw·lāw·gayp

calendar *naptár* nop·taar

call *felhív* fel·heev

camera *fényképezőgép* fayn'·kay·pe·zēū·gayp

camera shop *fényképezőgép-bolt* fayn'·kay·pe·zēū·gayp·bawlt

camp ⓥ *kempingezik* kem·pin·ge·zik

camp site *táborhely* taa·bawr·he·y

camping ground *kemping* kem·ping

camping store *kempingfelszerelést árusító üzlet* kem·ping·fel·se·re·laysht aa·ru·shee·tāw ewz·let

can (be able) *képes/tud* kay·pesh/tud

can (permission) *-hat/-het* hot/·het

can (tin) *doboz* daw·bawz

can opener *konzervnyitó* kawn·zerv·nyi·tāw

Canada *Kanada* ko·no·do

canal *csatorna* cho·tawr·no
cancel *töröl* teu·reul
cancer *rák* raak
candle *gyertya* dyer·tyo
candy *cukorka* tsu·kawr·ko
cantaloupe *kantalupdinnye*
  kon·to·lup·din'·nye
canteen (place) *kantin* kon·tin
capital city *főváros* fēū·vaa·rawsh
capsicum *paprika* pop·ri·ko
car *autó* o·u·tāw
car hire *autóbérelés* o·u·tāw·bay·re·laysh
car owner's title *autó tulajdonlapja*
  o·u·tāw tu·lo·y·dawn·lop·yo
car park *parkoló* por·kaw·lāw
car registration *autó regisztrációja*
  o·u·tāw re·gist·raa·tsi·āw·yo
caravan *lakókocsi* la·kāw·kaw·chi
cardiac arrest *szívleállás* seev·le·aal·laash
cards (playing) *kártyázás*
  kaar·tyaa·zaash
care (for someone) *törődik* teu·rēū·dik
carpenter *ács* aach
carriage *kocsi* kaw·chi
carrot *répa* ray·po
carry *visz* vis
carton *kartondoboz* kor·tawn·daw·bawz
cash ⓝ *készpénz* kays·paynz
cash a cheque *bevált csekket*
  be·vaalt chek·ket
cash register *pénztárgép* paynz·taar·gayp
cashew *kesudió* ke·shu·di·āw
cashier *pénztáros* paynz·taa·rawsh
casino *kaszinó* ko·si·nāw
cassette *kazetta* ko·zet·to
castle *vár* vaar
casual work *alkalmi munka*
  ol·kol·mi mun·ko
cat *macska* moch·ko
cathedral *székesegyház* say·kesh·ej·haaz
Catholic *katolikus* ko·taw·li·kush
cauliflower *karfiol* kor·fi·awl
cave *barlang* bor·long
CD *CD* tsay·day
celebration *ünneplés* ewn·nep·laysh
cellphone *mobil telefon*
  maw·bil te·le·fawn
cemetery *temető* te·me·tēū
cent *cent* tsent
centimetre *centiméter* tsen·ti·may·ter
centre *központ* keuz·pawnt
ceramics *kerámia* ke·raa·mi·o

cereal *reggelire fogyasztott gabonanemű*
  reg·ge·li·re faw·dyos·tawtt
  go·baw·no·ne·mēw
certificate *bizonyítvány*
  bi·zaw·nyeet·vaan'
chain *lánc* laants
chair *szék* sayk
chairlift (scenic) *libegő* li·be·gēū
chairlift (skiing) *sífelvonó*
  shee·fel·vaw·nāw
champagne *pezsgő* pezh·gēū
championships *bajnokság*
  bo·y·nawk·shaag
chance *esély* e·shay
change (coins) *apró* op·rāw
change money ⓥ *pénzt vált*
  paynzt vaalt
changing room (in shop) *próbafülke*
  prāw·bo·fewl·ke
charming *elbűvölő* el·bēw·veu·lēū
chat up *leszólít* le·sāw·leet
cheap *olcsó* awl·chāw
cheat *csaló* cho·lāw
check (banking) *csekk* chekk
check (bill) *számla* saam·lo
check ⓥ *ellenőriz* el·len·ēū·riz
check-in (procedure) *bejelentkezés*
  be·ye·lent·ke·zaysh
checkpoint *ellenőrzőpont*
  el·len·ēū·zēū·pawnt
cheese *sajt* shoyt
cheese shop *sajtüzlet* shoyt·ewz·let
chef *szakács* so·kaach
chemist (pharmacist) *gyógyszerész*
  dyāwj·se·raysh
chemist (pharmacy) *gyógyszertár*
  dyāwj·ser·taar
cheque (banking) *csekk* chekk
cherry *cseresznye* che·res·nye
chess *sakk* shokk
chessboard *sakktábla* shokk·taab·lo
chest (body) *mellkas* mell·kosh
chestnut *gesztenye* ges·te·nye
chewing gum *rágógumi* raa·gāw·gu·mi
chicken (live) *csirke* chir·ke
chicken (meat) *csirkehús* chir·ke·hūsh
chicken pox *bárányhimlő*
  baa·raan'·him·lēū
chickpea *csicseriborsó*
  chi·che·ri·bawr·shāw
child *gyerek* dye·rek
child seat *gyerekülés* dye·rek·ew·laysh

childminding *gyermekmegőrzés*
  dyer·mek·meg·ëür·zaysh
children *gyerekek* *dye·re·kek*
chilli *csili* *chi·li*
chilli sauce *csiliszósz* *chi·li·sàws*
China *Kína* *kee·no*
chiropractor *hátgerincmasszázzsal*
  gyógyító *haat·ge·rints·mos·saazh·zhol*
  dyäw·dyee·täw
chocolate *csokoládé* *chaw·kaw·laa·day*
choose *választ* *vaa·lost*
chopping board *vágódeszka*
  vaa·gäw·des·ko
Christian ⓐ *keresztény* *ke·res·tayn'*
Christian name *keresztnév* *ke·rest·nayv*
Christmas *karácsony* *ko·raa·chawn'*
Christmas Day *karácsony napja*
  koo·raa·chawn' nop·yo
Christmas Eve *karácsonyeste*
  koo·raa·chawn'·esh·te
church *templom* *temp·lawm*
cider *almalé* *ol·mo·lay*
cigar *szivar* *si·vor*
cigarette *cigaretta* *tsi·go·ret·to*
cigarette lighter *öngyújtó* *eun·dyü·y·täw*
cinema *mozi* *maw·zi*
circus *cirkusz* *tsir·kus*
citizenship *állampolgárság*
  aal·lom·pawl·gaar·shaag
city *város* *vaa·rawsh*
city centre *városközpont*
  vaa·rawsh·keuz·pawnt
city district *kerület* *ke·rew·let*
civil rights *polgárjogok*
  pawl·gaar·yaw·gawk
class (rank) *osztály* *aws·taa·y*
class system *osztályrendszer*
  aws·taa·y·rend·ser
classical *klasszikus* *klos·si·kush*
clean ⓐ *tiszta* *tis·to*
clean ⓥ *tisztít* *tis·teet*
cleaning *takarítás* *to·ko·ree·taash*
client *ügyfél* *ewj·fayl*
cliff *szikla* *sik·lo*
climb ⓥ *mászik* *maa·sik*
cloakroom *ruhatár* *ru·ho·taar*
clock *óra* *äw·ro*
cloister *kolostor* *kaw·lawsh·tawr*
close ⓥ *becsuk* *be·chuk*
closed *zárva* *zaar·vo*
clothesline *ruhaszárítókötél*
  ru·ho·saa·ree·täw·keu·tayl

clothing *ruházat* *ru·haa·zot*
clothing store *ruhaüzlet* *ru·ho·ewz·let*
cloud *felhő* *fel·hëü*
cloudy *felhős* *fel·hëüsh*
clutch (car) *kuplung* *kup·lung*
coach (sport) *edző* *ed·zëü*
coast *tengerpart* *ten·ger·port*
coat *kabát* *ko·baat*
cocaine *kokain* *kaw·ko·in*
cockroach *csótány* *chäw·taan'*
cocktail *koktél* *kawk·tayl*
cocoa *kakaó* *ko·ko·äw*
coconut *kókuszdió* *käw·kus·di·äw*
coffee *kávé* *kaa·vay*
coins *pénzérmék* *paynz·ayr·mayk*
cold ⓐ & ⓝ *hideg* *hi·deg*
(have a) cold *meg van fázva*
  meg von faaz·vo
colleague *kolléga* *kawl·lay·go*
collect call *'R' beszélgetés*
  er be·sayl·ge·taysh
college *egyetem* *e·dye·tem*
colour *szín* *seen*
comb ⓝ *fésű* *fay·shëw*
come *jön* *yeun*
comedy *vígjáték* *veeg·yaa·tayk*
comfortable *kényelmes* *kay·nyel·mesh*
commission *jutalék* *yu·to·layk*
communications (profession)
  híradástechnikus
  heer·o·daash·teh·ni·kush
communion *áldozás* *aal·daw·zaash*
communist *kommunista*
  kawm·mu·nish·to
companion *társ* *taarsh*
company (firm) *társaság* *taar·sho·shaag*
compass *iránytű* *i·raan'·tëw*
complain *panaszkodik* *po·nos·kaw·dik*
complaint *panasz* *po·nos*
complimentary (free) *ingyenes*
  in·dye·nesh
computer *számítógép* *saa·mee·täw·gayp*
computer game *számítógépes játék*
  saa·mee·täw·gay·pesh yaa·tayk
concert *koncert* *kawn·tsert*
concussion *agyrázkódás*
  oj·raaz·käw·daash
conditioner (hair) *hajápoló szer*
  ho·y·aa·paw·läw ser
condom *óvszer* *äwv·ser*
conference (big) *konferencia*
  kawn·fe·ren·tsi·o

conference (small) értekezlet
ayr·te·kez·let
confession gyónás dyáw·naash
confirm (a booking) megerősít
meg·e·reü·sheet
congratulations gratulálok
gro·tu·laa·lawk
conjunctivitis kötőhártya-gyulladás
keu·tēū·haar·tyo·dyul·lo·daash
connection kapcsolat kop·chaw·lot
conservative ⑩ konzervatív
kawn·zer·vo·teev
constipation székrekedés
sayk·re·ke·daysh
consulate konzulátus kawn·zu·laa·tush
contact lens solution kontaktlencse-
oldat kawn·tokt·len·che·awl·dot
contact lenses kontaktlencse
kawn·tokt·len·che
contraceptives fogamzásgátló
faw·gom·zaash·gaat·lāw
contract ⑩ szerződés ser·zēū·daysh
convenience store sokáig nyitvatartó
vegyesbolt shaw·kaa·ig nyit·vo·tor·tāw
ve·dyesh·bawlt
convent kolostor kaw·lawsh·tawr
cook ⑩ szakács so·kaach
cook ⓥ főz feūz
cookie aprósütemény
ap·rāw·shew·te·mayn'
cooking főzés feū·zaysh
cool (temperature) hűvös hēw·veush
corkscrew csavarhúzó cho·vor·hū·zāw
corn kukorica ku·kaw·ri·tso
corner sarok sho·rawk
cornflakes kukoricapehely
ku·kaw·ri·tso·pe·he·y
corrupt korrupt kawr·rupt
cost ⑩ kerül ke·rewl
cotton pamut po·mut
cotton balls vattalabdácskák
vot·to·lob·daach·kaak
cotton buds vattacsomók
vot·to·chaw·māwk
cough ⓥ köhög keu·heug
cough medicine köhögés elleni szer
keu·heu·gaysh el·le·ni ser
count ⓥ számol saa·mawl
counter (at bar) bárpult baar·pult
country (nation) ország awr·saag
countryside vidék vi·dayk
county megye me·dye

coupon kupon ku·pawn
courgette cukkini tsuk·kee·ni
court (legal) bíróság bee·rāw·shaag
court (sport) pálya paa·yo
couscous kuszkusz kus·kus
cover charge terítékért felszámolt díj
te·ree·tay·kayrt fel·saa·mawlt dee·y
cow tehén te·hayn
cracker (biscuit) sós keksz shawsh keks
crafts kézművesség kayz·mēw·vesh·shayg
crash ⑩ összeütközés
eus·se·ewt·keu·zaysh
crazy őrült eū·rewlt
cream (food) tejszín te·y·seen
crèche bölcsőde beul·chēū·de
credit hitel hi·tel
credit card hitelkártya hi·tel·kaar·tyo
cricket (sport) krikett kri·kett
Croatia Horvátország hawr·vaat·awr·saag
crop termés ter·maysh
cross ⑩ kereszt ke·rest
crowded zsúfolt zhū·fawlt
cucumber uborka u·bawr·ko
cup csésze chay·se
cupboard szekrény sek·rayn'
currency exchange valutaátváltás
vo·lu·to·aat·vaal·taash
current (electricity) áram aa·rom
current affairs aktuális ügyek
ok·tu·aa·lish ew·dyek
curry curry keur·ri
custom szokás saw·kaash
customs vám vaam
cut ⓥ vág vaag
cutlery evőeszközök e·vēū·es·keu·zeuk
CV szakmai önéletrajz
sok·mo·i eun·ay·let·ro·y·z
cycle ⓥ biciklizik bi·tsik·li·zik
cycling biciklizés bi·tsik·li·zaysh
cyclist biciklista bi·tsik·lish·to
cystitis húgyhólyaggyulladás
hūj·hāw·yog·dyul·lo·daash
Czech Republic Csehország che·awr·saag

D

dad apu o·pu
daily naponta no·pawn·to
dance ⓥ táncol taan·tsawl
dance house táncház taants·haaz
dance workshop táncműhely
taants·mēw·he·y

dancing *tánc* taants
dangerous *veszélyes* ve·say·yesh
dark *sötét* sheu·tayt
date (appointment) *randevú* ron·de·vü
date (day) *dátum* daa·tum
date (fruit) *datolya* do·taw·yo
date (go out with) ⓥ *jár* yaar
date of birth *születési idő*
　sew·le·tay·shi i·dêu
daughter *lány* laan'
dawn *hajnal* ho·y·nol
day *nap* nop
day after tomorrow *holnapután*
　hawl·nop·u·taan
day before yesterday *tegnapelőtt*
　teg·nop·e·lêütt
dead *halott* ho·lawtt
deaf *süket* shew·ket
deal (cards) *oszt* awst
December *december* de·tsem·ber
decide *eldönt* el·deunt
deep *mély* may·y
deforestation *erdőírtás* er·dêü·ir·taash
degrees (temperature) *fok* fawk
delay *késés* kay·shaysh
delicatessen *csemegeüzlet*
　che·me·ge·ewz·let
deliver *kézbesít* kayz·be·sheet
democracy *demokrácia* de·mawk·raa·tsi·o
demonstration (protest) *tüntetés*
　tewn·te·taysh
Denmark *Dánia* daa·ni·o
dental floss *fogselyem* fawg·she·yem
dentist *fogorvos* fawg·awr·vawsh
deodorant *dezodor* de·zaw·dawr
depart *elutazik* el·u·to·zik
department store *áruház* aa·ru·haaz
departure *indulás* in·du·laash
departure gate *indulási kapu*
　in·du·laa·shi ko·pu
deposit (bank) *foglaló* fawg·lo·láw
descendent *leszármazott*
　le·saar·mo·zawtt
desert ⓝ *sivatag* shi·vo·tog
design *modell* maw·dell
dessert *desszert* des·sert
destination *úti cél* ü·ti tsayl
details *részletek* rays·le·tek
diabetes *cukorbetegség*
　tsu·kawr·be·teg·shayg
dial tone *vonal* vaw·nol
diaper *pelenka* pe·len·ko

diaphragm *rekeszizom* re·kes·i·zawm
diarrhoea *hasmenés* hosh·me·naysh
diary *határidőnapló* ho·taar·i·dêu·nop·láw
dice *kocka* kawts·ko
dictionary *szótár* sáw·taar
die *meghal* meg·hol
diet *diéta* di·ay·to
different *különböző* kew·leun·beu·zêü
difficult *nehéz* ne·hayz
digital ⓐ *digitális* di·gi·taa·lish
dining car *étkezőkocsi* ayt·ke·zêü·kaw·chi
dinner *vacsora* vo·chaw·ro
direct *közvetlen* keuz·vet·len
direct-dial *közvetlen tárcsázás*
　keuz·vet·len taar·chaa·zaash
direction *irány* i·raan'
director *igazgató* i·goz·go·táw
dirty *piszkos* pis·kawsh
disabled (physically) *mozgássérült*
　mawz·gaash·shay·rewlt
disco *diszkó* dis·káw
discount *árengedmény* aar·en·ged·mayn'
discrimination *megkülönböztetés*
　meg·kew·leun·beuz·te·taysh
disease *betegség* be·teg·shayg
dish (plate) *edény* e·dayn'
dishcloth *mosogatórongy*
　maw·shaw·go·táw·rawnj
disk (CD-ROM) *CD-lemez*
　tsay·day·le·mez
disk (floppy) *hajlékonylemez*
　ho·y·lay·kawn'·le·mez
divorced *elvált* el·vaalt
(be) dizzy *szédül* say·dewl
do *csinál* chi·naal
doctor *orvos* awr·vawsh
doctor's surgery *orvosi rendelő*
　awr·vaw·shi ren·de·lêü
documentary *dokumentumfilm*
　daw·ku·men·tum·film
dog *kutya* ku·tyo
dole *munkanélküli-segély*
　mun·ko·nayl·kew·li·she·gay
doll *baba* bo·bo
dollar *dollár* dawl·laar
door *ajtó* oy·táw
dope (drugs) *narkó* nor·káw
double *dupla* dup·lo
double bed *dupla ágy* dup·lo aaj

double room *dupla ágyas szoba* dup·lo·aa·dyosh saw·bo
down (location) *lent* lent
downhill *lefelé* le·fe·lay
dozen *tucat* tu·tsot
drama *dráma* draa·mo
dream ⓝ *álom* aa·lawm
dress *ruha* ru·ho
dried *szárított* saa·ree·tawtt
dried fruit *szárított gyümölcs* saa·ree·tawtt dyew·meulch
drink (alcoholic) *alkohol* ol·kaw·hawl
drink ⓝ *ital* i·tol
drink ⓥ *iszik* i·sik
drive ⓥ *vezet* ve·zet
drivers licence *jogosítvány* yaw·gaw·sheet·vaan'
drug addiction *kábítószer-függőség* kaa·bee·tāw·ser·fewg·gēū·shayg
drug dealer *kábítószer-kereskedő* kaa·bee·tāw·ser·ke·resh·ke·dēū
drug trafficking *kábítószer-kereskedelem* kaa·bee·tāw·ser·ke·resh·ke·de·lem
drug user *kábítószer-fogyasztó* kaa·bee·tāw·ser·faw·dyos·tāw
drugs (illicit) *kábítószerek* kaa·bee·tāw·se·rek
drum ⓝ *dob* dawb
drunk *részeg* ray·seg
dry (clothes) ⓥ *szárít* saa·reet
dry ⓐ *száraz* saa·roz
duck *kacsa* ko·cho
dummy (pacifier) *cumi* tsu·mi
DVD *DVD* day·vay·day

E

each *minden* min·den
ear *fül* fewl
early *korán* kaw·raan
earn *keres* ke·resh
earplugs *füldugó* fewl·du·gāw
earrings *fülbevaló* fewl·be·va·lāw
Earth *Föld* feuld
earthquake *földrengés* feuld·ren·gaysh
east *kelet* ke·let
Easter *húsvét* hūsh·vayt
easy *könnyű* keun'·nyēw
eat *eszik* e·sik
economy class *turistaosztály* tu·rish·to·aws·taa·y
ecstacy (drug) *eksztázi* eks·taa·zi

eczema *ekcéma* ek·tsay·mo
editor *szerkesztő* ser·kes·tēū
education *oktatás* awk·to·taash
egg *tojás* taw·yaash
eggplant *padlizsán* pod·li·zhaan
election *választás* vaa·los·taash
electrical store *elektromos szaküzlet* e·lekt·raw·mawsh sok·ewz·let
electricity *villany* vil·lon'
elevator *lift* lift
email *e-mail* ee·mayl
embankment *töltés* teul·taysh
embarrassed *zavarban van* zo·vor·bon von
embassy *nagykövetség* noj·keu·vet·shayg
embroidery *hímzés* heem·zaysh
emergency *vészhelyzet* vays·he·y·zet
emotional *érzelmes* ayr·zel·mesh
employee *munkavállaló* mun·ko·vaal·lo·lāw
employer *munkáltató* mun·kaal·to·tāw
empty *üres* ew·resh
end ⓝ *vég* vayg
endangered species *veszélyeztetett faj* ve·say·yez·te·tett fo·y
engaged (for a man) *vőlegény* vēū·le·gayn'
engaged (for a woman) *menyasszony* men'·os·sawn'
engaged (telephone) *foglalt* fawg·lolt
engagement (to be married) *eljegyzés* el·yej·zaysh
engine *motor* maw·tawr
engineer ⓝ *mérnök* mayr·neuk
engineering *műszaki tudományok* mēw·so·ki tu·daw·maa·nyawk
England *Anglia* ong·li·o
English *angol* on·gawl
enjoy oneself *jól érzi magát* yāwl ayr·zi mo·gaat
enough *elég* e·layg
enter *belép* be·layp
entertainment guide *programmagazin* prawg·rom·mo·go·zin
entry *bejárat* be·yaa·rot
envelope *boríték* baw·ree·tayk
environment *környezet* keur·nye·zet
epilepsy *epilepszia* e·pi·lep·si·o
equal opportunity *egyenlő esélyek* e·dyen·lēū e·shay·yek
equality *egyenlőség* e·dyen·lēū·shayg
equipment *felszerelés* fel·se·re·laysh

escalator *mozgólépcső*
mawz·gáw·layp·chēū

estate agency *ingatlanügynökség*
in·got·lon·ewj·neuk·shayg

euro *euró* e·u·ráw

Europe *Európa* e·u·ráw·po

euthanasia *eutanázia* e·u·to·naa·zi·o

evening *este* esh·te

every *minden* min·den

everyone *mindenki* min·den·ki

everything *minden* min·den

exactly *pontosan* pawn·taw·shon

example *példa* payl·do

excellent *kitűnő* ki·tēw·nēū

excess (baggage) *túlsúly* tūl·shū·y

exchange money *pénzt vált*
paynzt vaalt

exchange rate *átváltási árfolyam*
aat·vaal·taa·shi aar·faw·yom

excluded *nincs benne* ninch ben·ne

exhaust (car) *kipufogó* ki·pu·faw·gáw

exhibition *kiállítás* ki·aal·lee·taash

exit ⓝ *kijárat* ki·yaa·rot

expensive *drága* draa·go

experience *tapasztalat* to·pos·to·lot

exploitation *kizsákmányolás*
ki·zhaak·maa·nyaw·laash

express ⓐ *expressz* eks·press

extension (visa) *(vízum)hosszabbítás*
(vee·zum·)haws·sob·bee·taash

eye *szem* sem

eye drops *szemcsepp* sem·chepp

eyes *szemek* se·mek

F

fabric *anyag* o·nyog

face (body) *arc* orts

factory *gyár* dyaar

factory worker *gyári munkás*
dyaa·ri mun·kaash

fall (autumn) *ősz* ēūs

fall ⓥ *esés* e·shaysh

family *család* cho·laad

famous *híres* hee·resh

fan (machine) *ventilátor* ven·ti·laa·tawr

fan (sport) *szurkoló* sur·kaw·láw

fanbelt *ékszíj* ayk·see·y

far *messze* mes·se

fare *viteldíj* vi·tel·dee·y

farm ⓝ *gazdaság* goz·do·shaag

farmer *gazda* goz·do

fashion *divat* di·vot

fast ⓐ *gyors* dyawrsh

fat ⓐ *kövér* keu·vayr

father *apa* o·po

father-in-law *após* o·páwsh

faucet *csap* chop

fault (someone's) *hiba* hi·bo

faulty *hibás* hi·baash

fax machine *fax* foks

February *február* feb·ru·aar

feed ⓥ *etet* e·tet

feel (touch) *tapogat* to·paw·got

feeling *érzés* ayr·zaysh

feelings *érzelmek* ayr·zel·mek

female *nőnemű* nēū·ne·mēw

fence *kerítés* ke·ree·taysh

fencing (sport) *vívás* vee·vaash

ferry *komp* kawmp

festival *fesztivál* fes·ti·vaal

fever *láz* laaz

few *kevés* ke·vaysh

fiancé *vőlegény* vēū·le·gayn'

fiancée *menyasszony* men'·os·sawn'

fiction *fikció* fik·tsi·áw

fig *füge* few·ge

fight ⓥ *verekedés* ve·re·ke·daysh

fill *megtölt* meg·teult

fillet *filé* fi·lay

film (camera/cinema) ⓝ *film* film

film speed *fényérzékenység*
fayn'·ayr·zay·ken'·shayg

filtered *szűrt* sēwrt

find *talál* to·laal

fine ⓝ *bírság* beer·shaag

fine ⓐ *jól* yáwl

finger *ujj* u·y

finish ⓝ *befejezés* be·fe·ye·zaysh

finish ⓥ *befejez* be·fe·yez

Finland *Finnország* finn·awr·saag

fire ⓝ *tűz* tēwz

firewood *tűzifa* tēw·zi·fo

first ⓐ *első* el·shēū

first class *első osztály* el·shēū aws·taa·y

first-aid kit *elsősegély-láda*
el·shēū·she·gay·laa·do

first name *keresztnév* ke·rest·nayv

fish ⓝ *hal* hol

fish shop *halas* ho·losh

fishing *halászat* ho·laa·sot

fishmonger *halárus* hol·aa·rush

flag *zászló* zaas·láw

flannel *flanell* flo·nell

flashlight *villanófény* vil·lo·nāw·fayn'
flat (apartment) *lakás* lo·kaash
flat ⓐ *lapos* lo·pawsh
flea *bolha* bawl·ho
fleamarket *bolhapiac* bawl·ho·pi·ots
flight *repülőjárat* re·pew·lêû·yaa·rot
flood ⓝ *árvíz* aar·veez
floor *padló* pod·lāw
floor (storey) *emelet* e·me·let
florist *virágos* vi·raa·gawsh
flour *liszt* list
flower *virág* vi·raag
flu *influenza* inf·lu·en·zo
fly ⓥ *repül* re·pewl
foggy *ködös* keu·deush
folk art *népművészet* nayp·mêw·vay·set
folk dancing *népi tánc* nay·pi taants
follow *követ* keu·vet
food *ennivaló* en·ni·vo·lāw
food supplies *élelmiszerkészlet*
　ay·lel·mi·ser·kays·let
foot *lábfej* laab·fe·y
football (soccer) *football* fut·ball
footpath *gyalogösvény*
　dyo·lawg·eush·vayn'
foreign *külföldi* kewl·feul·di
forest *erdő* er·dêu
forever *örökre* eu·reuk·re
forget *elfelejt* el·fe·le·yt
forgive *megbocsát* meg·baw·chaat
fork *villa* vil·lo
fortnight *két hét* kayt hayt
fortune teller *jövendőmondó*
　yeu·ven·dêû·mawn·dāw
foul (football) *szabálytalanság*
　so·baa·y·to·lon·shaag
foyer *előcsarnok* e·lêû·chor·nawk
fragile *törékeny* teu·ray·ken'
France *Franciaország* fron·tsi·o·awr·saag
free (available) *szabad* so·bod
free (gratis) *ingyenes* in·dye·nesh
freedom *szabadság* so·bod·shaag
freeze *fagyaszt* faw·dyost
fresh *friss* frish
Friday *péntek* payn·tek
fridge *fridzsider* fri·ji·der
fried *zsírban sült* zheer·bon shewlt
friend *barát/barátnő* ⓜ/ⓕ
　bo·raat/bo·raat·nêū
from *-tól/-től* ·tāwl/·têūl
frost *fagy* foj
frozen *fagyasztott* fo·jos·tawtt

fruit *gyümölcs* dyew·meulch
fruit picking *gyümölcsszedés*
　dyew·meulch·se·daysh
fry *süt* shewt
frying pan *serpenyő* sher·pe·nyêû
full *tele* te·le
full-time *teljes munkaidejű*
　tel·yesh mun·ko·i·de·yêw
fun *jó mulatság* yāw mu·lot·shaag
(have) fun *jól érzi magát*
　yāwl ayr·zi mo·gaat
funeral *temetés* te·me·taysh
funny *mulatságos* mu·lot·shaa·gawsh
furniture *bútor* bū·tawr
future ⓝ *jövő* yeu·vêū

G

game (football) *meccs* mech
game (sport) *játszma* yaats·mo
garage *garázs* go·raazh
garbage *szemét* se·mayt
garbage can *szemétvödör*
　se·mayt·veu·deur
garden *kert* kert
gardener *kertész* ker·tays
gardening *kertészkedés* ker·tays·ke·daysh
garlic *fokhagyma* fawk·hoj·mo
gas (for cooking) *gáz* gaaz
gas (LPG) *autógáz* o·u·tāw·gaaz
gas (petrol) *benzin* ben·zin
gas cartridge *gázpatron* gaaz·pot·rawn
gastroenteritis *gyomor-bél hurut*
　dyaw·mawr·bayl·hu·rut
gate (airport, etc) *kapu* ko·pu
gauze *géz* gayz
gay *meleg* me·leg
gearbox *sebességváltó*
　she·besh·shayg·vaal·tāw
Germany *Németország* nay·met·awr·saag
get *kap* kop
get off (a train etc) *leszáll* le·saall
gift *ajándék* o·yaan·dayk
gig *hakni* hok·ni
gin *gin* jin
girl *lány* laan'
girlfriend *barátnő* bo·raat·nêū
give *ad* od
glandular fever *mirigyláz* mi·rij·laaz
glass (container) *üveg* ew·veg
glasses (spectacles) *szemüveg*
　sem·ew·veg

glove *kesztyű* kes·tyēw
glue *ragasztó* ro·gos·tāw
go *megy* mej
go out *elmegy szórakozni*
  el·mej sāw·ro·kawz·ni
go out with *jár valakivel* yaar vo·lo·ki·vel
go shopping *elmegy vásárolni*
  el·mej vaa·shaa·rawl·ni
goal (frame) *kapu* ko·pu
goal (scored) *gól* gāwl
goalkeeper *kapus* ko·push
goat *kecske* kech·ke
god (general) *isten* ish·ten
goggles (skiing) *síszemüveg*
  shee·sem·ew·veg
goggles (swimming) *úszószemüveg*
  ú·sāw·sem·ew·veg
gold ⓝ *arany* o·ron'
golf ball *golflabda* gawlf·lob·do
golf course *golfpálya* gawlf·paa·yo
good *jó* yāw
government *kormány* kawr·maan'
gram *gramm* gromm
grandchild *unoka* u·naw·ko
grandfather *nagypapa* noj·po·po
grandmother *nagymama* noj·mo·mo
grapefruit *grépfrút* grayp·frút
grapes *szőlő* sēü·lēü
grass *fű* fēw
grateful *hálás* haa·laash
grave *sír* sheer
gray *szürke* sewr·ke
great (fantastic) *nagyszerű* noj·se·rēw
Great Plain *Nagyalföld* noj·ol·feuld
green *zöld* zeuld
greengrocer *zöldséges*
  zeuld·shay·gesh
grey *szürke* sewr·ke
grocery *élelmiszerbolt* ay·lel·mi·ser·bawlt
ground floor *földszint* feuld·sint
groundnut *földimogyoró*
  feul·di·maw·dyaw·rāw
grow *nő* nēü
g-string *tanga* ton·go
guaranteed *garantált* go·ron·taalt
guess ⓥ *kitalál* ki·to·laal
guesthouse *vendégház* ven·dayg·haaz
guide (audio) *fejhallgatós vezető*
  fe·y·holl·go·tāwsh ve·ze·tēü
guide (person) *idegenvezető*
  i·de·gen·ve·ze·tēü
guidebook *útikönyv* ú·ti·keun'v

guide dog *vakvezető kutya*
  vok·ve·ze·tēü ku·tyo
guided tour *csoportos utazás*
  chaw·pawr·tawsh u·to·zaash
guilty *bűnös* bēw·neush
guitar *gitár* gi·taar
gum *fogíny* fawg·een'
gun *puska* push·ko
gym (fitness room) *sportterem*
  shpawrt·te·rem
gym (gymnasium) *tornaterem*
  tawr·no·te·rem
gymnastics *torna* tawr·no
gynaecologist *nőgyógyász*
  nēü·dyāw·dyaas

H

hair *haj* ho·y
hairbrush *hajkefe* ho·y·ke·fe
haircut *hajvágás* ho·y·vaa·gaash
hairdresser *fodrász* fawd·raas
halal *iszlám rítus szerint levágott*
  ís·laam ree·tush se·rint le·vaa·gawtt
half *fél* fayl
hallucination *hallucináció*
  hol·lu·tsi·naa·tsi·āw
ham *sonka* shawn·ko
hammer *kalapács* ko·lo·paach
hammock *függőágy* fewg·gēü·aaj
hand *kéz* kayz
handbag *kézitáska* kay·zi·taash·ko
handball *kézilabda* kay·zi·lob·do
handicrafts *kézművesség*
  kayz·mēw·vesh·shayg
handkerchief *zsebkendő* zheb·ken·dēü
handlebars *kormány* kawr·maan'
handmade *kézzel gyártott*
  kayz·zel dyaar·tawtt
handsome *jóképű* yāw·kay·pēw
happy *boldog* bawl·dawg
harassment *zaklatás* zok·lo·taash
harbour *kikötő* ki·keu·tēü
hard (not soft) *kemény* ke·mayn'
hard-boiled *keményre főtt*
  ke·mayn'·re fēütt
hardware store *vas- és edénybolt*
  vosh aysh e·dayn'·bawlt
hash *hasis* ho·shish
hat *kalap* ko·lop
have *van neki* von ne·ki
hay fever *szénanátha* say·no·naat·ho

hazelnut *mogyoró* maw-dyaw-rāw
he *ő* ēū
head *fej* fe-y
headache *fejfájás* fe-y-faa-yaash
headlights *fényszórók* fayn'-sāw-rāwk
health *egészség* e-gays-shayg
hear *hall* holl
hearing aid *hallókészülék*
  hol-lāw-kay-sew-layk
heart *szív* seev
heart attack *szívroham* seev-raw-hom
heart condition *szívbaj* seev-bo-y
heat ⓝ *forróság* fawr-rāw-shaag
heated *fűtött* fêw-teutt
heater *fűtőkészülék*
  fêw-têū-kay-sew-layk
heating *fűtés* fêw-taysh
heavy *nehéz* ne-hayz
helmet *sisak* shi-shok
help ⓝ *segítség* she-geet-shayg
help ⓥ *segít* she-geet
hepatitis *májgyulladás*
  maa-y-dyul-lo-daash
her (ownership) *őt* ēūt
herb *gyógyfű* dyāwj-fêw
herbalist *gyógyfűkereskedő*
  dyāwj-fêw-ke-resh-ke-dēū
here *itt* itt
heroin *heroin* he-raw-in
herring *hering* he-ring
high *magas* mo-gosh
high school *gimnázium* gím-naa-zi-um
highchair *etetőszék* e-te-tēū-sayk
highway *országút* awr-saag-út
hike *kirándul* ki-raan-dul
hiking *kirándulás* ki-raan-du-laash
hiking boots *túrabakancs* tú-ro-bo-konch
hiking route *túraútvonal* tú-ro-út-vaw-nol
hill *domb* dawmb
him *őt* ēūt
Hindu *hindu* hin-du
hire *bérel* bay-rel
his *övé* eu-vay
historical *történelmi* teur-tay-nel-mi
history *történelem* teur-tay-ne-lem
hitchhike *stoppol* shtawp-pawl
HIV *HIV* hiv
hockey *hoki* haw-ki
holiday *ünnepnap* ewn-nep-nop
holidays *szabadság* so-bod-shaag
home *otthon* awtt-hawn
homeless *hajléktalan* ho-y-layk-to-lon

homemaker *háztartásbeli*
  haaz-tor-taash-be-li
homeopathy *homeopátia*
  ho-meu-aw-paa-ti-o
homestead *tanya* to-nyo
homosexual *homoszexuális*
  haw-maw-sek-su-aa-lish
honey *méz* mayz
honeymoon *nászút* naas-út
horoscope *horoszkóp* haw-raws-kāwp
horse *ló* lāw
horse riding *lovaglás* law-vog-laash
horse-riding school *lovaglóiskola*
  law-vog-lāw-ish-kaw-lo
hospital *kórház* kāwr-haaz
hospitality *vendéglátás*
  ven-dayg-laa-taash
hot *forró* fawr-rāw
hot water *forró víz* fawr-rāw veez
hotel *szálloda* saal-law-do
hour *óra* āw-ro
house *ház* haaz
housework *házi munka* haa-zi mun-ko
how *hogyan* haw-dyon
how much *mennyi* men'-nyi
hug ⓥ *megölel* meg-eu-lel
huge *hatalmas* ho-tol-mosh
human resources *emberi erőforrások*
  em-be-ri e-rēū-fawr-raa-shawk
human rights *emberi jogok*
  em-be-ri yaw-gawk
humanities *humán tudományok*
  hu-maan tu-daw-maa-nyawk
hundred *száz* saaz
Hungarian *magyar* mo-dyor
Hungary *Magyarország* mo-dyor-awr-saag
hungry *éhes* ay-hesh
hunting *vaddászat* vo-daa-sot
hurt ⓥ *megsért* meg-shayrt
husband *férj* fayr-y

I

I *én* ayn
ice *jég* yayg
ice axe *jégcsákány* yayg-chaa-kaan'
ice cream *fagylalt* foj-lolt
ice-cream parlour *fagylaltozó*
  foj-lol-taw-zāw
ice hockey *jéghoki* yayg-haw-ki
identification *azonosítás*
  o-zaw-naw-shee-taash

identification card (ID) *személyi
igazolvány* se·may·yi i·go·zawl·vaan'
idiot *hülye* hew·ye
if *ha* ho
ill *beteg* be·teg
immigration *bevándorlás*
be·vaan·dawr·laash
important *fontos* fawn·tawsh
impossible *lehetetlen* le·he·tet·len
in *-ban/-ben* ·bon/·ben
in a hurry *siet* shi·et
in front of *előtt* e·leütt
included *beleértve* be·le·ayrt·ve
income tax *jövedelemadó*
yeu·ve·de·lem·o·dáw
India *India* in·di·o
indicator *mutató* mu·to·táw
indigestion *gyomorrontás*
dayw·mawr·rawn·taash
indoor *fedett* fe·dett
industry *ipar* i·por
infection *fertőzés* fer·tëü·zaysh
inflammation *gyulladás* dyul·lo·daash
influenza *influenza* inf·lu·en·zo
information *információ*
in·fawr·maa·tsi·áw
ingredient *hozzávaló* hawz·zaa·vo·láw
inject *bead injekcióban*
be·od in·yek·tsi·áw·bon
injection *injekció* in·yek·tsi·áw
injured *sérült* shay·rewlt
injury *sérülés* shay·rew·laysh
inn *fogadó* faw·go·dáw
inner tube *belső cső* bel·shëü chëü
innocent *ártatlan* aar·tot·lon
inside *bent* bent
instructor *oktató* awk·to·táw
insurance *biztosítás* biz·taw·shee·taash
interesting *érdekes* ayr·de·kesh
intermission *szünet* sew·net
international *nemzetközi* nem·zet·keu·zi
Internet *Internet* in·ter·net
Internet café *Internet kávézó*
in·ter·net ka·vay·záw
interpreter *tolmács* tawl·maach
interview ⓝ *beszélgetés* be·sayl·ge·taysh
invite *meghív* meg·heev
Ireland *Írország* eer·awr·saag
iron (for clothes) *vasaló* vo·sho·láw
island *sziget* si·get
Israel *Izrael* iz·ro·el
it *az* oz

IT *informatika* in·fawr·mo·ti·ko
Italy *Olaszország* o·los·awr·saag
itch ⓝ *viszketés* vis·ke·taysh
itemised *tételes* tay·te·lesh
itinerary *útvonal* út·vaw·nol
IUD *fogamzásgátló hurok*
faw·gom·zaash·gaat·láw hu·rawk

J

jacket *dzseki* je·ki
jail *börtön* beur·teun
jam *dzsem* jem
January *január* yo·nu·aar
Japan *Japán* yo·paan
jar *üveg* ew·veg
jaw *állkapocs* aall·ko·pawch
jealous *féltékeny* fayl·tay·ken'
jeans *farmer* for·mer
jeep *dzsip* jip
jet lag *hosszú repülőút okozta fáradtság*
hows·sű re·pew·lëü·út aw·kawz·to
faa·rott·shaag
jewellery *ékszerek* ayk·se·rek
Jewish *zsidó* zhi·dáw
job *állás* aal·laash
jogging *kocogás* kaw·tsaw·gaash
joke ⓝ *vicc* vits
journalist *újságíró* úy·shaag·ee·ráw
journey *utazás* u·to·zaash
judge ⓝ *bíró* bee·ráw
juice *gyümölcslé* dyew·meulch·lay
July *július* yú·li·ush
jump ⓥ *ugrik* ug·rik
jumper (sweater) *pulóver* pu·láw·ver
jumper leads *indítókábel*
in·dee·táw·kaa·bel
June *június* yú·ni·ush

K

ketchup *ketchup* ke·cheup
key *kulcs* kulch
keyboard *billentyűzet* bil·len·tyëw·zet
kick ⓥ *rúg* rüg
kidney *vese* ve·she
kilo *kiló* ki·láw
kilogram *kilogramm* ki·láw·gromm
kilometre *kilométer* ki·láw·may·ter
kind (nice) *kedves* ked·vesh
kindergarten *óvoda* áw·vaw·do

J

DICTIONARY

212

king *király* ki·raa·y
kiosk *kiosk* ki·awsk
kiss (friendly) ⓝ *puszi* pu·si
kiss (friendly) ⓥ *megpuszil* meg·pu·sil
kiss (intimate) ⓝ *csók* chawk
kiss (intimate) ⓥ *megcsókol* meg·chaw·kawl
kitchen *konyha* kawn'·ho
kiwifruit *kivi* ki·vi
knee *térd* tayrd
knife *kés* kaysh
know (a fact) *tud* tud
know (be acquainted with) *ismer* ish·mer
kosher *kóser* kaw·sher

L

labourer *munkás* mun·kaash
lace *csipke* chip·ke
lake *tó* tāw
lamb *bárány* baa·raan'
land ⓝ *föld* feuld
landlady *háztulajdonosnő*
  haaz·tu·loy·daw·nawsh·nēū
landlord *háztulajdonos*
  haaz·tu·loy·daw·nawsh
language *nyelv* nyelv
laptop *laptop* lop·tawp
large *nagy* noj
last (previous) *előző* e·lēū·zēū
last week *a múlt héten* o múlt hay·ten
late *késő* kay·shēū
later *később* kay·shēūbb
laugh ⓥ *nevet* ne·vet
launderette *önkiszolgáló mosószalon*
  eun·ki·sawl·gaa·lāw maw·shāw·so·lawn
laundry (clothes) *mosnivaló*
  mawsh·ni·vo·lāw
laundry (place) *mosoda* maw·shaw·do
laundry (room) *mosóhelyiség*
  maw·shāw·he·yi·shayg
law *törvény* teur·vayn'
law (study, profession) *jog* yawg
lawyer *jogász* yaw·gaas
laxative *hashajtó* hosh·ho·y·tāw
lazy *lusta* lush·to
leader *vezető* ve·ze·tēū
leaf *levél* le·vayl
learn *tanul* to·nul
leather *bőr* bēūr
lecturer *egyetemi oktató*
  e·dye·te·mi awk·to·tāw

ledge *perem* pe·rem
leek *póréhagyma* pāw·ray·hoj·mo
left (direction) *balra* bol·ro
left luggage (office) *csomagmegőrző*
  chaw·mog·meg·ēūr·zēū
left-wing *baloldali* bol·awl·do·li
leg *láb* laab
legal *törvényes* teur·vay·nyesh
legislation *törvényhozás*
  teur·vayn'·haw·zaash
legume *hüvelyes* hew·ve·yesh
lemon *citrom* tsit·rawm
lemonade *limonádé* li·maw·naa·day
lens *lencse* len·che
lentil *lencse* len·che
lesbian ⓝ *leszbikus* les·bi·kush
less *kevésbé* ke·vaysh·bay
letter (mail) *levél* le·vayl
lettuce *saláta* sho·laa·to
liar *hazug* ho·zug
library *könyvtár* keun'v·taar
lice *tetvek* tet·vek
licence *engedély* en·ge·day·y
license plate number
  rendszám rend·saam
lie (not down) *fekszik* fek·sik
life *élet* ay·let
life jacket *mentőmellény*
  men·tēū·mel·layn'
lift (elevator) *lift* lift
light ⓝ *fény* fayn'
light (colour) *világos* vi·laa·gawsh
  vaa·sawn·ne·mêwk
light (not heavy) *könnyű* keun'·nyêw
light bulb *égő* ay·gēū
light meter *fénymérő* fayn'·may·rēū
lighter *öngyújtó* eun·dyū·y·tāw
like ⓥ *szeret* se·ret
lime (fruit) *apró zöld citrom*
  op·rāw zeuld tsit·rawm
linen (material) *lenvászon* len·vaa·sawn
linen (sheets etc) *vászonneműk*
  vaa·sawn·ne·mêwk
lip balm *ajakbalzsam* o·yok·bol·zhom
lips *ajak* o·yok
lipstick *rúzs* rüj
liquor store *szeszes italokat árusító üzlet*
  se·sesh i·to·law·kot aa·ru·shee·tāw
  ewz·let
listen *hallgat* holl·got
little (quantity) *kevés* ke·vaysh
little (size) *kicsi* ki·chi
Little Plain *Kisalföld* kish·ol·feuld

live ⊙ *lakik* lo-kik
liver *máj* maa-y
lizard *gyík* dyeek
local *helyi* he-yi
lock ⑪ *zár* zaar
lock ⊙ *bezár* be-zaar
locked *be van zárva* be von zaar-vo
lollies *nyalóka* nyo-läw-ko
long *hosszú* haws-sū
look ⊙ *néz* nayz
look after *gondját viseli*
  gawnd-yaat vi-she-li
look for *keres* ke-resh
lookout *kilátó* ki-laa-taw
loose *laza* lo-zo
loose change *aprópénz* op-räw-paynz
lose *elveszít* el-ve-seet
lost *elveszett* el-ve-sett
lost property office *talált tárgyak
  hivatala* to-laalt taar-dyok hi-vo-to-lo
(a) lot *sok* shawk
loud *hangos* hon-gawsh
love ⑪ *szerelem* se-re-lem
love ⊙ *szeret* se-ret
lover *szerető* se-re-tēū
low *alacsony* o-lo-chawn'
lubricant *kenőanyag* ke-nēū-o-nyog
luck *szerencse* se-ren-che
lucky *szerencsés* se-ren-chaysh
luggage *poggyász* pawd'-dyaas
luggage lockers *poggyászmegőrző
  automata* pawd'-dyaas-meg-ēūr-zēū
  o-u-taw-mo-to
luggage tag *poggyászcímke*
  pawd'-dyaas-tseem-ke
lump *csomó* chaw-mäw
lunch *ebéd* e-bayd
lung *tüdő* tew-dēū
luxury a *luxus* luk-sush

M

machine *gép* gayp
Madam *asszonyom* os-saw-nyawm
magazine *képes folyóirat*
  kay-pesh faw-yäw-i-rot
mail ⑪ *posta* pawsh-to
mailbox *postaláda* pawsh-to-laa-do
main *fő* fēū
main road *főút* fēū-ūt
make *csinál* chi-naal
make-up *smink* shmink

mammogram *mammogram*
  mom-maw-grom
man (male) *férfi* fayr-fi
manager (team) *menedzser* me-ne-jer
manager (business) *üzletvezető*
  ewz-let-ve-ze-tēū
mandarin *mandarin* mon-do-rin
mango *mangó* mon-gäw
manor house *udvarház* ud-vor-haaz
mansion *urasági kastély*
  u-ro-shaa-gi kosh-tay
manual worker *kétkezi munkás*
  kayt-ke-zi mun-kaash
many *sok* shawk
map (of country) *térkép* tayr-kayp
map (of town) *várostérkép*
  vaa-rawsh-tayr-kayp
March *március* maar-tsi-ush
margarine *margarin* mor-go-rin
marijuana *marihuána* mo-ri-hu-aa-no
marital status *családi állapot*
  cho-laa-di aal-lo-pawt
market *piac* pi-ots
marmalade *narancslekvár*
  no-ronch-lek-vaar
marriage *házasság* haa-zosh-shaag
married (for a man) *nős* nēūsh
married (for a woman) *férjezett*
  fayr-ye-zett
marry (for a man) *megnősül*
  meg-nēū-shewl
marry (for a woman) *férjhez megy*
  fayr-y-hez mej
martial arts *küzdősportok*
  kewz-dēū-shpawr-tawk
mass (Catholic) *mise* mi-she
massage *masszázs* mos-saazh
masseur *masszőr* mos-sēūr
masseuse *masszőrnő* mos-sēūr-nēū
mat *gyékény* dyay-kayn'
match (sports) *meccs* mech
matches (for lighting) *gyufa* dyu-fo
mattress *matrac* mot-rots
May *május* maa-yush
maybe *talán* to-laan
mayonnaise *majonéz* mo-yaw-nayz
mayor *polgármester* pawl-gaar-mesh-ter
me *én/engem/nekem/velem*
  ayn/en-gem/ne-kem/ve-lem
meal *étkezés* ayt-ke-zaysh
measles *kanyaró* ko-nyo-räw
meat *hús* hūsh

mechanic *szerelő* se·re·lēü
media *média* may·di·o
medicine (medication) *orvosság*
  awr·vawsh·shaag
medicine (profession) *orvostudomány*
  awr·vawsh·tu·daw·maan'
meditation *meditálás* me·di·taa·laash
meet *találkozik* to·laal·kaw·zik
melon *dinnye* din'·nye
member *tag* tog
memorial *emlékmű* em·layk·mēw
menstruation *menstruáció*
  mensht·ru·aa·tsi·āw
menu *étlap* ayt·lop
message *üzenet* ew·ze·net
metal ⓝ *fém* faym
metre *méter* may·ter
metro (train) *metró* met·rāw
metro station *metróállomás*
  met·rāw·aal·law·maash
microwave (oven) *mikrohullámú sütő*
  mik·raw·hul·laa·mū shew·tēü
midday *dél* dayl
midnight *éjfél* ay·fayl
migraine *migrén* mig·rayn
military ⓝ *hadsereg* hod·she·reg
military service *katonai szolgálat*
  ko·taw·no·i sawl·gaa·lot
milk *tej* te·y
millimetre *milliméter* mil·li·may·ter
million *millió* mil·li·āw
mince ⓝ *darálthús* do·raalt·hūsh
mineral water *ásványvíz* aash·vaan'·veez
minute *perc* perts
mirror *tükör* tew·keur
miscarriage *spontán vetélés*
  shpawn'·taan ve·tay·laysh
Miss *Kisasszony* kish·os·sawn'
miss (feel absence of) *hiányzik neki*
  hi·aan'·zik ne·ki
mistake ⓝ *hiba* hi·bo
mix ⓥ *összekever* eus·se·ke·ver
mobile phone *mobil telefon*
  maw·bil te·le·fawn
modem *modem* maw·dem
modern *modern* maw·dern
moisturiser *hidratáló készítmény*
  hid·ro·taa·lāw kay·seet·mayn'
monastery *kolostor*
  kaw·lawsh·tawr
Monday *hétfő* hayt·fēü
money *pénz* paynz

monk *szerzetes* ser·ze·tesh
Montenegro *Montenegro*
  mawn·te·neg·rāw
month *hónap* hāw·nop
monument *emlékmű* em·layk·mēw
moon *hold* hawld
more *több* teubb
morning *reggel* reg·gel
morning sickness *reggeli rosszullét*
  reg·ge·li raws·sul·layt
mosque *mecset* me·chet
mosquito *szúnyog* sū·nyawg
motel *motel* maw·tel
mother *anya* o·nyo
mother-in-law *anyós* o·nyāwsh
motorbike *motor* maw·tawr
motorboat *motorcsónak*
  maw·tawr·chāw·nok
motorcycle *motorbicikli*
  maw·tawr·bi·tsik·li
motorway *autópálya* o·u·tāw·paa·yo
mountain bike *hegyikerékpár*
  he·dyi·ke·rayk·paar
mountain path *hegyi ösvény*
  he·dyi eush·vayn'
mountain range *hegylánc* hed'·laants
mountaineering *hegymászás*
  hed'·maa·saash
mouse *egér* e·gayr
mouth *szdj* saa·y
movie *film* film
Mr *Úr* ür
Mrs *Asszony* os·sawn'
mud *sár* shaar
muesli *müzli* mewz·li
mum *anyu* o·nyu
mumps *mumpsz* mumps
murder ⓝ *meggyilkol* meg·dyil·kawl
murder ⓥ *gyilkosság* dyil·kawsh·shaag
muscle *izom* i·zawm
museum *múzeum* mū·ze·um
mushroom *gomba* gawm·bo
music *zene* ze·ne
music shop *zeneműbolt*
  ze·ne·mēw·bawlt
musician *zenész* ze·nays
Muslim *muszlim* mus·lim
mussel *kagyló* koj·lāw
mustard *mustár* mush·taar
mute *néma* nay·mo
my *-m/-vowel+m* ·m/·(vowel)+m

N

nail clippers *körömvágó*
  keu·reum·vaa·gāw
name *név* nayv
name (family) *családnév* cho·laad·nayv
name (first/given) *keresztnév* ke·rest·nayv
napkin *szalvéta* sol·vay·to
nappy *pelenka* pe·len·ko
nappy rash *kipállás* ki·paal·laash
national park *nemzeti park*
  nem·ze·ti pork
nationality *nemzetiség* nem·ze·ti·shayg
nature *természet* ter·may·set
naturopathy *természetgyógyászat*
  ter·may·set·dyāw·dyaa·sot
nausea *hányinger* haan'·in·ger
near *közelében* keu·ze·lay·ben
nearby *a közelben* o keu·zel·ben
nearest *a legközelebbi* o leg·keu·ze·leb·bi
necessary *szükséges* sewk·shay·gesh
neck *nyak* nyok
necklace *nyaklánc* nyok·laants
nectarine *sima héjú őszibarack*
  shi·mo hay·yū ēū·si·bo·rotsk
need ⓥ *szüksége van* sewk·shay·ge von
needle (sewing) *varrótű* vor·rāw·tēw
needle (syringe) *injekciós tű*
  in·yek·tsi·āwsh tēw
negative ⓐ *negatív* ne·go·teev
neither *sem* shem
net *háló* haa·lāw
Netherlands *Hollandia* hawl·lon·di·o
never *soha* shaw·ho
new *új* ū·y
New Year's Day *újév napja* ū·y·ayv nop·yo
New Year's Eve *szilveszter* sil·ves·ter
New Zealand *Új-Zéland* ū·y·zay·lond
news *hírek* hee·rek
newsagency *újságárus* ū·y·shaag·aa·rush
newspaper *újság* ū·y·shaag
newsstand *újságárus* ū·y·shaag·aa·rush
next (month) *jövő (hónap)*
  yeu·vēū (hāw·nop)
next to *mellett* mel·lett
nice *szép* sayp
nickname *becenév* be·tse·nayv
night *éjszaka* ay·so·ko
night out *éjszakai szórakozás*
  ay·so·ko·i sāw·ro·kaw·zaash
nightclub *éjszakai mulatóhely*
  ay·so·ko·i mu·lo·tāw·he·y

no *nem* nem
no vacancy *nincs üres szoba*
  ninch ew·resh saw·bo
noisy *zajos* zo·yawsh
none *egy sem* ej shem
nonsmoking *nemdohányzó*
  nem·daw·haan'·zāw
noodles *metélt* me·taylt
noon *dél* dayl
north *észak* ay·sok
Norway *Norvégia* nawr·vay·gi·o
nose *orr* awrr
not *nem* nem
notebook *jegyzetfüzet* yej·zet·few·zet
nothing *semmi* shem·mi
November *november* naw·vem·ber
now *most* mawsht
nuclear energy *atomenergia*
  o·tawm·e·ner·gi·o
nuclear testing *atomkísérletek*
  o·tawm·kee·shayr·le·tek
nuclear waste *radioaktív hulladék*
  raa·di·āw·ok·teev hul·lo·dayk
number *szám* saam
numberplate *rendszámtábla*
  rend·saam·taab·lo
nun *apáca* o·paa·tso
nurse *ápolónő* aa·paw·lāw·nēū
nut *dió* di·āw

O

oats *zab* zob
ocean *óceán* āw·tse·aan
October *október* awk·tāw·ber
off (spoiled) *megromlott* meg·rawm·lawtt
office *iroda* i·raw·do
office worker *irodai dolgozó*
  i·raw·do·i dawl·gaw·zaw
often *gyakran* dyok·ron
oil *olaj* aw·lo·y
oil (fuel) *kőolaj* kēū·aw·lo·y
old (person) *öreg* eu·reg
old (thing) *régi* ray·gi
olive *olajbogyó* aw·lo·y·baw·dyāw
olive oil *olívaolaj* aw·lee·vo·aw·lo·y
Olympic Games *olimpiai játékok*
  aw·lim·pi·o·i yaa·tay·kawk
omelette *omlett* awm·lett
on *-on/-ön/-en* ·awn/·eun/·en
on time *időben* i·dēū·ben
once *egyszer* ej·ser

one *egy* ej
one-way (ticket) *csak oda* chok aw·do
onion *hagyma* hoj·mo
only *csak* chok
open (person) ⓐ *nyitott* nyi·tawtt
open (location) ⓐ *nyitva* nyit·vo
open ⓥ *kinyit* ki·nyit
open air museum *szabadtéri múzeum*
    so·bod·tay·ri mü·ze·um
opening hours *nyitvatartás*
    nyit·vo·tor·taash
opera *opera* aw·pe·ro
opera house *operaház* aw·pe·ro·haaz
operation (medical) *műtét* mēw·tayt
operator *operátor* aw·pe·raa·tawr
opinion *vélemény* vay·le·mayn'
opposite *ellenkező* el·len·ke·zēü
optometrist *szemész* se·mays
or *vagy* voj
orange (colour) *narancssárga*
    no·ronch·shaar·go
orange (fruit) *narancs* no·ronch
orange juice *narancslé* no·ronch·lay
orchestra *zenekar* ze·ne·kor
order ⓝ *sorrend* shawr·rend
order ⓥ *rendel* ren·del
ordinary *közönséges*
    keu·zeun·shay·gesh
orgasm *orgazmus* awr·goz·mush
original *eredeti* e·re·de·ti
other *másik* maa·shik
our -nk/vowel+nk -nk/-(vowel)+nk
out of order *nem működik*
    nem mēw·keu·dik
outing *kiruccanás* ki·ruts·tso·naash
outside *kint* kint
ovarian cyst *petefészek-ciszta*
    pe·te·fay·sek·tsis·to
ovary *petefészek* pe·te·fay·sek
oven *sütő* shew·tēü
overcoat *kabát* ko·baat
overdose *túladagolás*
    tūl·o·do·gaw·laash
overnight *egész éjjel* e·gays ay·yel
overseas *a tengeren túl* o ten·ge·ren tūl
owe *tartozik* tor·taw·zik
owner *tulajdonos* tu·lo·y·daw·nawsh
oxygen *oxigén* awk·si·gayn
oyster *osztriga* awst·ri·go
ozone layer *ózonréteg*
    āw·zawn·ray·teg

P

pacemaker *szívritmusszabályozó*
    seev·rit·mush·so·baa·yaw·zāw
pacifier (dummy) *cumi* tsu·mi
package *csomag* chaw·mog
packet *csomag* chaw·mog
padlock *lakat* lo·kot
page *oldal* awl·dol
pain ⓝ *fájdalom* faa·y·do·lawm
painful *fájdalmas* faa·y·dol·mosh
painkiller *fájdalomcsillapító*
    faa·y·do·lawm·chil·lo·pee·tāw
painter *festő* fesh·tēü
painting (a work) *festmény* fesht·mayn'
painting (the art) *festészet* fesh·tay·set
pair (couple) *pár* paar
palace *palota* po·law·to
pan *serpenyő* sher·pe·nyēü
pants (trousers) *nadrág* nod·raag
panty liners *egészségügyi betét*
    e·gays·shayg·ew·dyi be·tayt
pantyhose *harisnyanadrág*
    ho·rish·nyo·nod·raag
pap smear *méhnyakrák-szűrővizsgálat*
    mayh·nyok·raak·sēw·rēü·vizh·gaa·lot
paper *papír* po·peer
paperwork *papírmunka*
    po·peer·mun·ko
paprika *paprika* pop·ri·ko
paraplegic *deréktól lefelé bénult*
    de·rayk·tāwl le·fe·lay bay·nult
parcel *csomag* chaw·mog
parents *szülők* sew·lēük
park ⓝ *park* pork
park (a car) ⓥ *parkol* por·kawl
parliament *parlament* por·lo·ment
parlour *szalon* so·lawn
part (component) *rész* rays
part-time *részmunkaidős*
    rays·mun·ko·i·dēüsh
party (night out) *parti* por·ti
party (politics) *párt* paart
pass ⓥ *átmegy* aat·mej
passenger *utas* u·tosh
passionfruit *golgotavirág gyümölcse*
    gawl·gaw·to·vi·raag dyew·meul·che
passport *útlevél* üt·le·vayl
passport number *útlevél száma*
    üt·le·vayl saa·mo
past ⓝ *múlt* mūlt
pasta *tészta* tays·to

pastry *cukrászsütemény*
  tsuk·raas·shew·te·mayn'
path *ösvény* *eush·vayn'*
pay ⓥ *fizet* *fi·zet*
payment *kifizetés* *ki·fi·ze·taysh*
pea *borsó* *bawr·shaw*
peace *béke* *bay·ke*
peach *őszibarack* *ēü·si·bo·rotsk*
peak (mountain) *csúcs* *chūch*
peanut *földi mogyoró*
  feul·di maw·dyaw·raw
pear *körte* *keur·te*
pedal ⓝ *pedál* *pe·daal*
pedestrian *gyalogos* *dyo·law·gawsh*
pedestrian crossing *zebra* *ze·bro*
pen *golyóstoll* *gaw·yawsh·tawll*
pencil *ceruza* *tse·ru·zo*
penis *pénisz* *pay·nis*
penknife *bicska* *bich·ko*
pensioner *nyugdíjas* *nyug·dee·yosh*
people *emberek* *em·be·rek*
pepper (bell) *paprika* *pop·ri·ko*
pepper (black) *bors* *bawrsh*
per cent *százalék* *saa·zo·layk*
perfect *tökéletes* *teu·kay·le·tesh*
performance *előadás* *tel'·ye·sheet·mayn'*
perfume *parfüm* *por·fewm*
period pain *menstruációs hasfájás*
  mensht·ru·aa·tsi·áwsh hosh·faa·yaash
permission *engedély* *en·ge·day*
permit *engedély* *en·ge·day*
person *személy* *se·may*
petition *kérvény* *kayr·vayn'*
petrol *benzin* *ben·zin*
petrol station *benzinkút* *ben·zin·kūt*
pharmacist *gyógyszerész* *dyāwj·se·raysh*
pharmacy *gyógyszertár* *dyāwj·ser·taar*
phone book *telefonkönyv*
  te·le·fawn·keun'v
phone box *telefonfülke* *te·le·fawn·fewl·ke*
phonecard *telefonkártya*
  te·le·fawn·kaar·tyo
photo *fénykép* *fayn'·kayp*
(take a) photo *fényképez* *fayn'·kay·pez*
photographer *fényképész* *fayn'·kay·pays*
photography *fényképezés*
  fayn'·kay·pe·zaysh
phrasebook *kifejezésgyűjtemény*
  ki·fe·ye·zaysh·dyēw·y·te·mayn'
pickaxe *csákány* *chaa·kaan'*
pickles *savanyúságok*
  sho·vo·nyū·shaa·gawk

pickpocket *zsebtolvaj* *zheb·tawl·vo·y*
picnic *piknik* *pik·nik*
pie *pástétom* *paash·tay·tawm*
piece *darab* *do·rob*
pier *móló* *māw·láw*
pig *disznó* *dis·náw*
pill *tabletta* *tob·let·to*
the pill *fogamzásgátló tabletta*
  faw·gom·zaash·gaat·láw tob·let·to
pillow *párna* *paar·no*
pillowcase *párnahuzat* *paar·no·hu·zot*
pineapple *ananász* *o·no·naas*
pink *rózsaszín* *rāw·zho·seen*
pistachio *pisztácia* *pis·taa·tsi·o*
place *hely* *he·y*
place of birth *születési hely*
  sew·le·tay·shi he·y
plane *repülőgép* *re·pew·lēü·gayp*
planet *bolygó* *baw·y·gāw*
plant ⓝ *növény* *neu·vayn'*
plastic *műanyag* *mēw·o·nyog*
plate *tányér* *taa·nyayr*
plateau *fennsík* *fenn·sheek*
platform *peron* *pe·rawn*
play (theatre) *színdarab* *seen·do·rob*
play cards *kártyázik* *kaar·tyaa·zik*
play guitar *gitározik* *gi·taa·raw·zik*
plug *dugó* *du·gāw*
plum *szilva* *sil·vo*
PO box *postafiók* *pawsh·to fi·awk*
poached egg *mindkét oldalán*
  megsütött tükörtojás *mind·kayt*
  awl·do·laan meg·shew·teutt
  tew·keur·taw·yaash
pocket *zseb* *zheb*
pocket knife *zsebkés* *zheb·kaysh*
poetry *költészet* *keul·tay·set*
point ⓝ *pont* *pawnt*
point ⓥ *mutat* *mu·tot*
poisonous *mérgező* *mayr·ge·zēü*
Poland *Lengyelország* *len·dyel·awr·saag*
police *rendőrség* *rend·ēür·shayg*
police officer *rendőr* *rend·ēür*
police headquarters
  rendőr-főkapitányság
  rend·ēür·fēü·ko·pi·taan'·shaag
police station *rendőrség* *rend·ēür·shayg*
policy *politika* *paw·li·ti·ko*
politician *politikus* *paw·li·ti·kush*
politics *politika* *paw·li·ti·ko*
pollen *virágpor* *vi·raag·pawr*
pollution *szennyezés* *sen'·nye·zaysh*

pool (game) *biliárd* bi-li-aard
pool (swimming) *úszómedence*
 ú-saw-me-den-tse
poor *szegény* se-gayn'
popular *népszerű* nayp-se-rēw
pork *disznóhús* dis-nāw-hūsh
pork sausage
 disznóhúsból készült kolbász
 dis-nāw-hūsh-bāwl kay-sewlt kawl-baas
port *kikötő* ki-keu-tēū
positive *pozitív* paw-zi-teev
possible *lehetséges* le-het-shay-gesh
postage *postaköltség*
 pawsh-to-keult-shayg
postcard *levelezőlap* le-ve-le-zēū-lop
postcode *postai irányítószám*
 pawsh-to-i i-raa-nyee-tāw-saam
poster *plakát* plo-kaat
post office *postahivatal* pawsh-to-hi-vo-tol
pot (cooking) *edény* e-dayn'
potato *krumpli* krump-li
pottery *fazekasáru* fo-ze-kosh-aa-ru
pound (money, weight) *font* fawnt
poverty *szegénység* se-gayn'-shayg
powder *por* pawr
Prague *Prága* praa-go
prawn *garnélarák* gor-nay-lo-raak
prayer *ima* i-mo
prayer book *imakönyv* i-mo-keun'v
prefer *jobban szeret* yawb-bon se-ret
pregnancy test kit *terhességi teszt*
 ter-hesh-shay-gi test
pregnant *terhes* ter-hesh
premenstrual tension *menstruáció előtti*
 feszültség mensht-ru-aa-tsi-āw e-lēūt-ti
 fe-sewlt-shayg
prepare *készít* kay-seet
prescription *recept* re-tsept
present (gift) *ajándék* o-yaan-dayk
present (time) *jelen* ye-len
president *elnök* el-neuk
pressure *nyomás* nyaw-maash
pretty *csinos* chi-nawsh
price *ár* aar
priest *pap* pop
prime minister *miniszterelnök*
 mi-nis-ter-el-neuk
printer (computer) *nyomtató*
 nyawm-to-tāw
prison *börtön* beur-teun
prisoner *rab* rob
private *magán* mo-gaan

problem *probléma* prawb-lay-mo
produce ⓥ *termel* ter-mel
profit ⓝ *haszon* ho-sawn
program *program* prawg-rom
prohibited *tilos* ti-lawsh
projector *vetítő* ve-tee-tēū
promenade *sétány* shay-taan'
promise ⓥ *megígér* meg-ee-gayr
prostitute *prostituált* prawsh-ti-tu-aalt
protect *megvéd* meg-vayd
protected species *védett faj* vay-dett fo-y
protest ⓝ *tiltakozás* til-to-kaw-zaash
protest ⓥ *tiltakozik* til-to-kaw-zik
provisions *élelmiszer* ay-lel-mi-ser
prune ⓝ *aszalt szilva* o-solt sil-va
pub *pub* pob
public gardens *nyilvános park*
 nyil-vaa-nawsh pork
public relations *közönséggel való*
 kapcsolattartás keu-zeun-shayg-gel
 vo-lāw kop-chaw-lot-tor-taash
public telephone *nyilvános telefon*
 nyil-vaa-nawsh te-le-fawn
public toilet *nyilvános vécé*
 nyil-vaa-nawsh vay-tsay
publishing *könyvkiadás* keun'v-ki-o-daash
pull *húz* hūz
pump ⓝ *szivattyú* si-vot'-tyū
pumpkin *tök* teuk
puncture ⓝ *defekt* de-fekt
pure *tiszta* tis-to
purple *sötétlila* sheu-tayt-li-lo
purse *pénztárca* paynz-taar-tso
push ⓥ *tol* tawl
put *tesz* tes

Q

quadriplegic *teljesen béna*
 tel-ye-shen bay-no
qualifications *képesítések*
 kay-pe-shee-tay-shek
quality *minőség* mi-nēū-shayg
quarantine *karantén* ko-ron-tayn
quarter *negyed* ne-dyed
quay *rakpart* rok-port
queen *királynő* ki-raa-y-nēū
question *kérdés* kayr-daysh
queue ⓝ *sor* shawr
quick *gyors* dyawrsh
quiet *csendes* chen-desh
quit *felmond* fel-mawnd

rabbit *nyúl* nyül
race (sport) *verseny* ver·shen'
racetrack *versenypálya* ver·shen'-paa·yo
racing bike *versenybicikli*
  ver·shen'-bi·tsik·li
racism *fajgyűlölet* fo·y-dyèw·leu·let
racquet *ütő* ew·tēū
radiator *fűtőtest* fēw·tēū·tesht
radio *rádió* raa·di·äw
radish *retek* re·tek
railway station *vasútállomás*
  vo·shüt·aal·law·maash
rain ⓝ *eső* e·shēū
raincoat *esőkabát* e·shēū·ko·baat
raisin *mazsola* mo·zhaw·lo
rally ⓝ *nagygyűlés* noj·dyèw·laysh
ranch *állattenyésztő-telep*
  aal·lot·te·nyays·tēū·te·lep
rape ⓝ *nemi erőszak* ne·mi e·rēū·sok
rape ⓥ *megerőszakol* meg·e·rēū·so·kawl
rare (food) *véres* vay·resh
rare (uncommon) *ritka* rit·ko
rash *kiütés* ki·ew·taysh
raspberry *málna* maal·no
rat *patkány* pot·kaan'
rave ⓝ *rave buli* rayv bu·li
raw *nyers* nyersh
razor *borotva* baw·rawt·vo
razor blade *borotvapenge*
  baw·rawt·vo·pen·ge
read *olvas* awl·vosh
reading *olvasás* awl·vo·shaash
ready *kész* kays
real estate agent *ingatlanügynök*
  in·got·lon·ewj·neuk
realistic *realisztikus* re·o·lis·ti·kush
rear (location) *hátsó* haat·shäw
reason (explanation) *ok* awk
receipt *nyugta* nyug·to
recently *nemrég* nem·rayg
recommend *ajánl* o·yaanl
record ⓥ *feljegyez* fel·ye·dyez
recording *felvétel* fel·vay·tel
recyclable *újrafelhasználható*
  ü·y·ro·fel·hos·naal·ho·täw
recycle *újrafelhasznál* ü·y·ro·fel·hos·naal
red *piros* pi·rawsh
red wine *vörösbor* veu·reush·bawr
referee *bíró* bee·räw
reference *referencia* re·fe·ren·tsi·o

reflexology *reflexológia*
  ref·lek·saw·läw·gi·o
refrigerator *fridzsider* fri·ji·der
refugee *menekült* me·ne·kewlt
refund ⓥ *visszatérítés* vis·so·tay·ree·taysh
refuse ⓥ *visszautasít* vis·so·u·to·sheet
regional *regionális* re·gi·o·naa·lish
(by) registered mail *ajánlott levél*
  o·yaan·lawtt le·vayl
rehydration salts *folyadékpótló sók*
  faw·yo·dayk·päwt·läw shäwk
reiki *reiki* re·i·ki
relationship *kapcsolat* kop·chaw·lot
relax *lazít* lo·zeet
relic *ereklye* e·rek·ye
religion *vallás* vol·laash
religious *vallásos* vol·laa·shawsh
remote *távoli* taa·vaw·li
remote control *távirányító*
  taav·i·raa·nyee·täw
rent ⓥ *bérel* bay·rel
repair ⓥ *megjavít* meg·yo·veet
republic *köztársaság* keuz·taar·sho·shaag
reservation (booking) *foglalás*
  fawg·lo·laash
rest ⓥ *pihen* pi·hen
restaurant *étterem* ayt·te·rem
résumé (CV) *szakmai önéletrajz*
  sok·mo·i eun·ay·let·royz
retired *nyugalmazott* nyu·gol·mo·zawtt
return (come back) *visszatér* vis·so·tayr
return (ticket) *oda-vissza* aw·do·vis·so
reverse-charge call *'R' beszélgetés*
  er be·sayl·ge·taysh
review ⓝ *áttekintés* aat·te·kin·taysh
rhythm *ritmus* rit·mush
rib *borda* bawr·do
rice *rizs* rizh
rich (wealthy) *gazdag* goz·dog
ride ⓝ *lovaglás* law·vog·laash
ride (horse) *lovagol* law·vo·gawl
right (correct) *helyes* he·yesh
right (direction) *jobbra* yawbb·ro
right-wing *jobboldali* yawbb·awl·do·li
ring (on finger) *gyűrű* dyèw·rèw
ring (phone) ⓥ *cseng* cheng
ring road *körgyűrű* keur·dyèw·rèw
rip-off *kifosztás* ki·faws·taash
risk ⓝ *kockázat* kawts·kaa·zot
river *folyó* faw·yäw
road *út* üt
road map *térkép* tayr·kayp

rob *kirabol* ki·ro·bawl
rock ⓝ *szikla* sik·lo
rock music *rock* rawk
rock climbing *sziklamászás*
  sik·lo·maa·saash
rock group *rockegyüttes*
  raw·ke·dyewt·tesh
rockmelon *kantalupdinnye*
  kon·to·lup·din'·nye
roll (bread) *zsemle* zhem·le
rollerblading *görkorcsolyázás*
  geur·kawr·chaw·yaa·zaash
Roma *roma* raw·mo
Roma music *cigányzene* tsi·gaan'·ze·ne
Romania *Románia* raw·maa·ni·o
romantic *romantikus* raw·mon·ti·kush
room *szoba* saw·bo
room number *szobaszám* saw·bo·saam
rope *kötél* keu·tayl
round ⓐ *kerek* ke·rek
roundabout *körforgalom*
  keur·fawr·go·lawm
route *útvonal* út·vaw·nol
rowing *evezés* e·ve·zaysh
rubbish *szemét* se·mayt
rubella *rubeola* ru·be·aw·lo
rug *szőnyeg* sēū·nyeg
rugby *rögbi* reug·bi
ruins *romok* raw·mawk
rule ⓝ *szabály* so·baa·y
rum *rum* rum
run ⓥ *fut* fut
running *futás* fu·taash
runny nose *nátha* naat·ho
Russia *Oroszország* aw·raws·awr·saag

S

sad *szomorú* saw·maw·rū
saddle *nyereg* nye·reg
safe ⓝ *páncélszekrény* paan·tsayl·sek·rayn'
safe ⓐ *biztonságos* biz·tawn·shaa·gawsh
safe sex *biztonságos szex*
  biz·tawn·shaa·gawsh seks
saint *szent* sent
salad *saláta* sho·laa·to
salami *szalámi* so·laa·mi
salary *fizetés* fi·ze·taysh
sale *kiárusítás* ki·aa·ru·shee·taash
sales tax *forgalmi adó* fawr·gol·mi o·dāw
salmon *lazac* lo·zots
salt *só* shāw

same *ugyanaz* u·dyon·oz
sand *homok* haw·mawk
sandal *szandál* son·daal
sanitary napkin *egészségügyi törlőkendő*
  e·gays·shayg·ew·dyi teur·lēū·ken·dēū
sardine *szardínia* sor·dee·ni·o
Saturday *szombat* sawm·bot
sauce *szósz* sāws
saucepan *nyeles serpenyő*
  nye·lesh sher·pe·nyēū
sauna *szauna* so·u·no
sausage (thick) *kolbász* kawl·baas
sausage (thin) *virsli* virsh·li
say ⓥ *mond* mawnd
scalp *fejbőr* fe·y·bēūr
scarf *sál* shaal
school *iskola* ish·kaw·lo
science *tudomány* tu·daw·maan'
scientist *természettudós*
  ter·may·set·tu·dāwsh
scissors *olló* awl·lāw
score ⓥ *pontot szerez* pawn·tawt se·rez
scoreboard *eredményjelző tábla*
  e·red·mayn'·yel·zēū taab·lo
Scotland *Skócia* shkāw·tsi·o
scrambled *habart* ho·bort
sculpture *szobrászat* sawb·raa·sot
sea *tenger* ten·ger
seasick *tengeribeteg* ten·ge·ri·be·teg
seaside *tengerpart* ten·ger·port
season *évszak* ayv·sok
seat *ülés* ew·laysh
seatbelt *biztonsági öv*
  biz·tawn·shaa·gi euv
second ⓝ *pillanat* pil·lo·not
second ⓐ *második* maa·shaw·dik
second class *másodosztály*
  maa·shawd·aws·taa·y
second-hand *használt* hos·naalt
second-hand shop
  használtcikk kereskedés
  hos·naalt·tsikk ke·resh·ke·daysh
secretary *titkár* ⓜ tit·kaar
  titkárnő ⓕ tit·kaar·nēū
see *lát* laat
self-employed *önálló* eun·aal·lāw
selfish *önző* eun·zēū
self-service *önkiszolgáló*
  eun·ki·sawl·gaa·lāw
sell *elad* el·od
send *küld* kewld
sensible *értelmes* ayr·tel·mesh

sensual *érzéki* ayr-zay-ki
separate *külön* kew-leun
September *szeptember* sep-tem-ber
Serbia *Szerbia* ser-bi-o
serious *komoly* kaw-maw-y
service *kiszolgálás* ki-sawl-gaa-laash
service charge *kiszolgálási díj*
  ki-sawl-gaa-laa-shi dee-y
service station *benzinkút* ben-zin-küt
serviette *szalvéta* sol-vay-to
several *több* teubb
sew *varr* vorr
sex (activity) *szex* seks
sex (gender) *nem* nem
sexism *szexizmus* sek-siz-mush
sexy *szexi* sek-si
shade *árnyék* aar-nyayk
shadow *árnyék* aar-nyayk
shampoo *sampon* shom-pawn
shape ⓝ *forma* fawr-mo
share (a dorm etc) *egy ...ben/ban lakik*
  ej ...ben/-ban lo-kik
share (with) *osztozik* aws-taw-zik
shave ⓥ *borotválkozik*
  baw-rawt-vaal-kaw-zik
shaving cream *borotvakrém*
  baw-rawt-vo-kraym
she *ő* êü
sheep *birka* bir-ko
sheet (bed) *lepedő* le-pe-dêü
shelf *polc* pawlts
shiatsu *siacu* shi-o-tsu
shingles (illness) *övsömör* euv-sheu-meur
ship *hajó* ho-yāw
shirt *ing* ing
shoe *cipő* tsi-pêü
shoe shop *cipőbolt* tsi-pêü-bawlt
shoes *cipők* tsi-pêük
shoot *lő* lêü
shop ⓝ *üzlet* ewz-let
shop ⓥ *vásárol* vaa-shaa-rawl
shopping *vásárlás* vaa-shaar-laash
shopping centre *bevásárlóközpont*
  be-vaa-shaar-lāw-keuz-pawnt
short (height) *alacsony* o-lo-chawn'
shortage *hiány* hi-aan'
shorts *sort* shawrt
shoulder *váll* vaall
shout ⓥ *kiabál* ki-o-baal
show ⓝ *show* shāw
show ⓥ *mutat* mu-tot
shower *zuhany* zu-hon'

shrine *szentély* sen-tay
shut ⓐ *be van zárva* be von zaar-vo
shy *szégyenlős* say-dyen-lêüsh
sick *beteg* be-teg
side *oldal* awl-dol
sign ⓝ *felirat* fel-i-rot
signature *aláírás* o-laa-ee-raash
silk *selyem* she-yem
silver ⓝ *ezüst* e-zewsht
SIM card *SIM-kártya* sim-kaar-tyo
similar *hasonló* ho-shawn-lāw
simple *egyszerű* ej-se-rêw
since ... (time) *... óta* ... āw-to
sing *énekel* ay-ne-kel
Singapore *Szingapúr* sin-go-pür
singer *énekes/énekesnő* ⓜ/ⓕ
  ay-ne-kesh/ay-ne-kesh-nêü
single (person) *egyedülálló*
  e-dye-dewl-aal-lāw
single room *egyágyas szoba*
  ej-aa-dyosh saw-bo
singlet *trikó* tri-kāw
sister (older) *nővér* nêü-vayr
sister (younger) *húg* hüg
sit *ül* ewl
size *méret* may-ret
skate ⓥ *korcsolyázik* kawr-chaw-yaa-zik
skate ⓝ *korcsolya* kawr-chaw-yo
skateboarding *gördeszkázás*
  geur-des-kaa-zaash
ski *síel* shee-el
skiing *síelés* shee-e-laysh
skim milk *sovány tej* shaw-vaan' te-y
skin *bőr* bêür
skirt *szoknya* sawk-nyo
skull *koponya* kaw-paw-nyo
sky *ég* ayg
sleep ⓥ *alszik* ol-sik
sleeping bag *hálózsák* haa-lāw-zhaak
sleeping berth *fekhely* fek-he-y
sleeping car *hálókocsi* haa-lāw-kaw-chi
sleeping pills *altató* ol-to-tāw
sleepy *álmos* aal-mawsh
slice *szelet* se-let
slide film *diafilm* di-o-film
Slovakia *Szlovákia* slaw-vaa-ki-o
Slovenia *Szlovénia* slaw-vay-ni-o
slow *lassú* losh-shü
slowly *lassan* losh-shon
small *kicsi* ki-chi
smaller *kisebb* ki-shebb
smallest *legkisebb* leg-ki-shebb

smell ⓝ *szag* sog
smile ⓥ *mosolyog* maw-shaw-yawg
smoke ⓥ *dohányzik* daw-haan'-zik
snack *snack* snekk
snack bar *falatozó* fo-lo-taw-zāw
snail *csiga* chi-go
snake *kígyó* kee-dyāw
snorkelling *légzőcsöves*
  könnyűbúvárkodás layg-zēū-cheu-vesh
  keun'-nyēw-bū-vaar-kaw-daash
snow ⓝ *hó* hāw
snow pea *hóbogyó* hāw-baw-dyāw
snowboarding *hódeszkázás*
  hāw-des-kaa-zaash
soap *szappan* sop-pon
soap opera *szappanopera*
  sop-pon-aw-pe-ro
soccer *futball* fut-boll
social welfare *társadalmi jólét*
  taar-sho-dol-mi yāw-layt
socialist *szocialista* saw-tsi-o-lish-to
sock *zokni* zawk-ni
socks *zoknik* zawk-nik
soft drink *üdítőital* ew-dee-tēū-i-tol
soft-boiled *lágy* laaj
soldier *katona* ko-taw-no
some *néhány* nay-haan'
someone *valaki* vo-lo-ki
something *valami* vo-lo-mi
sometimes *néha* nay-ho
son *fiú* fi-ū
song *dal* dol
soon *hamarosan* ho-mo-raw-shon
sore ⓐ *fájós* faa-yāwsh
soup *leves* le-vesh
sour cream *tejföl* te-y-feul
south *dél* dayl
souvenir *szuvenír* su-ve-neer
souvenir shop *ajándékbolt*
  o-yaan-dayk-bawlt
Soviet Union *Szovjetunió* sov-yet-u-ni-āw
soy milk *szójatej* sāw-yo-te-y
soy sauce *szójaszósz* sāw-yo-sāws
spa *gyógyfürdő* dyāj-fewr-dēū
space (room) *hely* he-y
Spain *Spanyolország*
  shpo-nyawl-awr-saag
sparkling wine *habzóbor* hob-zāw-bawr
speak *beszél* be-sayl
special ⓐ *különleges* kew-leun-le-gesh
specialist *specialista* shpe-tsi-o-lish-to
speed (velocity) *sebesség* she-besh-shayg

speed limit *megengedett sebességhatár*
  meg-en-ge-dett she-besh-shayg-ho-taar
speedometer *sebességmérő*
  she-besh-shayg-may-rēū
spider *pók* pāwk
spinach *spenót* shpe-nāwt
spoiled (gone off) *elrontott*
  el-rawn-tawtt
spoke *küllő* kewl-lēū
spoon *kanál* ko-naal
sport *sport* shpawrt
sports store/shop *sportbolt*
  shpawrt-bawlt
sportsperson *sportoló* shpawr-taw-lāw
sprain ⓝ *ficam* fi-tsom
spring (coil) *rugó* ru-gāw
spring (season) *tavasz* to-vos
square (town) *tér* tayr
stadium *stadion* shto-di-awn
stairway *lépcső* layp-chēū
stale *állott* aal-lawtt
stamp ⓝ *bélyeg* bay-yeg
stand-by ticket *készenléti jegy*
  kay-sen-lay-ti yej
star ⓝ *csillag* chil-log
(four-)star *(négy)csillagos* (nayj-)
  chil-lo-gawsh
start ⓥ *kezdet* kez-det
start ⓥ *elkezd* el-kezd
station *állomás* aal-law-maash
stationer *papírbolt* po-peer-bawlt
statue *szobor* saw-bawr
stay (at a hotel) ⓥ *lakik* lo-kik
stay (in one place) ⓥ *marad* mo-rod
steak (beef) *pecsenye* pe-che-nye
steal *lop* lawp
steep *meredek* me-re-dek
step ⓝ *lépés* lay-paysh
stereo *sztereó* ste-re-āw
still water *állóvíz* aal-lāw-veez
stock (food) *(élelmiszer)készlet*
  (ay-lel-mi-ser-)kays-let
stockings *harisnya* ho-rish-nyo
stolen *ellopták* el-lawp-taak
stomach *gyomor* dyaw-mawr
stomachache *gyomorfájás*
  dyaw-mawr-faa-yaash
stone *kő* kēū
stoned (drugged) *be van lőve*
  be von lēū-ve
stop (bus, tram etc) *megálló* meg-aal-lāw
stop (cease) *abbahagy* ob-bo-hoj

stop (prevent) *megakadályoz*
meg·o·ko·daa·yawz
storm *vihar* vi·hor
story *történet* teur·tay·net
stove (health) *tűzhely* tёwz·he·y
straight *egyenes* e·dye·nesh
strange *furcsa* fur·cho
stranger *idegen* i·de·gen
strawberry *eper* e·per
stream *patak* po·tok
street *utca* ut·tso
street market *utcai piac* ut·tso·i pi·ots
strike ⓝ *sztrájk* straa·y·k
string *zsinór* zhi·nåwr
stroke (health) *agyvérzés*
oj·vayr·zaysh
stroller *gyerekkocsi* dye·rek·kaw·chi
strong *erős* e·rёush
stubborn *makacs* mo·koch
student *diák* di·aak
studio *stúdió* shtü·di·åw
stupid *buta* bu·to
style *stílus* shtee·lush
subtitles *felirat* fel·i·rot
suburb *városrész* vaa·rawsh·rays
subway (pedestrian) *aluljáró*
o·lul·yaa·råw
subway (train) *metró* met·råw
sugar *cukor* tsu·kawr
suitcase *bőrönd* bёu·reund
sultana *mazsola* mo·zhaw·lo
summer *nyár* nyaar
sun *nap* nop
sunblock *napolaj* nop·aw·lo·y
sunburn *leégés* le·ay·gaysh
Sunday *vasárnap* vo·shaar·nop
sunglasses *napszemüveg*
nop·sem·ew·veg
sunny *napos* no·pawsh
sunrise *napkelte* nop·kel·te
sunset *napnyugta* nop·nyug·to
sunstroke *napszúrás* nop·sü·raash
supermarket *élelmiszer-áruház*
ay·lel·mi·ser·aa·ru·haaz
superstition *babona* bo·baw·no
supporter (politics) *támogató*
taa·maw·go·tåw
supporter (sport) *szurkoló* sur·kaw·låw
surf ⓥ *szörf* seurf
surface mail (land)
vonattal szállított posta
vaw·not·tol saal·lee·tawtt pawsh·to

surface mail (sea) *hajóval szállított posta*
ho·yåw·vol saal·lee·tawtt pawsh·to
surfboard *szörfdeszka* seurf·des·ko
surfing *szörfölés* seur·feu·laysh
surname *vezetéknév* ve·ze·tayk·nayv
surprise ⓝ *meglepetés* meg·le·pe·taysh
sweater *pulóver* pu·låw·ver
Sweden *Svédország* shvayd·awr·saag
sweet ⓐ *édes* ay·desh
sweets *édességek* ay·desh·shay·gek
swelling *duzzanat* duz·zo·not
swim ⓥ *úszik* ü·sik
swimming *úszás* ü·saash
swimming pool *uszoda* u·saw·do
swimsuit *fürdőruha* fewr·dёu·ru·ho
Switzerland *Svájc* shvaa·y·ts
synagogue *zsinagóga* zhi·no·gåw·go
synthetic *szintetikus* sin·te·ti·kush
syringe *fecskendő* fech·ken·dёu

T

table *asztal* os·tol
table tennis *pingpong* ping·pawng
tablecloth *asztalterítő* os·tol·te·ree·tёu
tail *farok* fo·rawk
tailor *szabó* so·båw
take *vesz* ves
talk ⓥ *beszél* be·sayl
tall *magas* mo·gosh
tampon *tampon* tom·pawn
tanning lotion *barnító krém*
bor·nee·tåw kraym
tap *csap* chop
tap water *csapvíz* chop·veez
tasty *finom* fi·nawm
tax *adó* o·dåw
taxi *taxi* tok·si
taxi stand *taxiállomás*
tok·si·aal·law·maash
tea *tea* te·o
teacher ⓜ *tanár* to·naar
teacher ⓕ *tanárnő* to·naar·nёu
team *csapat* cho·pot
teaspoon *teáskanál* te·aash·ko·naal
technique *technika* teh·ni·ko
teeth *fogak* faw·gok
telegram *távirat* taav·i·rot
telephone ⓝ *telefon* te·le·fawn
telephone ⓥ *telefonál* te·le·faw·naal
telephone box *telefonfülke*
te·le·fawn·fewl·ke

telephone centre *telefonközpont* te·le·fawn·keuz·pawnt

telescope *távcső* taav·chēū

television *televízió* te·le·vee·zi·āw

tell *mond* mawnd

temperature (fever) *hőmérséklet* hēū·mayr·shayk·let

temple (body) *halánték* ho·laan·tayk

tennis *tenisz* te·nis

tennis court *teniszpálya* te·nis·paa·yo

tent *sátor* shaa·tawr

tent peg *sátorcövek* shaa·tawr·tseu·vek

terrible *borzalmas* bawr·zol·mosh

test ⓝ *teszt* test

thank *megköszön* meg·keu·seun

that (one) *az* oz

theatre *színház* seen·haaz

theatre performance *előadás* e·lēū·daash

their *-k/-vowel+k* ·k/·(vowel)+k

there *ott* awtt

there isn't *nincs* ninch

there aren't *nincsenek* nin·che·nek

thermal bath *termálfürdő* ter·maal·fewr·dēū

thermal spring *melegvízű forrás* me·leg·vee·zēw fawr·raash

these *ezek* e·zek

they *ők* ēūk

thick *vastag* vosh·tog

thief *tolvaj* tawl·vo·y

thin *vékony* vay·kawn'

think *gondol* gawn·dawl

third *harmadik* hor·mo·dik

thirsty *szomjas* sawm·yosh

this (one) *ez* ez

those *azok* o·zawk

thread *fonal* faw·nol

throat *torok* taw·rawk

thrush (health) *hüvelygomba* hew·ve·y·gawm·bo

thunderstorm *zivatar* zi·vo·tor

Thursday *csütörtök* chew·teur·teuk

ticket *jegy* yej

ticket collector *jegyszedő* yej·se·dēū

ticket dispenser *sorszámkiadó automata* shawr·saam·ki·o·dāw o·u·taw·mo·to

ticket machine *jegykiadó automata* yej·ki·o·dāw o·u·taw·mo·to

ticket office *jegypénztár* yej·paynz·taar

tide *árapály* aar·o·paa·y

tight *szoros* saw·rawsh

time ⓝ *idő* i·dēū

time difference *időeltolódás* i·dēū·el·taw·lāw·daash

timetable *menetrend* me·net·rend

tin (can) *doboz* daw·bawz

tin opener *konzervnyitó* kawn·zerv·nyi·tāw

tiny *pici* pi·tsi

tip (gratuity) *borravaló* bawr·ro·vo·lāw

tired *fáradt* faa·rott

tissues *szövetek* seu·ve·tek

to *-hez/-hoz/-höz/-nak/-nek* ·hez/·hawz/·heuz/·nok/·nek

toast ⓝ *pirítós* pi·ree·tāwsh

toaster *kenyérpirító* ke·nyayr·pi·ree·tāw

tobacco *dohány* daw·haan'

tobacconist *dohánybolt* daw·haan'·bawlt

tobogganing *bobozás* baw·baw·zaash

today *ma* mo

toe *lábujj* laab·uyy

tofu *szójababsajt* sāw·yo·bob·shoyt

together *együtt* e·dyewtt

toilet *vécé* vay·tsay

toilet paper *vécépapír* vay·tsay·po·peer

token *érmet* ayr·mayt

tollway *fizető autópálya* fi·ze·tēū o·u·tāw·paa·yo

tomato *paradicsom* po·ro·di·chawm

tomato sauce *ketchup* ke·cheup

tomorrow *holnap* hawl·nop

tomorrow afternoon *holnap délután* hawl·nop dayl·u·taan

tomorrow evening *holnap este* hawl·nop esh·te

tomorrow morning *holnap reggel* hawl·nop reg·gel

tongue *nyelv* nyelv

tonight *ma este* mo esh·te

too *túl* tūl

tooth *fog* fawg

toothache *fogfájás* fawg·faa·yaash

toothbrush *fogkefe* fawg·ke·fe

toothpaste *fogkrém* fawg·kraym

toothpick *fogpiszkáló* fawg·pis·kaa·lāw

torch (flashlight) *zseblámpa* zheb·laam·po

touch ⓥ *megérint* meg·ay·rint

tour ⓝ *túra* tū·ro

tourist *turista* tu·rish·to

tourist office *turistairoda* tu·rish·to·i·raw·do

towards *felé* fe·lay

towel *törülköző* teu·rewl·keu·zēū

tower *torony* taw·rawn'

town hall *városháza* vaa-rawsh-haa-zo
toxic waste *toxikus hulladék* tawk-si-kush hul-lo-dayk
toy shop *játékbolt* yaa-tayk-bawlt
track (path) *ösvény* eush-vayn'
track (sport) *versenypálya* ver-shen'-paa-yo
trade ⑩ *kereskedelem* ke-resh-ke-de-lem
tradesperson *kereskedő* ke-resh-ke-dēū
traffic *forgalom* fawr-go-lawm
traffic light *közlekedési lámpa* keuz-le-ke-day-shi laam-po
trail ⑩ *csapás* cho-paash
train ⑩ *vonat* vaw-not
train station *vasútállomás* vo-shūt-aal-law-maash
tram *villamos* vil-lo-mawsh
transit lounge *tranzitváró* tron-zit-vaa-rāw
translate *fordít* fawr-deet
transport ⑩ *közlekedés* keuz-le-ke-daysh
travel ⓥ *utazás* u-to-zaash
travel agency *utazási iroda* u-to-zaa-shi i-raw-do
travellers cheque *utazási csekk* u-to-zaa-shi chekk
travel sickness *tengeribetegség* ten-ge-ri-be-teg-shayg
treasury *kincstár* kinch-taar
tree ⑩ *fa* fo
trip (journey) *utazás* u-to-zaash
trolley *kocsi* kaw-chi
trousers *nadrág* nod-raag
truck *kamion* ko-mi-awn
trust *bizalom* bi-zo-lawm
try ⓥ *megpróbál* meg-prāw-baal
T-shirt *pólóing* pāw-lāw-ing
tube (tyre) *gumitömlő* gu-mi-teum-lēū
Tuesday *kedd* kedd
tumour *daganat* do-go-not
tuna *tonhal* tawn-hol
tune ⑩ *dallam* dol-lom
turkey *pulyka* pu-y-ko
turn ⓥ *fordul* fawr-dul
TV *tévé* tay-vay
tweezers *csipesz* chi-pes
twice *kétszer* kayt-ser
twin beds *két ágy* kayt aaj
twins *ikrek* ik-rek
two *kettő* ket-tēū
two (of something) *két* kayt
type *típus* tee-push
typical *tipikus* ti-pi-kush
tyre *autógumi* o-u-tāw-gu-mi

226

U

Ukraine *Ukrajna* uk-ro-y-no
ultrasound *ultrahang* ult-ro-hong
umbrella *esernyő* e-sher-nyēū
uncomfortable *kényelmetlen* kay-nyel-met-len
understand *megért* meg-ayrt
underwear *alsónemű* ol-shāw-ne-mēw
unemployed *munkanélküli* mun-ko-nayl-kew-li
unfair *igazságtalan* i-goz-shaag-to-lon
uniform ⑩ *egyenruha* e-dyen-ru-ho
universe *világegyetem* vi-laag-e-dye-tem
university *egyetem* e-dye-tem
unleaded *ólommentes* āw-lawm-men-tesh
unsafe *nem biztonságos* nem biz-tawn-shaa-gawsh
until *-ig* -ig
unusual *szokatlan* saw-kot-lon
up *fel* fel
uphill *felfelé* fel-fe-lay
urgent *sürgős* shewr-gēūsh
urinary infection *húgyhólyaggyulladás* hūj-hāw-yog-dyul-lo-daash
USA *USA* u-sho
useful *hasznos* hos-nawsh
uterus *méh* mayh

V

vacancy *üresedés* ew-re-she-daysh
vacant *üres* ew-resh
vacation *vakáció* vo-kaa-tsi-āw
vaccination *oltás* awl-taash
vagina *hüvely* hew-ve-y
validate *érvényesít* ayr-vay-nye-sheet
valley *völgy* veulj
valuable a *értékes* ayr-tay-kesh
value ⑩ *érték* ayr-tayk
van *kis csukott teherautó* kish chu-kawtt te-her-o-u-tāw
VAT (valued added tax) *ÁFA (áruforgalmi adó)* aa-fo (aa-ru-fawr-gol-mi o-dāw)
veal *borjúhús* bawr-yū-hūsh
vegetable ⑩ *zöldség* zeuld-shayg
vegetarian ⑩ *vegetáriánus* ve-ge-taa-ri-aa-nush
vein *véna* vay-no

venereal disease *nemi betegség*
ne-mi be-teg-shayg
venue *hely* he-y
very *nagyon* no-dyawn
video recorder *videorekorder*
vi-de-aw-re-kawr-der
video tape *videokazetta*
vi-de-aw-ko-zet-to
Vienna *Bécs* baych
view ⑩ *kilátás* ki-laa-taash
village *falu* fo-lu
vine *szőlőtő* sēū-lēū-tēū
vinegar *ecet* e-tset
vineyard *szőlő* sēū-lēū
virus *vírus* vee-rush
visa *vízum* vee-zum
visit ⑩ *látogatás* laa-taw-go-taash
vitamins *vitaminok* vi-to-mi-nawk
vodka *vodka* vawd-ko
voice *hang* hong
Voivodina *Vajdaság* vo-y-do-shaag
volleyball *röplabda* reup-lob-do
volume (quantity) *mennyiség*
men'-nyi-shayg
volume (sound) *hangerő* hong-e-rēū
vote ⑩ *szavaz* so-voz

W

wage *munkabér* mun-ko-bayr
wait for *vár* vaar
waiter *pincér* pin-tsayr
waiting room *várószoba* vaa-rāw-saw-bo
wake up *felébreszt* fel-ayb-rest
walk ⑩ *sétál* shay-taal
wall *fal* fol
want *akar* o-kor
war *háború* haa-baw-rū
wardrobe *ruhásszekrény*
ru-haash-sek-rayn'
warm *meleg* me-leg
warn *figyelmeztet* fi-dyel-mez-tet
wash (oneself) *mosakszik* maw-shok-sik
wash (something) *megmos* meg-mawsh
washing machine *mosógép*
maw-shāw-gayp
watch ⑩ *óra* āw-ro
watch ⑩ *néz* nayz
water *víz* veez
water (medicinal) *gyógyvíz*
dyāwj-veez
water bottle *vizesüveg* vi-zesh-ew-veg

water bottle (hot) *melegvizes üveg*
me-leg-vi-zesh ew-veg
waterfall *vízesés* veez-e-shaysh
watermelon *görögdinnye*
geu-reug-din'-nye
waterproof *vízhatlan* veez-hot-lon
water-skiing *vízisielés* vee-zi-shee-e-laysh
wave (beach) *hullám* hul-laam
way *út* ūt
we *mi* mi
weak *gyenge* dyen-ge
wealthy *vagyonos* vo-dayw-nawsh
wear *visel* vi-shel
weather *időjárás* i-dēū-yaa-raash
wedding *esküvő* esh-kew-vēū
wedding cake *esküvői torta*
esh-kew-vēū-i tawr-to
wedding present *nászajándék*
naas-o-yaan-dayk
Wednesday *szerda* ser-do
week *hét* hayt
(this) week *(ezen a) héten*
(e-zen o) hay-ten
weekend *hétvége* hayt-vay-ge
weigh *megmér* meg-mayr
weight *súly* shū-y
weights *súlyok* shū-yawk
welcome *üdvözöl* ewd-veu-zeul
welfare *jólét* yāw-layt
well ⓐ *jól* yāwl
west *nyugat* nyu-got
wet ⓐ *nedves* ned-vesh
what *mi* mi
wheel *kerék* ke-rayk
wheelchair *rokkantkocsi*
rawk-kont-kaw-chi
when *mikor* mi-kawr
where *hol* hawl
which *melyik* me-yik
whisky *whisky* vis-ki
white *fehér* fe-hayr
white wine *fehérbor* fe-hayr-bawr
who *ki* ki
wholemeal bread
korpás lisztből készült kenyér
kawr-paash list-bēūl kay-sewlt ke-nyayr
why *miért* mi-ayrt
wide *széles* say-lesh
wife *feleség* fe-le-shayg
win ⑩ *nyer* nyer
wind ⑩ *szél* sayl
window *ablak* ob-lok

W

english–hungarian

227

windscreen *szélvédő* sayl-vay-dēū
windsurfing *szörfözés* seur-feu-zaysh
wine *bor* bawr
wine cellar *borpince* bawr-pin-tse
wings *szárny* saarn'
winner *győztes* dyēūz-tesh
winter *tél* tayl
wire ⓝ *drót* drāwt
wish ⓥ *kíván* kee-vaan
with *-val/-vel* -vol/-vel
within (an hour) *(egy órán) belül*
  (ej āw-raan) be-lewl
without *nélkül* nayl-kewl
wok *wok* vawk
woman *nő* nēū
wonderful *csodálatos*
  chaw-daa-lo-tawsh
wood *fa* fo
wool *gyapjú* dyop-yū
word *szó* sāw
work ⓝ *munka* mun-ko
work ⓥ *dolgozik* dawl-gaw-zik
work experience *szakmai gyakorlat*
  sok-mo-i dyo-kawr-lot
workout ⓝ *erőedzés* e-rēū-ed-zaysh
work permit *munkavállalási engedély*
  mun-ko-vaal-lo-laa-shi en-ge-da-y
workshop *műhely* mēw-he-y
world *világ* vi-laag
World Cup *Világbajnokság*
  vi-laag-bo-y-nawk-shaag
worms *férgek* fayr-gek
(be) worried *aggódik* og-gāw-dik

worship ⓥ *imád* i-maad
wrist *csukló* chuk-lāw
write *ír* eer
writer *író* ee-rāw
wrong *rossz* rawss

Y

year *év* ayv
(this) year *(ebben az) évben*
  (eb-ben oz) ayv-ben
yellow *sárga* shaar-go
yes *igen* i-gen
yesterday *tegnap* teg-nop
(not) yet *(még) nem* (mayg) nem
yoga *jóga* yāw-go
yogurt *joghurt* yawg-hurt
you sg inf *te* te
you pl inf *ti* ti
you sg pol *Ön* eun
you pl pol *Önök* eu-neuk
young *fiatal* fi-o-tol
your sg inf *-d/-vowel+d* -d/-(vowel)+d
youth hostel *ifjúsági szálló*
  if-yū-shaa-gi saal-lāw

Z

zip/zipper *cipzár* tsip-zaar
zodiac *állatöv* aal-lot-euv
zoo *állatkert* aal-lot-kert
zucchini *cukkini* tsuk-kee-ni

Words which have different masculine and feminine forms are marked with ⓜ or ⓕ. You'll also find the English words marked as adjective ⓐ, noun ⓝ, verb ⓥ, singular sg, plural pl, informal inf and polite pol where necessary.

A, Á

abbahagy *ob*-bo-hoj *stop (cease)*
ablak *ob*-lok *window*
ács aach *carpenter*
ad od *give*
adó o-dāw *tax*
ÁFA (áruforgalmi adó)
   aa-fo *(aa-ru-fawr-gol-mi o-dāw)*
   VAT (valued added tax)
aggódik *og*-gāw-dik *(be) worried*
agyrázkódás *oj*-raaz-kāw-daash
   concussion
agyvérzés *oj*-vayr-zaysh *stroke (health)*
ágy aaj *bed*
   —felszerelés *aaj*-fel-se-re-laysh *bedding*
   —nemű *aaj*-ne-mēw *bed linen*
ajak *o*-yok *lips*
ajándék *o*-yaan-dayk *gift*
   —bolt *o*-yaan-dayk-bawlt
   souvenir shop
ajánl *o*-yaanl *recommend*
ajánlott levél *o*-yaan-lawtt *le*-vayl
   registered mail
ajtó *oy*-tāw *door*
akar *o*-kor *want*
akkumulátor *ok*-ku-mu-laa-tawr
   car battery
aktuális ügyek *ok*-tu-aa-lish *ew*-dyek
   current affairs
alacsony *o*-lo-chawn *low • short*
aláírás *o*-laa-ee-raash *signature*
áldozás *aal*-daw-zaash *communion*
alj *ol*-y *bottom (position)*
alkalmi munka *ol*-kol-mi *mun*-ko
   casual work
állampolgárság
   aal-lom-pawl-gaar-shaag *citizenship*
állás *aal*-laash *job*
állat *aal*-lot *animal*
   —kert *aal*-lot-kert *zoo*
   —öv *aal*-lot-euv *zodiac*

állkapocs *aall*-ko-pawch *jaw*
állomás *aal*-law-maash *station*
állóvíz *aal*-lāw-veez *still water*
alma *ol*-mo *apple*
álmos *aal*-mawsh *sleepy*
álom *aa*-lawm *dream* ⓝ
alsónemű *ol*-shäw-ne-mēw *underwear*
alszik *ol*-sik *sleep* ⓥ
altató *ol*-to-tāw *sleeping pills*
aluljáró *o*-lul-yaa-rāw *pedestrian subway*
Anglia *ong*-li-o *England*
angol *on*-gawl *English*
anya *o*-nyo *mother*
anyós *o*-nyāwsh *mother-in-law*
anyu *o*-nyu *mum*
apa *o*-po *father*
apáca *o*-paa-tso *nun*
ápolónő *aa*-paw-lāw-nēū *nurse*
após *o*-pāwsh *father-in-law*
április *aap*-ri-lish *April*
apró *op*-rāw *change (money)*
apró zöld citrom *op*-rāw zeuld *tsit*-rawm
   lime (fruit)
apu *o*-pu *dad*
ár aar *price*
áram *aa*-rom *current (electricity)*
arany *o*-ron *gold*
árapály *aar*-o-paa-y *tide*
arc orts *face (body)*
árengedmény *aar*-en-ged-mayn' *discount*
árnyék *aar*-nyayk *shade • shadow*
ártatlan *aar*-tot-lon *innocent*
áruház *aa*-ru-haaz *department store*
árvíz *aar*-veez *flood*
asszony *os*-sawn' *married woman*
Asszonyom *os*-saw-nyawm *Madam*
ásványvíz *aash*-vaan'-veez *mineral water*
aszalt szilva *o*-solt *sil*-vo *prune (fruit)*
aszpirin *os*-pi-rin *aspirin*
asztal *os*-tol *table*
   —terítő *os*-tol-te-ree-tēū *tablecloth*
át aat *across*

atmoszféra ot·maws·fay·ro *atmosphere*
atomkísérletek o·tawm·kee·shayr·le·tek
  nuclear testing
áttekintés aat·te·kin·taysh *review* ⊙
átváltási árfolyam aat·vaal·taa·shi
  aar·faw·yom *exchange rate*
augusztus a·u·gus·tush *August*
autó o·u·tāw *car*
  —bérelés o·u·tāw·bay·re·laysh *car hire*
  —gumi o·u·tāw·gu·mi *tyre*
  —pálya o·u·tāw·paa·yo *motorway*
autó tulajdonlapja o·u·tāw
  tu·lo·y·dawn·lop·yo *car owner's title*
az oz *it • that (one)*
azok o·zawk *those*

B

bab bob *bean*
baba bo·bo *baby • doll*
  —eledel bo·bo·e·le·del *baby food*
  —hintőpor bo·bo·hin·tēū·pawr
    baby powder
bajnokság bo·y·nawk·shaag *championships*
bakancsok bo·kon·chawk *boots*
baleset bol·e·shet *accident*
baloldali bol·awl·do·li *left-wing*
balra bol·ro *left (direction)*
bank bonk *bank (institution)*
  —automata bonk·o·u·taw·mo·to
    automated teller machine (ATM)
  —jegy bonk·yej *banknote*
  —számla bonk·saam·lo *bank account*
bár baar *bar*
  —ban végzett munka baar·bon
    vayg·zett mun·ko *bar work*
  —pult baar·pult *counter (at bar)*
bárány baa·raan' *lamb*
bárányhimlő baa·raan'·him·lēū
  chicken pox
barát bo·raat *friend* ⓜ *• boyfriend*
barátnő bo·raat·nēū *friend* ⓕ *• girlfriend*
bármilyen baar·mi·yen *any*
barna bor·no *brown*
báty baat' *older brother*
bead injekcióban be·od in·yek·tsi·āw·bon
  inject
becenév be·tse·nayv *nickname*
Bécs baych *Vienna*
becsuk be·chuk *close* ⊙
beenged be·en·ged *admit • let in*
befejez be·fe·yez *finish* ⊙
befejezés be·fe·ye·zaysh *finish* ⓝ

bejárat be·yaa·rot *entry*
bejelentkezés be·ye·lent·ke·zaysh
  check-in (procedure)
béke bay·ke *peace*
beleértve be·le·ayrt·ve *included*
belép be·layp *enter*
belépő be·lay·pēū *admission (price)*
belül be·lewl *within*
bélyeg bay·yeg *stamp*
bent bent *inside*
benzin ben·zin *gas • petrol*
  —kút ben·zin·kút *petrol/service station*
bérel bay·rel *hire* ⊙ *• rent* ⊙
beszállókártya be·saal·lāw·kaar·tyo
  boarding pass
beszél be·sayl *speak • talk*
beszélgetés be·sayl·ge·taysh *interview*
beteg be·teg *ill • sick*
betegség be·teg·shayg *disease*
bevált csekket be·vaalt chek·ket
  cash a cheque
bevándorlás be·vaan·dawr·laash
  immigration
be van lőve be von lēū·ve
  stoned (drugged)
be van zárva be von zaar·vo *locked • shut*
bevásárlóközpont be·vaa·shaar·lāw·
  keuz·pawnt *shopping centre*
bezár be·zaar *lock* ⊙
bicikli bí·tsik·li *bicycle*
  —bolt bi·tsik·li·bawlt *bike shop*
  —lánc bi·tsik·li·laants *bike chain*
  —sta bi·tsik·lish·to *cyclist*
  —út bi·tsik·li·út *bike path*
  —zár bi·tsik·li·zaar *bike lock*
  —zés bi·tsik·li·zaysh *cycling*
  —zik bi·tsik·li·zik *cycle* ⊙
bicska bich·ko *penknife*
bika bi·ko *bull*
billentyűzet bil·len·tyēw·zet *keyboard*
birka bir·ko *sheep*
bíró bee·rāw *judge • referee*
bíróság bee·rāw·shaag *court (legal)*
bírság bee·rshaag *fine* ⓝ
bizalom bi·zo·lawm *trust*
biztonsági öv biz·tawn·shaa·gi euv
  seatbelt
biztonságos biz·tawn·shaa·gawsh *safe* ⓐ
biztonságos szex
  biz·tawn·shaa·gawsh seks *safe sex*
biztosítás biz·taw·shee·taash *insurance*
bobozás baw·baw·zaash *tobogganing*
boka baw·ko *ankle*
boldog bawl·dawg *happy*

bolhapiac *bawl*-ho-pi-ots *fleamarket*
bolygó *baw*-y-gáw *planet*
bor bawr *wine*
borbély *bawr*-bay *barber*
borda *bawr*-do *rib*
boríték *baw*-ree-tayk *envelope*
borjúhús *bawr*-yū-hūsh *veal*
borotva *baw*-rawt-vo *razor*
— **krém** *baw*-rawt-vo-kraym
shaving cream
borotválkozás utáni arcszesz
baw-rawt-vaal-kaw-zaash *u*-taa-ni
orts-ses *aftershave*
borpince *bawr*-pin-tse *wine cellar*
borravaló *bawr*-ro-vo-láw *tip (gratuity)*
bors bawrsh *pepper (black)*
borsó *bawr*-sháw *pea*
borzalmas *bawr*-zol-mosh *awful • terrible*
botanikus kert *baw*-to-ni-kush kert
botanic garden
bölcsőde *beul*-chёu-de *crèche*
bőr bёūr *leather • skin*
bőrönd *bёū*-reund *suitcase*
börtön *beur*-teun *jail • prison*
busz bus *bus*
— **állomás** *bus*-aal-law-maash
bus station
— **megálló** *bus*-meg-aal-láw *bus stop*
buta *bu*-to *stupid*
bútor *bū*-tawr *furniture*
bűnös *bёw*-neush *guilty*

C

CD-lemez *tsay*-day-le-mez *CD-ROM*
cékla *tsayk*-lo *beetroot*
ceruza *tse*-ru-zo *pencil*
cigány *tsi*-gaan' *Roma*
cigányzene *tsi*-gaan'-ze-ne *Roma music*
cím tseem *address*
cipőbolt *tsi*-pёū-bawlt *shoe shop*
cipők *tsi*-pёūk *shoes*
cipzár *tsip*-zaar *zip • zipper*
citrom *tsit*-rawm *lemon*
cukkini *tsuk*-kee-ni *courgette • zucchini*
cukor *tsu*-kawr *sugar*
cukorbetegség *tsu*-kawr-be-teg-shayg
diabetes
cukorka *tsu*-kawr-ko *candy*
cukrászda *tsuk*-raas-do *cake shop*
cukrászsütemény
tsuk-raas-shёw-te-mayn' *pastry*
cumi *tsu*-mi *dummy • pacifier*

Cs

csak chok *only*
csak oda chok *aw*-do *one-way (ticket)*
csákány *chaa*-kaan' *pickaxe*
család *cho*-laad *family*
— **i állapot** *cho*-laa-di *aal*-lo-pawt
marital status
— **név** *cho*-laad-nayv *family name*
csaló *cho*-láw *cheat*
csap chop *faucet • tap*
— **víz** *chop*-veez *tap water*
csapás *cho*-paash *trail*
csapat *cho*-pot *team*
csatorna *cho*-tawr-no *canal*
Csehország *che*-awr-saag *Czech Republic*
csekk chekk *check • cheque*
csemegeüzlet *che*-me-ge-ewz-let
delicatessen
csendes *chen*-desh *quiet*
cseng cheng *ring (phone)* ⓥ
cseresznye *che*-res-nye *cherry*
csésze *chay*-se *cup*
csicseriborsó *chi*-che-ri-bawr-sháw *chickpea*
csili *chi*-li *chilli*
— **szósz** *chi*-li-sáws *chilli sauce*
csillag *chil*-log *star*
csinál *chi*-naal *do • make*
csinos *chi*-nawsh *pretty*
csípés *chee*-paysh *bite* ⓝ
csipesz *chi*-pes *tweezers*
csipke *chip*-ke *lace*
csirkehús *chir*-ke-hūsh *chicken (meat)*
csodálatos *chaw*-daa-lo-tawsh *wonderful* ⓝ
csók cháwk *kiss (intimate)* ⓝ
csokoládé *chaw*-kaw-laa-day *chocolate*
csomag *chaw*-mog *package • packet*
— **megőrző** *chaw*-mog-meg-ёūr-zёū
left-luggage office
csónak *cháw*-nok *boat (small)*
csont chawnt *bone*
csoportos utazás *chaw*-pawr-tawsh
u-to-zaash *guided tour*
csukló *chuk*-láw *wrist*
csütörtök *chew*-teur-teuk *Thursday*

D

daganat *do*-go-not *tumour*
dal dol *song*
Dánia *daa*-ni-o *Denmark*
darab *do*-rob *piece*
darálthús *do*-raalt-hūsh *mince*

datolya *do-taw-yo date (fruit)*
dátum *daa-tum date (day)*
de *de but*
december *de-tsem-ber December*
defekt *de-fekt puncture* Ⓝ
dél *dayl midday • south*
délután *dayl-u-taan afternoon*
deréktól lefelé bénult *de-rayk-tawl
le-fe-lay bay-nult paraplegic*
dezodor *de-zaw-dawr deodorant*
diafilm *di-o-film slide film*
diák *di-aak student*
dinnye *din'-nye melon*
dió *di-âw nut*
disznó *dis-nāw pig*
 —hús *dis-nāw-hüsh pork*
 —húsból készült kolbász
 *dis-nāw-hüsh-bāwl kay-sewlt kawl-baas
 pork sausage*
divat *di-vot fashion*
doboz *daw-bawz box • can • tin*
dohány *daw-haan' tobacco*
 —bolt *daw-haan'-bawlt tobacconist*
dohányzik *daw-haan'-zik smoke* Ⓥ
dokumentumfilm *daw-ku-men-tum-film
documentary*
dolgozik *dawl-gaw-zik work*
domb *dawmb hill*
drága *draa-go expensive*
drót *drāwt wire*
drótkötélpálya-kabin
drāwt-keu-tayl-paa-yo-ko-bin cable car
dugó *du-gāw plug*
dupla *dup-lo double*
dupla ágy *dup-lo aaj double bed*
duplaágyas szoba *dup-lo-aa-dyosh
saw-bo double room*
duzzanat *duz-zo-not swelling*

E, É

ebéd *e-bayd lunch*
ébresztóóra *ayb-res-tēū-āw-ro alarm clock*
edény *e-dayn' cooking pot • dish*
édes *ay-desh sweet* Ⓐ
édességek *ay-desh-shay-gek sweets*
ég *ayg burn* Ⓥ
ég *ayg sky*
egész éjjel *e-gays ay-yel overnight*
egészség *e-gays-shayg health*
egészségügyi törlőkendő
*e-gays-shayg-ew-dyi teur-lēū-ken-dēū
sanitary napkin*

égő *ay-gēù light bulb*
egy *ej a/an • one*
egyágyas szoba *ej-aa-dyosh saw-bo
single room*
egyedülálló *e-dye-dewl-aal-lâw
single (person)* Ⓐ
egyedül *e-dye-dewl alone*
egyenes *e-dye-nesh straight*
egyenesleg *e-dyen-leg balance (account)*
egyenlőség *e-dyen-lēū-shayg equality*
egyetem *e-dye-tem college • university*
egyetért *e-dyet-ayrt agree*
egy sem *ej shem none*
egyszer *ej-ser once*
egyszerű *ej-se-rēw simple*
együtt *e-dyewtt together*
éhes *ay-hesh hungry*
éjfél *ay-fayl midnight*
éjszaka *ay-so-ko night*
 —i mulatóhely *ay-so-ko-i
 mu-lo-tāw-he-y nightclub*
 —i szórakozás *ay-so-ko-i
 sâw-ro-kaw-zaash night out*
ékszerek *ayk-se-rek jewellery*
ékszíj *ayk-seey fanbelt*
elad *el-od sell*
elég *e-layg enough*
elektromos szaküzlet *e-lekt-raw-mawsh
sok-ewz-let electrical store*
élelmiszer *ay-lel-mi-ser provisions*
 —bolt *ay-lel-mi-ser bawlt grocery store*
élelmiszer-áruház *ay-lel-mi-ser-aa-ru-haaz
supermarket*
elem *e-lem battery (general)*
élet *ay-let life*
elfelejt *el-fe-le-yt forget*
elfoglalt *el-fawg-lolt busy*
eljegyzés *el-yej-zaysh
engagement (wedding)*
elkezd *el-kezd start* Ⓥ
ellenkező *el-len-ke-zēū opposite*
ellenőriz *el-len-ēūr-iz check* Ⓥ
ellenőrzőpont *el-len-ēūr-zēū-pawnt
checkpoint*
ellopták *el-lawp-taak (be) stolen*
elmegy szórakozni *el-mej sâw-ro-kawz-ni
go out*
elmegy vásárolni *el-mej vaa-shaa-rawl-ni
go shopping*
elnök *el-neuk president*
előadás *e-lēù-o-daash play (theatre)*
előcsarnok *e-lēū-chor-nawk foyer*
előre *e-lēū-re ahead*
előszoba *e-lēū-saw-bo anteroom*

előtt *e-lêütt before • in front of*
előző *e-lêü-zêü last (previous)*
elromlott *el-rawm-lawtt broken down • spoiled*
első *el-shêü first*
első osztály *el-shêü aws-taa-y first class* ⓝ
elsősegély-láda *el-shêü-she-gay-laa-do first-aid kit*
elutazik *el-u-to-zik depart*
elvált *el-vaalt divorced*
el van dugulva *el von du-gul-vo blocked*
elveszett *el-ve-sett lost*
emberek *em-be-rek people*
emberi erőforrások *em-be-ri e-rêü-fawr-raa-shawk human resources*
emberi jogok *em-be-ri yaw-gawk human rights*
emelet *e-me-let floor • storey*
emlékmű *em-layk-mêw memorial • monument*
én *ayn I*
énekel *ay-ne-kel sing*
énekes *ay-ne-kesh singer* ⓜ
énekesnő *ay-ne-kesh-nêü singer* ⓕ
engedély *en-ge-day-y licence • permission • permit*
engem *en-gem me*
ennivaló *en-ni-vo-lâw food*
eper *e-per strawberry*
építész *ay-pee-tays architect*
építészet *ay-pee-tay-set architecture*
építőmester *ay-pee-têü-mesh-ter builder*
épület *ay-pew-let building*
érdekes *ayr-de-kesh interesting*
erdő *er-dêü forest*
erdőirtás *er-dêü-ir-taash deforestation*
eredeti *e-re-de-ti original*
eredményjelző tábla *e-red-mayn'-yel-zêü taab-lo scoreboard*
erkély *er-kay balcony*
érkezés *ayr-ke-zaysh arrivals*
érkezik *ayr-ke-zik arrive*
érmet *ayr-mayt token (public transport)*
erőedzés *e-rêü-ed-zaysh workout*
erős *e-rêüsh strong*
értékes *ayr-tay-kesh valuable*
értekezlet *ayr-te-kez-let conference (small)*
értelmes *ayr-tel-mesh sensible*
érvényesít *ayr-vay-nye-sheet validate*
érzelmek *ayr-zel-mek feelings*
és *aysh and*
esély *e-shay chance*
esernyő *e-sher-nyêü umbrella*
esés *e-shaysh fall (down)*

esküvő *esh-kew-vêü wedding*
—i torta *esh-kew-vêü-i tawr-to wedding cake*
eső *e-shêü rain*
—kabát *e-shêü-ko-baat raincoat*
este *esh-te evening*
észak *ay-sok north*
eszik *e-sik eat*
etet *e-tet feed*
etetőszék *e-te-têü-sayk highchair*
étkezés *ayt-ke-zaysh meal*
étkezőkocsi *ayt-ke-zêü-kaw-chi dining car*
étlap *ayt-lop menu*
étterem *ayt-te-rem restaurant*
év *ayv year*
evezés *e-ve-zaysh rowing*
evőeszközök *e-vêü-es-keu-zeuk cutlery*
évszak *ayv-sok season*
expressz *eks-press express* ⓐ
ez *ez this (one)*
ezek *e-zek these*
ezelőtt *ez-e-lêütt ago*
ezüst *e-zewsht silver*
ezen a héten *e-zen o hay-ten this week*

F

fa *fo tree • wood*
fagy *foj frost*
fagyaszt *faw-dyost freeze*
fagyasztott *fo-jos-tawtt frozen*
fagylalt *foj-lolt ice cream*
fájdalom *faa-y-do-lawm pain*
fájdalomcsillapító *faa-y-do-lawm-chil-lo-pee-tâw painkiller*
fájós *faa-yâwsh sore* ⓐ
fajgyűlölet *fo-y-dyêw-leu-let racism*
fal *fol wall*
falu *fo-lu village*
fáradt *faa-rott tired*
farmer *for-mer jeans*
fasor *fo-shawr avenue*
fax *foks fax (machine or message)*
február *feb-ru-aar February*
fecskendő *fech-ken-dêü syringe*
fedett *fe-dett indoor*
fehér *fe-hayr white*
fehérbor *fe-hayr-bawr white wine*
fej *fe-y head*
fejbőr *fe-y-bêür scalp*
fejfájás *fe-y-faa-yaash headache*
fék *fayk brakes*
fekete *fe-ke-te black*

fekete-fehér *fe·ke·te-fe·hayr* B&W (film)
fekhely *fek·he·y* sleeping berth
fekszik *fek·sik* lie (not stand)
fel *fel* up
fél *fayl* half
felé *fe·lay* towards
felébreszt *fel·ayb·rest* wake (someone) up
feleség *fe·le·shayg* wife
felhív *fel·heev* call ⓥ
felhő *fel·hēū* cloud
  —s *fel·hēūsh* cloudy
felirat *fel·i·rot* sign • subtitles
felmond *fel·mawnd* quit
felnőtt *fel·nēütt* adult
felszáll *fel·saall* board (plane, ship etc)
felszerelés *fel·se·re·laysh* equipment
féltékeny *fayl·tay·ken* jealous
felvétel *fel·vay·tel* recording (film/music)
fém *faym* metal
fenék *fe·nayk* bottom (body)
fény *fayn* light ⓝ
  —érzékenység
    fayn'·ayr·zay·ken'·shayg film speed
  —méró *fayn'·may·rēū* light meter
  —szórók *fayn'·sáw·rāwk* headlights
fénykép *fayn'·kayp* photo
fényképész *fayn'·kay·pays* photographer
fényképez *fayn'·kay·pez* (take a) photo
fényképezés *fayn'·kay·pe·zaysh*
  photography
fényképezőgép *fayn'·kay·pe·zēū·gayp*
  camera
fényképezőgép-bolt
  fayn'·kay·pe·zēū·gayp-bawlt
  camera shop
férfi *fayr·fi* man
férj *fayr·y* husband
férjezett *fayr·ye·zett* married (for a woman)
férjhez megy *fayr·y·hez mej*
  marry (for a woman)
fertőzés *fer·tēū·zaysh* infection
festészet *fesh·tay·set* painting (the art)
festmény *fesht·mayn'* painting (a work)
festő *fesh·tēū* painter
fésű *fay·shēw* comb ⓝ
fiatal *fi·o·tol* young
ficam *fi·tsom* sprain
figyelmeztet *fi·dyel·mez·tet* warn
Finnország *finn·awr·saag* Finland
finom *fi·nawm* tasty
fiú *fi·ū* boy • son
fizet *fi·zet* pay ⓥ
fizetés *fi·ze·taysh* salary
fizető autópálya
  fi·ze·tēū o·u·tāw·paa·yo tollway

fodrász *fawd·raas* hairdresser
fogadás *faw·go·daash* bet
fogadó *faw·go·dāw* inn
fog *fawg* tooth
  —ak *faw·gok* teeth
  —fájás *fawg·faa·yaash* toothache
  —kefe *fawg·ke·fe* toothbrush
  —krém *fawg·kraym* toothpaste
  —orvos *fawg·awr·vawsh* dentist
fogamzásgátló *faw·gom·zaash·gaat·lāw*
  contraceptives
fogamzásgátló hurok
  faw·gom·zaash·gaat·lāw hu·rawk IUD
fogamzásgátló tabletta
  faw·gom·zaash·gaat·lāw tob·let·to
  the pill
foglalás *fawg·lo·laash* reservation (booking)
foglaló *fawg·lo·lāw* deposit
foglalt *fawg·lolt* engaged (telephone)
fok *fawk* degrees (temperature)
fokhagyma *fawk·hoj·mo* garlic
folyó *faw·yāw* river
folyosó *faw·yaw·shāw* aisle • corridor
font *fawnt* pound (money, weight)
fontos *fawn·tawsh* important
fordít *fawr·deet* translate
fordul *fawr·dul* turn ⓥ
forgalmi adó *fawr·gol·mi o·dāw* sales tax
forgalom *fawr·go·lawm* traffic
forralt *fawr·rolt* boiled
forró *fawr·rāw* hot
forróság *fawr·rāw·shaag* heat
forró víz *fawr·rāw veez* hot water
Franciaország *fron·tsi·o·awr·saag*
  France
friss *frish* fresh
furcsa *fur·cho* strange
fut *fut* run ⓥ
futás *fu·taash* running
fő *fēū* main
Föld *feuld* Earth
föld *feuld* land
  —szint *feuld·sint* ground floor
fölött *feu·leutt* above
főút *fēū·ūt* main road
főváros *fēū·vaa·rawsh* capital city
főz *fēūz* cook ⓥ
főzés *fēū·zaysh* cooking
fű *fēw* grass
füge *few·ge* fig
függőség *fewg·gēū·shayg* addiction
fül *fewl* ear
fülbevaló *fewl·be·va·lāw* earrings
füldugó *fewl·du·gāw* earplugs

234

fürdő fewr-děü *bath*
—**ruha** fewr-děü-ru-ho *swimsuit*
—**szoba** fewr-děü-saw-bo *bathroom*
fűtés féw-taysh *heating*
fűtőtest féw-těü-tesht *radiator*

G

garantált go-ron-taalt *guaranteed*
garnélarák gor-nay-lo-raak *prawn*
gáz gaaz *gas*
—**patron** gaaz-pot-rawn *gas cartridge*
gazda goz-do *farmer*
—**ság** goz-do-shaag *farm*
gazdag goz-dog *rich (wealthy)*
gép gayp *machine*
gesztenye ges-te-nye *chestnut*
géz gayz *gauze*
gimnázium gim-naa-zi-um *high school*
gól gäwl *goal (scored)*
golflabda gawlf-lob-do *golf ball*
golfpálya gawlf-paa-yo *golf course*
golyóstoll gaw-yäwsh-tawll *ballpoint pen*
gomba gawm-bo *mushroom*
gondol gawn-dawl *think*
gördeszkázás geur-des-kaa-zaash
skateboarding
görkorcsolyázás
geur-kawr-chaw-yaa-zaash *rollerblading*
görögdinnye geu-reug-din'-nye
watermelon
gratulálok gro-tu-laa-lawk *congratulations*

Gy

gyakran dyok-ron *often*
gyalogos dyo-law-gawsh *pedestrian*
gyalogösvény dyo-lawg-eush-vayn'
footpath
gyapjú dyop-yü *wool*
gyár dyaar *factory*
gyári munkás dyaa-ri mun-kaash
factory worker
gyékény dyay-kayn' *mat*
gyenge dyen-ge *weak*
gyerek dye-rek *child*
—**kocsi** dye-rek-kaw-chi
pram • pushchair • stroller
—**ülés** dye-rek-ew-laysh *child seat*
gyermekmegőrzés
dyer-mek-meg-ěűr-zaysh *childminding*
gyertya dyer-tyo *candle*
gyilkosság dyil-kawsh-shaag *murder* ⓝ

gyógyfű dyäwj-féw *herb*
—**kereskedő** dyäwj-féw-ke-resh-ke-děü
herbalist
gyógyfürdő dyäwj-fewr-děü *spa*
gyógyszerész dyäwj-se-raysh *pharmacist*
gyógyszertár dyäwj-ser-taar *pharmacy*
gyógyvíz dyäwj-veez *medicinal water*
gyomor dyaw-mawr *stomach*
—**fájás** dyaw-mawr-faa-yaash
stomachache
gyomor-bél hurut dyaw-mawr-bayl
hu-rut *gastroenteritis*
gyors dyawrsh *fast* ⓐ
győztes dyěüz-tesh *winner*
gyufa dyu-fo *matches (for lighting)*
gyulladás dyul-lo-daash *inflammation*
gyümölcs dyew-meulch *fruit*
gyümölcslé dyew-meulch-lay *juice*
gyűrű dyěw-rěw *ring (on finger)*

H

ha ho *if*
habart ho-bort *scrambled*
háború haa-baw-rü *war*
habzóbor hob-zäw-bawr *sparkling wine*
hadsereg hod-she-reg *military*
hagyma hoj-mo *onion*
haj ho-y *hair*
—**ápoló szer** ho-y-aa-paw-läw ser
conditioner
—**kefe** ho-y-ke-fe *hairbrush*
hajlékonylemez ho-y-lay-kawn'-le-mez
floppy disk
hajléktalan ho-y-layk-to-lon *homeless*
hajnal ho-y-nol *dawn*
hajó ho-yäw *boat (big)*
hajóval szállított posta
ho-yäw-vol saal-lee-tawtt pawsh-to
surface mail (sea)
hajvágás ho-y-vaa-gaash *haircut*
hal hol *fish* ⓝ
—**as** ho-losh *fish shop*
—**ászat** ho-laa-sot *fishing*
halánték ho-laan-tayk *temple (body)*
hálás haa-laash *grateful*
hall holl *hear*
—**gat** holl-got *listen*
—**ókészülék** hol-läw-kay-sew-layk
hearing aid
háló haa-läw *net*
hálókocsi haa-läw-kaw-chi *sleeping car*
hálószoba haa-läw-saw-bo *bedroom*

halott *ho*·lawtt *dead*
hálózsák *haa*·law-zhaak *sleeping bag*
hamarosan *ho*-mo-raw-shon *soon*
hamutartó *ho*-mu-tor-tāw *ashtray*
hang *hong voice*
hangerő *hong*-e-rēū *volume (sound)*
hangos *hon*-gawsh *loud*
hányinger *haan'*-in-ger *nausea*
harisnya *ho*-rish-nyo *stockings*
  —nadrág *ho*-rish-nyo-nod-raag *pantyhose*
harmadik *hor*-mo-dik *third* ⓐ
hashajtó *hosh*-ho-y-tāw *laxative* ⓝ
hasmenés *hosh*-me-naysh *diarrhoea*
hasonló *ho*-shawn-lāw *similar*
használt *hos*-naalt *second-hand*
  —cikk kereskedés *hos*-naalt-tsikk *ke*-resh-ke-daysh *second-hand shop*
hasznos *ho*-snawsh *useful*
haszon *ho*-sawn *profit*
hát *haat back (body)*
hátgerincmasszázzsal gyógyító *haat*-ge-rints-mos-saazh-zhol *dyāw*-dyee-tāw *chiropractor*
hátizsák *haa*-ti-zhaak *backpack*
hátsó *haat*-shāw *rear (location)*
hatalmas *ho*-tol-mosh *huge*
határ *ho*-taar *border*
határidőnapló *ho*-taar-i-dēū-nop-lāw *diary*
ház *haaz house*
  —asság *haa*-zosh-shaag *marriage*
  —i munka *haa*-zi mun-ko *housework*
  —tartásbeli *haaz*-tor-taash-be-li *homemaker*
  —tulajdonos *haaz*-tu-loy-daw-nawsh *landlord*
  —tulajdonosnő *haaz*-tu-loy-daw-nawsh-nēū *landlady*
hazug *ho*-zug *liar*
hegyikerékpár *he*-dyi-ke-rayk-paar *mountain bike*
hegymászás *hed'*-maa-saash *mountaineering*
hely *he*-y *place · space · venue*
helyes *he*-yesh *right (correct)*
helyi *he*-yi *local* ⓐ
hentes *hen*-tesh *butcher*
hét *hayt week*
  —vége *hayt*-vay-ge *weekend*
hétfő *hayt*-fēū *Monday*
hiány *hi*-aan' *shortage*
hiba *hi*-bo *(someone's) fault · mistake* ⓝ
hibás *hi*-baash *faulty*

hideg *hi*-deg *cold* ⓝ&ⓐ
hidratáló készítmény *hid*-ro-taa-lāw *kay*-seet-mayn' *moisturiser*
hímzés *heem*-zaysh *embroidery*
hirdetés *hir*-de-taysh *advertisement*
hírek *hee*-rek *news*
híres *hee*-resh *famous*
hitel *hi*-tel *credit*
hitelkártya *hi*-tel-kaar-tyo *credit card*
hó *hāw snow*
  —bogyó *hāw*-baw-dyāw *snow pea*
  —deszkázás *hāw*-des-kaa-zaash *snow-boarding*
hogyan *haw*-dyon *how*
hoki *haw*-ki *hockey*
hol *hawl where*
hold *hawld moon*
holnap *hawl*-nop *tomorrow*
holnap délután *hawl*-nop *dayl*-u-taan *tomorrow afternoon*
holnap este *hawl*-nop *esh*-te *tomorrow evening*
holnap reggel *hawl*-nop *reg*-gel *tomorrow morning*
holnapután *hawl*-nop-u-taan *day after tomorrow*
hólyag *hāw*-yog *blister*
homok *haw*-mawk *sand*
hónap *hāw*-nop *month*
Horvátország *hawr*-vaat-awr-saag *Croatia*
horzsolás *hawr*-zhaw-laash *bruise* ⓝ
hosszú *haws*-sū *long*
hosszú repülőút okozta fáradtság *haws*-sū *re*-pew-lēū-út *aw*-kawz-to *faa*-rott-shaag *jet lag*
hoz *hawz *bring*
hőmérséklet *hēū*-mayr-shayk-let *temperature (weather)*
hörghurut *heurg*-hu-rut *bronchitis*
húg *húg younger sister*
húgyhólyag *húj*-hāw-yog *bladder*
húgyhólyaggyulladás *húj*-hāw-yog-dyul-lo-daash *cystitis · urinary infection*
hullám *hul*-laam *wave (beach)*
humán tudományok *hu*-maan *tu*-daw-maa-nyawk *humanities*
hús *húsh meat*
húsvét *húsh*-vayt *Easter*
hülye *hew*-ye *idiot*
hüvely *hew*-ve-y *vagina*
  —gomba *hew*-ve-y-gawm-bo *thrush (health)*
hüvelyes *hew*-ve-yesh *legume*
hűvös *hēw*-veush *cool (temperature)*

I, Í

idegen *i*-de-gen *stranger*
—**vezető** *i*-de-gen-ve-ze-tēū *guide* ⓜ
idő *i*-dēū *time* ⓝ
—**ben** *i*-dēū-ben *on time*
—**eltolódás** *i*-dēū-el-taw-lāw-daash *time difference*
időjárás *i*-dēū-yaa-raash *weather*
ifjúsági szálló *if*-yū-shaa-gi *saal*-lāw *youth hostel*
igazgató *i*-goz-go-tāw *director*
igazságtalan *i*-goz-shaag-to-lon *unfair*
igen *i*-gen *yes*
ikrek *ik*-rek *twins*
ima *i*-mo *prayer*
imád *i*-maad *worship* ⓥ
indítókábel *in*-dee-tāw-kaa-bel *jumper leads*
indulás *in*-du-laash *departure*
indulási kapu *in*-du-laa-shi *ko*-pu *departure gate*
informatika *in*-fawr-mo-ti-ko *IT*
ing ing *shirt*
ingatlanügynök *in*-got-lon-ewj-neuk *estate agent*
—**ség** *in*-got-lon-ewj-neuk-shayg *estate agency*
ingyenes *in*-dye-nesh *free (no price)*
ingyen szállítható poggyász *in*-dyen *saal*-leet-ho-taw *pawd'*-dyaas *baggage allowance*
injekciós tű *in*-yek-tsi-āwsh tēū *hypodermic needle*
ipar *i*-por *industry*
ír eer *write*
irány *i*-raan' *direction*
—**tű** *i*-raan'-tēw *compass*
író ee-rāw *writer*
iroda *i*-raw-do *office*
—**i dolgozó** *i*-raw-do-i *dawl*-gaw-zāw *office worker*
Írország eer-awr-saag *Ireland*
is ish *also*
iskola *ish*-kaw-lo *school*
ismer *ish*-mer *know (be acquainted with)*
isten *ish*-ten *god (general)*
iszik *i*-sik *drink* ⓥ
iszlám rítus szerint levágott *is*-laam ree-tush se-rint *le*-vaa-gawtt *halal food*
ital *i*-tol *drink* ⓝ
itt itt *here*
izom *i*-zawm *muscle*

J

január *yo*-nu-aar *January*
jár valakivel yaar *vo*-lo-ki-vel *date • go out with*
játszma yaats-mo *game (sport)*
jég yayg *ice*
—**csákány** yayg-chaa-kaan' *ice axe*
—**hoki** yayg-haw-ki *ice hockey*
jegy yej *ticket*
—**kiadó automata** yej-ki-o-dāw *o*-u-taw-mo-to *ticket machine*
—**pénztár** yej-paynz-taar *ticket office*
jelen ye-len *present (time)*
jó yāw *good*
jobb yawbb *better*
jobboldali yawbb-awl-do-li *right-wing*
jobbra yawbb-ro *right (direction)*
jog yawg *law (study, profession)*
jogász yaw-gaas *lawyer*
jóga yāw-go *yoga*
jogosítvány yaw-gaw-sheet-vaan' *drivers licence*
jóképű yāw-kay-pēw *handsome*
jól yāwl *fine* ⓐ • *well* ⓐ
jól érzi magát yāwl ayr-zi mo-gaat *have fun*
jólét yāw-layt *welfare*
jó mulatság yāw *mu*-lot-shaag *fun*
jön yeun *come*
jövedelemadó yeu-ve-de-lem-o-dāw *income tax*
jövő yeu-vēū *future*
jövő (hónap) yeu-vēū (hāw-nop) *next (month)*
július yū-li-ush *July*
június yū-ni-ush *June*
jutalék yu-to-layk *commission*

K

kabát *ko*-baat *coat • overcoat*
kábítószerek *kaa*-bee-tāw-se-rek *drugs (illicit)*
kábítószer-függőség *kaa*-bee-tāw-ser-fewg-gēū-shayg *drug addiction*
kábítószer-kereskedelem *aa*-bee-tāw-ser-ke-resh-ke-de-lem *drug trafficking*
kábítószer-kereskedő *kaa*-bee-tāw-ser-ke-resh-ke-dēū *drug dealer*
kalap *ko*-lop *hat*
kamion *ko*-mi-awn *truck*
kanál *ko*-naal *spoon*

K

kantalupdinnye *kon·to·lup·din'·nye* cantaloupe • rockmelon
kantin *kon·tin* canteen (place)
kanyaró *ko·nyo·rāw* measles
kap *kop* get • receive
kapcsolat *kop·chaw·lot* connection • relationship
káposzta *kaa·paws·to* cabbage
kapu *ko·pu* gate (airport etc) • goal (sport)
kapus *ko·push* goalkeeper
kar *kor* arm (body)
karácsony *ko·raa·chawn'* Christmas
karácsonyeste *ko·raa·chawn'·esh·te* Christmas Eve
karácsony napja *koo·raa·chawn' nop·yo* Christmas Day
karantén *ko·ron·tayn* quarantine
karfiol *kor·fi·awl* cauliflower
kartondoboz *kor·tawn·daw·bawz* carton
kártyázás *kaar·tyaa·zaash* playing cards
katona *ko·taw·no* soldier
—**i szolgálat** *ko·taw·no·i sawl·gaa·lot* military service
kávé *kaa·vay* coffee
kávézó *kaa·vay·zāw* café
kecske *kech·ke* goat
kedd *kedd* Tuesday
kedves *ked·vesh* kind (nice)
kefe *ke·fe* brush
kék *kayk* blue
keksz *keks* biscuit
kelet *ke·let* east
kemény *ke·mayn'* hard (not soft)
—**re főtt** *ke·mayn'·re feütt* hard-boiled
kemping *kem·ping* camp ground
—**ezik** *kem·pin·ge·zik* camp ⓥ
—**felszerelést árusító üzlet** *kem·ping·fel·se·re·laysht aa·ru·shee·tāw ewz·let* camping store
kenőanyag *ke·nēū·o·nyog* lubricant
kenőpénz *ke·nēū·paynz* bribe ⓥ
kényelmes *kay·nyel·mesh* comfortable
kényelmetlen *kay·nyel·met·len* uncomfortable
kenyér *ke·nyayr* bread
képes *kay·pesh* can (be able)
képes folyóirat *kay·pesh faw·yāw·i·rot* magazine
képesítések *kay·pe·shee·tay·shek* qualifications
kérdés *kayr·daysh* question ⓝ
kerek *ke·rek* round ⓐ
kerék *ke·rayk* wheel
keres *ke·resh* earn • look for

kereskedelem *ke·resh·ke·de·lem* trade ⓝ
kereskedő *ke·resh·ke·dēū* tradesperson
kereszt *ke·rest* cross ⓝ
keresztelő *ke·res·te·lēū* baptism
keresztény *ke·res·tayn'* Christian
keresztnév *ke·rest·nayv* Christian/given name
kert *kert* garden
—**ész** *ker·tays* gardener
—**észkedés** *ker·tays·ke·daysh* gardening
kerül *ke·rewl* cost ⓥ
kerület *ke·rew·let* city district
kés *kaysh* knife
keserű *ke·she·rēw* bitter
késés *kay·shaysh* delay
késő *kay·shēū* late
később *kay·shēübb* later
kész *kays* ready
készenléti jegy *kay·sen·lay·ti yej* stand-by ticket
készít *kay·seet* prepare
készlet *kays·let* stock (food)
készpénz *kays·paynz* cash ⓝ
kesztyűk *kes·tyēwk* gloves
két *kayt* two (of something)
két ágy *kayt aaj* twin beds
két hét *kayt hayt* fortnight
kétkezi munkás *kayt·ke·zi mun·kaash* manual worker
kétszer *kayt·ser* twice
kettő *ket·tēū* two
kevés *ke·vaysh* few • little
—**bé** *ke·vaysh·bay* less
kéz *kayz* hand
kézbesít *kayz·be·sheet* deliver
kézitáska *kay·zi·taash·ko* handbag
kézművesség *kayz·mēw·vesh·shayg* crafts • handicrafts
kézzel gyártott *kayz·zel dyaar·tawtt* handmade
kezdet *kez·det* start
ki *ki* who
kiabál *ki·o·baal* shout
kiállítás *ki·aal·lee·taash* exhibition
kiárusítás *ki·aa·ru·shee·taash* sale
kicsi *ki·chi* small
kifejezésgyűjtemény *ki·fe·ye·zaysh·dyēw·y·te·mayn'* phrasebook
kifizetés *ki·fi·ze·taysh* payment
kifosztás *ki·faws·taash* rip-off
kígyó *kee·dyāw* snake
kijárat *ki·yaa·rot* exit ⓝ
kikötő *ki·keu·tēū* harbour • port

238

kilátó *ki-laa-tāw* lookout
kint *kint* outside
kinyit *ki-nyit* open ⓥ
kipállás *ki-paal-laash* nappy rash
kipufogó *ki-pu-faw-gāw* car exhaust
kirabol *ki-ro-bawl* rob
király *ki-raa-y* king
királynő *ki-raa-y-neū* queen
kirándul *ki-raan-dul* hike
—**ás** *ki-raan-du-laash* hiking
Kisalföld *kish-ol-feuld* Little Plain
Kisasszony *kish-os-sawn'* Miss
kis csukott teherautó
kish chu-kawtt te-her-o-u-tāw van
kisebb *ki-shebb* smaller
kiszolgálás *ki-sawl-gaa-laash* service
—**i díj** *ki-sawl-gaa-laa-shi dee-y*
service charge
kitűnő *ki-tēw-neū* excellent
kiütés *ki-ew-taysh* rash
kizsákmányolás *ki-zhaak-maa-nyaw-laash*
exploitation
kocka *kawts-ko* dice
kockázat *kawts-kaa-zot* risk ⓝ
kocogás *kaw-tsaw-gaash* jogging
kocsi *kaw-chi* carriage • trolley
kókuszdió *kāw-kus-di-āw* coconut
kolbász *kawl-baas* sausage (thick)
koldus *kawl-dush* beggar
kolléga *kawl-lay-go* colleague
kolostor *kaw-lawsh-tawr*
cloister • convent • monastery
komoly *kaw-maw-y* serious
komp *kawmp* ferry
kontaktlencse-oldat *kawn-tokt-len-che-*
awl-dot contact lens solution
konyha *kawn'-ho* kitchen
konzulátus *kawn-zu-laa-tush* consulate
koponya *kaw-paw-nyo* skull
kor *kawr* age ⓝ
korán *kaw-raan* early
korcsolya *kawr-chaw-yo* skate ⓝ
korcsolyázik *kawr-chaw-yaa-zik* skate ⓥ
kórház *kāwr-haaz* hospital
kormány *kawr-maan* government
kosár *kaw-shaar* basket
—**labda** *kaw-shaar-lob-do* basketball
kóser *kāw-sher* kosher
kő *keū* stone
ködös *keu-deush* foggy
köhög *keu-heug* cough
—**és elleni szer** *keu-heu-gaysh*
el-le-ni ser cough medicine
kölcsönkér *keul-cheun-kayr* borrow

költészet *keul-tay-set* poetry
költségvetés *keult-shayg-ve-taysh*
budget
könnyű *keun'-nyèw* easy • light (weight)
könyv *keun'v* book
—**esbolt** *keun'-vesh-bawlt* bookshop
—**tár** *keun'v-taar* library
kőolaj *keū-aw-lo-y* oil (petrol)
környezet *keur-nye-zet* environment
körte *keur-te* pear
kötél *keu-tayl* rope
kötés *keu-taysh* bandage
kötőhártya-gyulladás *keu-teū-haar-tyo-*
dyul-lo-daash conjunctivitis
kövér *keu-vayr* fat
követ *keu-vet* follow
közelében *keu-ze-lay-ben* near
közlekedés *keuz-le-ke-daysh* transport
közlekedési lámpa *keuz-le-ke-day-shi*
laam-po traffic light
kozmetikai szalon *kawz-me-ti-ko-i*
so-lawn beauty salon
közönséges *keu-zeun-shay-gesh* ordinary
között *keu-zeutt* between
központ *keuz-pawnt* centre ⓝ
köztársaság *keuz-taar-sho-shaag* republic
közvetlen tárcsázás *keuz-vet-len*
taar-chaa-zaash direct-dial
krumpli *krump-li* potato
kukorica *ku-kaw-ri-tso* corn
kulcs *kulch* key
küld *kewld* send
külföldi *kewl-feul-di* foreign
külföldön *kewl-feul-deun* abroad
különböző *kew-leun-beu-zeū* different
különleges *kew-leun-le-gesh* special
kuplung *kup-lung* clutch (car)
kutya *ku-tyo* dog
küzdősportok *kewz-deū-shpawr-tawk*
martial arts

L

láb *laab* leg
—**fej** *laab-fe-y* foot
—**ujj** *laab-uy* toe
labda *lob-do* ball (sport)
lágy *laaj* soft-boiled
lakás *lo-kaash* apartment
lakat *lo-kot* padlock
lakik *lo-kik* stay (at a hotel)
lakik *lo-kik* live (somewhere)
lakókocsi *la-kāw-kaw-chi* caravan

lány laan' *daughter • girl*
lapos lo-pawsh *flat*
lassú losh-shú *slow*
lát laat *see*
látogatás laa-taw-go-taash *visit*
láz laaz *fever*
lazac lo-zots *salmon*
lazít lo-zeet *relax*
leégés le-ay-gaysh *sunburn*
lefoglal le-fawg-lol *book* ⓥ
légiposta lay-gi-pawsh-to *airmail*
légitársaság lay-gi-taar-sho-shaag *airline*
legjobb leg-yawbb *best*
legkisebb leg-ki-shebb *smallest*
légkondicionált layg-kawn-di-tsi-aw-naalt *air-conditioned*
legközelebbi leg-keu-ze-leb-bi *nearest*
legnagyobb leg-no-dyawbb *biggest*
lehetetlen le-he-tet-len *impossible*
lehetséges le-het-shay-gesh *possible*
lélegzik lay-leg-zik *breathe*
lencse len-che *lens • lentil*
Lengyelország len-dyel-awr-saag *Poland*
lenni len-ni *be*
lent lent *down (location)*
lenvászon len-vaa-sawn *linen (material)*
lépcső layp-chěů *stairway*
lepedő le-pe-děů *sheet (bed)*
lépés lay-paysh *step* ⓝ
leszáll le-saall *get off (train etc)*
leszármazott le-saar-mo-zawtt *descendent*
leszbikus les-bi-kush *lesbian* ⓝ
leszólít le-sáw-leet *chat up*
letartóztatás le-tor-táwz-to-taash *arrest*
le van zárva le von zaar-vo *blocked (road)*
levegő le-ve-gěů *air*
levél le-vayl *leaf • letter (mail)*
levelezőlap le-ve-le-zěů-lop *postcard*
leves le-vesh *soup*
libegő li-be-gěů *chairlift (scenic)*
liszt list *flour*
ló láw *horse*
lop lawp *steal*
lovaglás law-vog-laash *horse riding • ride* ⓝ
lovaglóiskola law-vog-láw-ish-kaw-lo *horse-riding school*
lő lěů *shoot* ⓥ
lusta lush-to *lazy*
luxus luk-sush *luxury* ⓐ

M

ma mo *today*
ma este mo esh-te *tonight*
macska moch-ko *cat*

madár mo-daar *bird*
magán mo-gaan *private*
magas mo-gosh *high • tall*
magasság mo-gosh-shaag *altitude*
magyar mo-dyor *Hungarian*
Magyarország mo-dyor-awr-saag *Hungary*
máj maa-y *liver*
majdnem moyd-nem *almost*
májgyulladás maa-y-dyul-lo-daash *hepatitis*
május maa-yush *May*
málna maal-no *raspberry*
mandula mon-du-lo *almond*
mangó mon-gǎw *mango*
már maar *already*
marad mo-rod *stay (in one place)*
március maar-tsi-ush *March*
marhahús mor-ho-húsh *beef*
másik maa-shik *another • other*
második maa-shaw-dik *second* ⓐ
másodosztály maa-shawd-aws-taa-y *second class* ⓝ
mászik maa-sik *climb* ⓥ
matrac mot-rots *mattress*
meccs mech *game • match*
mecset me-chet *mosque*
meditálás me-di-taa-laash *meditation*
megálló meg-aal-láw *stop (bus, tram etc)*
megbeszélt időpont meg-be-saylt i-děů-pawnt *appointment*
megcsókol meg-chǎw-kawl *kiss (intimate)* ⓥ
megengedett sebességhatár meg-en-ge-dett she-besh-shayg-ho-taar *speed limit*
megérint meg-ay-rint *touch* ⓥ
megerősít meg-e-rěů-sheet *confirm (booking)*
megerőszakol meg-e-rěů-so-kawl *rape* ⓥ
megért meg-ayrt *understand*
meg van fázva meg von faaz-vo *have a cold*
meggyilkol meg-dyil-kawl *murder* ⓥ
meghal meg-hol *die*
meghív meg-heev *invite*
megint me-gint *again*
megjavít meg-yo-veet *repair* ⓥ
megköszön meg-keu-seun *thank*
megkülönböztetés meg-kew-leun-beuz-te-taysh *discrimination*
meglepetés meg-le-pe-taysh *surprise* ⓝ
megmér meg-mayr *weigh*
megmos meg-mawsh *wash (something)*

még nem *mayg nem* **not yet**
megnősül *meg·nēū·shewl* **marry (for a man)**
megölel *meg·eu·lel* **hug** ⓥ
megpróbál *meg·prāw·baal* **try** ⓥ
megpuszil *meg·pu·sil* **kiss (friendly)** ⓥ
megromlott *meg·rawm·lawtt* **off (spoiled)**
megsért *meg·shayrt* **hurt**
megtölt *meg·teult* **fill**
megvéd *meg·vayd* **protect**
megy *mej* **go**
megye *me·dye* **county**
méh *mayh* **bee · uterus**
méhnyakrák-szűrővizsgálat *mayh·nyok·raak·sēw·rēū·vizh·gaa·lot* **pap smear**
meleg *me·leg* **warm · gay**
melegvizes üveg *me·leg·vi·zesh ew·veg* **hot water bottle**
melegvízű forrás *me·leg·vee·zēw fawr·raash* **thermal spring**
mell *mell* **breast (body)**
—kas *mell·kosh* **chest (body)**
—tartó *mell·tor·tāw* **bra**
mellett *mel·lett* **beside**
mély *may·y* **deep**
melyik *me·yik* **which**
menekült *me·ne·kewlt* **refugee**
menetrend *me·net·rend* **timetable**
mennyi *men·'nyi* **how much**
—ség *men·'nyi·shayg* **volume (quantity)**
menstruáció *mensht·ru·aa·tsi·āw* **menstruation**
menstruációs hasfájás *mensht·ru·aa·tsi·āwsh hosh·faa·yaash* **period pain**
mentő *men·tēū* **ambulance**
—mellény *men·tēū·mel·layn'* **life jacket**
menyasszony *men'·os·sawn'* **engaged (for a woman) · fiancée**
meredek *me·re·dek* **steep**
méret *may·ret* **size**
mérges *mayr·gesh* **angry**
mérgező *mayr·ge·zēū* **poisonous**
mérnök *mayr·neuk* **engineer** ⓜ
mert *mert* **because**
messze *mes·se* **far**
metélt *me·taylt* **noodles**
metró *met·rāw* **metro · subway**
—állomás *met·rāw·aal·law·maash* **metro/subway station**
méz *mayz* **honey**
mezőgazdaság *me·zēū·goz·do·shaag* **agriculture**
mi *mi* **we · what**
miért *mi·ayrt* **why**

mikor *mi·kawr* **when**
mikrohullámú sütő *mik·raw·hul·laa·mū shew·tēū* **microwave** ⓜ
millió *mil·li·āw* **million**
minden *min·den* **all · each · every**
—ki *min·den·ki* **everyone**
minden hely foglalt *min·den he·y fawg·lolt* **booked out**
mindig *min·dig* **always**
mindkét *mind·kayt* **both**
mindkét oldalán megsütött tükörtojás *mind·kayt awl·do·laan meg·shew·teutt tew·keur·taw·yaash* **poached egg**
mindkettő *mind·ket·tēū* **both**
miniszterelnök *mi·nis·ter·el·neuk* **prime minister**
minőség *mi·nēū·shayg* **quality**
mirigyláz *mi·rij·laaz* **glandular fever**
mise *mi·she* **Catholic mass**
mobil telefon *maw·bil te·le·fawn* **cellphone · mobile phone**
mogyoró *maw·dyaw·rāw* **hazelnut**
móló *māw·lāw* **pier**
mond *mawnd* **say · tell**
mosakszik *maw·shok·sik* **wash (oneself)**
mosnivaló *mawsh·ni·vo·lāw* **laundry (clothes)**
mosoda *maw·shaw·do* **laundry (place)**
mosógép *maw·shāw·gayp* **washing machine**
mosóhelyiség *maw·shāw·he·yi·shayg* **laundry (room)**
mosolyog *maw·shaw·yawg* **smile** ⓥ
most *mawsht* **now**
motorcsónak *maw·tawr·chāw·nok* **motorboat**
mozgássérült *mawz·gaash·shay·rewlt* **physically disabled**
mozgólépcső *mawz·gāw·layp·chēū* **escalator**
mozi *maw·zi* **cinema**
mögött *meu·geutt* **behind**
mulatságos *mu·lot·shaa·gawsh* **funny**
múlt *mult* **past** ⓜ
múlt héten *mult hay·ten* **last week**
munka *mun·ko* **work**
—bér *mun·ko·bayr* **wage**
—nélküli *mun·ko·nayl·kew·li* **unemployed**
—nélküli-segély *mun·ko·nayl·kew·li she·gay* **dole**
—vállalási engedély *mun·ko·vaal·lo·laa·shi en·ge·day·y* **work permit**
—vállaló *mun·ko·vaal·lo·lāw* **employee**

M

hungarian–english

241

munkáltató *mun-kaal-to-táw* employer
munkás *mun-kaash* labourer
mutat *mu-*tot point • show
mutató *mu-to-táw* indicator (car)
műanyag *mēw-o-nyog* plastic ⓐ
műhely *mēw-he-y* workshop
műszaki tudományok *mēw-so-ki
    tu-daw-maa-nyawk* engineering
műtét *mēw-tayt* operation
művész *mēw-vays* artist
    —et *mēw-vay-set* art

N

nadrág *nod-raag* pants • trousers
nagy *noj* big
    —mama *noj-mo-mo* grandmother
    —néni *noj-nay-ni* aunt
    —obb *no-dyawbb* bigger
    —on *no-dyawn* very
    —papa *noj-po-po* grandfather
    —szerű *noj-se-rēw* great (fantastic)
Nagyalföld *noj-ol-feuld* Great Plain
nagykövet *noj-keu-vet* ambassador
    —ség *noj-keu-vet-shayg* embassy
nap *nop* day • sun
    —kelte *nop-kel-te* sunrise
    —nyugta *nop-nyug-to* sunset
    —olaj *nop-aw-lo-y* sunblock
    —onta *no-pawn-to* daily
    —os *no-pawsh* sunny
    —szemüveg *nop-sem-ew-veg*
        sunglasses
    —szúrás *nop-sū-raash* sunstroke
    —tár *nop-taar* calendar
narancs *no-ronch* orange (fruit)
    —lé *no-ronch-lay* orange juice
    —sárga *no-ronch-shaar-go*
        orange (colour)
nászajándék *naas-o-yaan-dayk*
    wedding present
nászút *naas-ūt* honeymoon
nátha *naat-ho* runny nose
nedves *ned-vesh* wet
negyed *ne-dyed* quarter
néha *nay-ho* sometimes
néhány *nay-haan'* some
nehéz *ne-hayz* difficult • heavy
nekem *ne-kem* for me • to me
nem *nem* no • not
nem *nem* sex (gender)
nem biztonságos *nem
    biz-tawn-shaa-gawsh* unsafe

nemdohányzó *nem-daw-haan'-zāw*
    nonsmoking
nem működik *nem mēw-keu-dik*
    out of order
néma *nay-mo* mute
Németország *nay-met-awr-saag* Germany
nemi betegség *ne-mi be-teg-shayg*
    venereal disease
nemi erőszak *ne-mi e-rēū-sok* rape ⓝ
nemzeti park *nem-ze-ti* pork national park
nemzetiség *nem-ze-ti-shayg* nationality
nemzetközi *nem-zet-keu-zi* international
népi tánc *nay-pi* taants folk dancing
népművészet *nayp-mēw-vay-set* folk art
népszerű *nayp-se-rēw* popular
név *nayv* name ⓝ
nevet *ne-vet* laugh ⓥ
néz *nayz* look • watch
nincs benne *ninch ben-ne* excluded
nincs üres szoba *ninch ew-resh saw-bo*
    no vacancy
Norvégia *nawr-vay-gi-o* Norway
november *naw-vem-ber* November
nő *nēū* grow
nő *nēū* woman
    —gyógyász *nēū-dyāw-dyaas*
        gynaecologist
    —nemű *nēū-ne-mēw* female
nős *nēūsh* married (for a man)
növény *neu-vayn'* plant
nővér *nēū-vayr* older sister

Ny

nyak *nyok* neck
nyaklánc *nyok-laants* necklace
nyár *nyaar* summer
nyeles serpenyő
    nye-lesh sher-pe-nyēū saucepan
nyelv *nyelv* language • tongue
nyer *nyer* win ⓥ
nyers *nyersh* raw
nyilvános park *nyil-vaa-nawsh* pork
    public gardens
nyilvános telefon *nyil-vaa-nawsh
    te-le-fawn* public telephone
nyilvános vécé *nyil-vaa-nawsh vay-*tsay
    public toilet
nyitva *nyit-*vo open (location)
nyitvatartás *nyit-*vo-tor-taash
    opening hours
nyomtató *nyawm-to-táw*
    printer (computer)

nyugalmazott *nyu-gol-mo-zawtt* retired
nyugat *nyu-got* west
nyugdíjas *nyug-dee-yosh* pensioner
nyugta *nyug-to* receipt

O, Ó

oda-vissza *aw-do-vis-so* return (ticket)
ok *awk* reason (explanation)
oktatás *awk-to-taash* education
oktató *awk-to-täw* instructor
október *awk-täw-ber* October
olaj *aw-lo-y* oil
olajbogyó *aw-lo-y-baw-dyäw* olive
Olaszország *o-los-awr-saag* Italy
olcsó *awl-chäw* cheap
oldal *awl-dol* page · side
olívaolaj *aw-lee-vo-aw-lo-y* olive oil
olló *awl-läw* scissors
ólommentes *äw-lawm-men-tesh* unleaded
oltár *awl-taar* altar
oltás *awl-taash* vaccination
olvas *awl-vosh* read
   —ás *awl-vo-shaash* reading
opera *aw-pe-ro* opera
   —ház *aw-pe-ro-haaz* opera house
operátor *aw-pe-raa-tawr* operator
óra *äw-ro* clock · hour · watch
Oroszország *aw-raws-awr-saag* Russia
orr *awrr* nose
ország *awr-saag* country
országút *awr-saag-üt* highway
orvos *awr-vawsh* doctor
   —i rendelő *awr-vaw-shi ren-de-lëü* doctor's surgery
   —ság *awr-vawsh-shaag* medication
   —tudomány *awr-vawsh-tu-daw-maan'* medicine (study, profession)
osztály *aws-taa-y* class (rank)
   —rendszer *aws-taa-y-rend-ser* class system
osztozik *aws-taw-zik* share (with)
Osztrák-Magyar Monarchia *awst-raak-mo-dyor maw-nor-hi-o* Austro-Hungarian Empire
osztriga *awst-ri-go* oyster
óta *äw-to* since
ott *awtt* there
otthon *awtt-hawn* home
óvoda *äw-vaw-do* kindergarten
óvszer *äwv-ser* condom
ózonréteg *äw-zawn-ray-teg* ozone layer

Ö, Ő

ő *ëü* he · she
öcs *euch* younger brother
ők *ëük* they
Ön *eun* you sg pol
önálló *eun-aal-läw* self-employed
öngyújtó *eun-dyü-y-täw* cigarette lighter
önkiszolgáló *eun-ki-sawl-gaa-läw* self-service
önkiszolgáló mosószalon *eun-ki-sawl-gaa-läw maw-shäw-so-lawn* launderette
Önök *eu-neuk* you pl pol
önző *eun-zëü* selfish
öreg *eu-reg* old (person)
örökre *eu-reuk-re* forever
összekever *eus-se-ke-ver* mix
összeütközés *eus-se-ewt-keu-zaysh* crash
ösvény *eush-vayn'* path
ősz *ëüs* autumn · fall
őszibarack *ëü-si-bo-rotsk* peach
őt *ëüt* her · him
övé *eu-vay* his
övsömör *euv-sheu-meur* shingles

P

padlizsán *pod-li-zhaan* aubergine · eggplant
padló *pod-läw* floor
palota *po-law-to* palace
pamut *po-mut* cotton
panasz *po-nos* complaint
páncélszekrény *paan-tsayl-sek-rayn'* safe
pap *pop* priest
papír *po-peer* paper
   —bolt *po-peer-bawlt* stationer
paprika *pop-ri-ko* capsicum · bell pepper · paprika
pár *paar* pair (couple)
paradicsom *po-ro-di-chawm* tomato
parkol *por-kawl* park a car
   —ó *por-kaw-läw* car park
párna *paar-no* pillow
   —huzat *paar-no-hu-zot* pillowcase
párt *paart* party (politics)
parti *por-ti* party (night out)
pástétom *paash-tay-tawm* pie
patak *po-tok* stream
pecsenye *pe-che-nye* steak (beef)

pékség *payk·shayg* bakery
példa *payl·do* example
pelenka *pe·len·ko* diaper • nappy
péntek *payn·tek* Friday
pénz *paynz* money
  —érmék *paynz·ayr·mayk* coins
  —tárca *paynz·taar·tso* purse
  —tárgép *paynz·taar·gayp*
  cash register
  —táros *paynz·taa·rawsh* cashier
  —váltás *paynz·vaal·taash*
  exchange money
penzió *pen·zi·äw* boarding house
perc *perts* minute
peron *pe·rawn* platform
petefészek *pe·te·fay·sek* ovary
petefészek-ciszta *pe·te·fay·sek·tsis·to*
  ovarian cyst
pezsgő *pezh·gëü* champagne
piac *pi·ots* market
pici *pi·tsi* tiny
pihen *pi·hen* rest ⊽
pillanat *pil·lo·not* second ⓝ
pillangó *pil·lon·gäw* butterfly
pincér *pin·tsayr* waiter
pincérnő *pin·tsayr·nëü* waitress
pirítós *pi·ree·täwsh* toast
piros *pi·rawsh* red
piszkos *pis·kawsh* dirty
plakát *plo·kaat* poster
poggyász *pawd'·dyaas*
  baggage • luggage
  —címke *pawd'·dyaas·tseem·ke*
  luggage tag
  —kiadó *pawd'·dyaas·ki·o·däw*
  baggage claim
  —megőrző automata
  pawd'·dyaas·meg·ëür·zëü
  o·u·taw·mo·to luggage lockers
pók *päwk* spider
polc *pawlts* shelf
polgárjogok *pawl·gaar·yaw·gawk*
  civil rights
polgármester *pawl·gaar·mesh·ter*
  mayor
politika *paw·li·ti·ko* policy • politics
politikus *paw·li·ti·kush* politician
pólóing *päw·läw·ing* T-shirt
pont *pawnt* point (score) ⓝ
pontosan *pawn·taw·shon* exactly
pontot szerez *pawn·tawt se·rez* score ⊽
por *pawr* powder
póréhagyma *päw·ray·hoj·mo* leek

posta *pawsh·to* mail ⓝ
  —fiók *pawsh·to fi·awk* PO box
  —hivatal *pawsh·to·hi·vo·tol* post office
  —i irányítószám *pawsh·to·i*
  i·raa·nyee·täw·saam postcode
  —költség *pawsh·to·keult·shayg* postage
  —láda *pawsh·to·laa·do* mailbox
próbafülke *präw·bo·fewl·ke*
  changing room (in shop)
probléma *prawb·lay·mo* problem
programmagazin *prawg·rom·mo·go·zin*
  entertainment guide
prostituált *prawsh·ti·tu·aalt* prostitute
pulyka *pu·y·ko* turkey
puska *push·ko* gun
puszi *pu·si* kiss (friendly) ⓝ

R

'R' beszélgetés *er be·sayl·ge·taysh*
  collect/reverse-charge call
rab *rob* prisoner
radioaktív hulladék *raa·di·äw·ok·teev*
  hul·lo·dayk nuclear waste
ragasztó *ro·gos·täw* glue
rágógumi *raa·gäw·gu·mi* chewing gum
ragtapasz *rog·to·pos* Band-Aid
ragyogó *ro·dyaw·gäw* brilliant
rák *raak* cancer
rakpart *rok·port* quay
randevú *ron·de·vü* date (romantic)
rave buli *rayv bu·li* rave ⓝ
recept *re·tsept* prescription
régészeti *ray·gay·se·ti* archaeological
reggel *reg·gel* morning
  —i *reg·ge·li* breakfast
  —ire fogyasztott gabonanemű
  reg·ge·li·re faw·dyos·tawtt
  go·baw·no·ne·mëw cereal
  —i rosszullét *reg·ge·li raws·sul·layt*
  morning sickness
régi *ray·gi* ancient • old (thing)
rekeszizom *re·kes·i·zawm* diaphragm
rendel *ren·del* order ⊽
rendőr *rend·ëür* police officer
  —ség *rend·ëür·shayg*
  police • police station
rendőr-főkapitányság
  rend·ëür·fëü·ko·pi·taan'·shaag
  police headquarters
rendszám *rend·saam*
  license plate number
répa *ray·po* carrot

repül *re·pewl* fly ⊙
  —**ógép** *re·pew·lēū·gayp* airplane
  —**ójárat** *re·pew·lēū·yaa·rot* flight
  —**ótér** *re·pew·lēū·tayr* airport
  —**ótéri adó** *re·pew·lēū·tay·ri o·dāw* airport tax
rész *rays* part (component)
részmunkaidős *rays·mun·ko·i·dēūsh* part-time
részeg *ray·seg* drunk
retek *re·tek* radish
ritka *rit·ko* rare (uncommon)
rokkantkocsi *rawk·kont·kaw·chi* wheelchair
roma *raw·mo* Roma (people)
romok *raw·mawk* ruins
rossz *rawss* bad • wrong
rózsaszín *rāw·zho·seen* pink
röplabda *reup·lob·do* volleyball
rubeola *ru·be·aw·lo* rubella
rúg *rūg* kick ⊙
rugó *ru·gāw* spring (coil)
ruha *ru·ho* dress ⊙
  —**szárítókötél** *ru·ho·saa·ree·tāw·keu·tayl* clothesline
  —**tár** *ru·ho·taar* cloakroom
ruhásszekrény *ru·haash·sek·rayn'* wardrobe
ruházat *ru·haa·zot* clothing
rúzs *rūj* lipstick

S

sajt *shoyt* cheese
  —**üzlet** *shoyt·ewz·let* cheese shop
sakk *shokk* chess
sakktábla *shokk·taab·lo* chessboard
sál *shaal* scarf
saláta *sho·laa·to* lettuce • salad
sampon *shom·pawn* shampoo
sár *shaar* mud
sárga *shaar·go* yellow
sárgabarack *shaar·go·bo·rotsk* apricot
sarok *sho·rawk* corner
sátor *shaa·tawr* tent
  —**cövek** *shaa·tawr·tseu·vek* tent peg
sebesség *she·besh·shayg* speed
  —**mérő** *she·besh·shayg·may·rēū* speedometer
segít *she·geet* help ⊙
segítség *she·geet·shayg* help ⊙
selyem *she·yem* silk
semmi *shem·mi* nothing

serpenyő *sher·pe·nyēū* frying pan
sérülés *shay·rew·laysh* injury
sétál *shay·taal* walk ⊙
síel *shee·el* ski ⊙
  —**és** *shee·e·laysh* skiing
siet *shi·et* (be) in a hurry
sífelvonó *shee·fel·vaw·nāw* chairlift (ski)
sír *sheer* grave ⊙
sír *sheer* cry ⊙
sisak *shi·shok* helmet
síszemüveg *shee·sem·ew·veg* goggles (ski)
sivatag *shi·vo·tog* desert
Skócia *shkāw·tsi·o* Scotland
smink *shmink* make-up
só *shāw* salt
soha *shaw·ho* never
sok *shawk* many
sokáig nyitvatartó vegyesbolt *shaw·kaa·ig nyit·vo·tor·tāw ve·dyesh·bawlt* convenience store
sonka *shawn·ko* ham
sor *shawr* queue ⊙
sorrend *shawr·rend* order ⊙
sós keksz *shāwsh keks* cracker (biscuit)
sovány tej *shaw·vaan' te·y* skim milk
sötét *sheu·tayt* dark
sötétlila *sheu·tayt·li·lo* purple
sör *sheur* beer
  —**öző** *sheu·reu·zēū* beer cellar
Spanyolország *shpo·nyawl·awr·saag* Spain
spárga *shpaar·go* asparagus
specialista *shpe·tsi·o·lish·to* specialist
spenót *shpe·nāwt* spinach
spontán vetélés *shpawn·taan ve·tay·laysh* miscarriage
sport *shpawrt* sport
  —**bolt** *shpawrt·bawlt* sports store
  —**oló** *shpawr·taw·lāw* sportsperson
  —**terem** *shpawrt·te·rem* gym (room)
stílus *shtee·lush* style
stoppol *shtawp·pawl* hitchhike
strand *shtrond* beach
  —**on játszott röplabda** *shtron·dawn yaat·sawtt reup·lob·do* beach volleyball
súlyok *shū·yawk* weights
süket *shew·ket* deaf
sürgős *shewr·gēūsh* urgent
süt *shewt* fry
sütemény *shew·te·mayn'* cake
sütő *shew·tēū* oven
Svájc *shvaa·y·ts* Switzerland
Svédország *shvayd·awr·saag* Sweden*

Sz

szabad *so-bod* free (available)
—**ság** *so-bod-shaag* holidays • freedom
—**téri múzeum** *so-bod-tay-ri mū-ze-um* open air museum
szabály *so-baa-y* rule ⓝ
—**talanság** *so-baa-y-to-lon-shaag* foul ⓝ
szabó *so-bāw* tailor
szag *sog* smell ⓝ
száj *saa-y* mouth
szakács *so-kaach* chef • cook
szakmai önéletrajz *sok-mo-i eun-ay-let-royz* CV • résumé
szalámi *so-laa-mi* salami
szállás *saal-laash* accommodation
szálloda *saal-law-do* hotel
szalonna *so-lawn-no* bacon
szalvéta *sol-vay-to* napkin • serviette
szám *saam* number
számítógép *saa-mee-tāw-gayp* computer
számla *saam-lo* account • bill • check
számol *saa-mawl* calculate • count
számológép *saa-maw-lāw-gayp* calculator
szappan *sop-pon* soap
—**opera** *sop-pon-aw-pe-ro* soap opera
száraz *saa-roz* dry ⓐ
szardínia *sor-dee-ni-o* sardine
szárít *saa-reet* dry (clothes) ⓥ
szárított *saa-ree-tawtt* dried
szárny *saarn'* wing
szauna *saam-lo* sauna
szavaz *so-voz* vote ⓥ
száz *saaz* hundred
—**alék** *saa-zo-layk* per cent
szédül *say-dewl* (be) dizzy
szegény *se-gayn'* poor
—**ség** *se-gayn'-shayg* poverty
szégyenlős *say-dyen-lēūsh* shy
szék *sayk* chair
székesegyház *say-kesh-ej-haaz* cathedral
székrekedés *sayk-re-ke-daysh* constipation
szekrény *sek-rayn'* cupboard
szél *sayl* wind
—**védő** *sayl-vay-dēū* windscreen
széles *say-lesh* wide
szem *sem* eye
—**csepp** *sem-chepp* eye drops
—**ész** *se-mays* optometrist
személy *se-may* person
—**i igazolvány** *se-may-yi i-go-zawl-vaan'* identification card (ID)

szemét *se-mayt* garbage • rubbish
—**vödör** *se-mayt-veu-deur* garbage can
szemüveg *sem-ew-veg* glasses (eye)
szénanátha *say-no-naat-ho* hay fever
szennyezés *sen'-nye-zaysh* pollution
szent *sent* saint
—**ély** *sen-tay* shrine
szép *sayp* beautiful • nice
szeptember *sep-tem-ber* September
szerda *ser-do* Wednesday
szerelem *se-re-lem* love (romantic)
szerelő *se-re-lēū* mechanic
szerencsés *se-ren-chaysh* lucky
szeret *se-ret* like • love
—**ő** *se-re-tēū* lover
szerzetes *ser-ze-tesh* monk
szerződés *ser-zēū-daysh* contract
szeszes italokat árusító üzlet *se-sesh i-to-law-kot aa-ru-shee-tāw ewz-let* liquor store
szex *seks* sex (activity)
—**izmus** *sek-siz-mush* sexism
sziget *si-get* island
szikla *sik-lo* cliff • rock
—**mászás** *sik-lo-maa-saash* rock climbing
szilva *sil-vo* plum
szilveszter *sil-ves-ter* New Year's Eve
szín *seen* colour
—**darab** *seen-do-rob* play (theatre)
—**ház** *seen-haaz* theatre
szív *seev* heart
—**baj** *seev-bo-y* heart condition
—**leállás** *seev-le-aal-laash* cardiac arrest
—**roham** *seev-raw-hom* heart attack
—**ritmusszabályozó** *seev-rit-mush-so-baa-yaw-zāw* pacemaker
szivar *si-vor* cigar
szó *sāw* word
szoba *saw-bo* room
—**szám** *saw-bo-saam* room number
szobor *saw-bawr* statue
szobrászat *sawb-raa-sot* sculpture
szójababsajt *sāw-yo-bob-shoyt* tofu
szójaszósz *sāw-yo-sāws* soy sauce
szójatej *sāw-yo-te-y* soy milk
szokás *saw-kaash* custom
szokatlan *saw-kot-lon* unusual
szoknya *sawk-nyo* skirt
szombat *sawm-bot* Saturday
szomjas *sawm-yosh* thirsty
szomorú *saw-maw-rū* sad
szónész *see-nays* actor
szónésznő *see-nays-nēū* actress

szoros *saw·rawsh* tight
szótár *sáw·taar* dictionary
Szovjetunió *sov·yet·u·ni·áw* Soviet Union
szőlő *sěū·lěū* grapes • vineyard
—tő *sěū·lěū·těū* vine
szörfőzés *seur·feu·zaysh* windsurfing
szövetek *seu·ve·tek* tissues
sztrájk *straa·y·k* strike ⓝ
szúnyog *sū·nyawg* mosquito
szurkoló *sur·kaw·láw* fan (sport)
szüksége van *sewk·shay·ge von* need ⓥ
szükséges *sewk·shay·gesh* necessary
születési anyakönyvi kivonat
 sew·le·tay·shi o·nyo·keun'·vi ki·vaw·not
 birth certificate
születési hely *sew·le·tay·shi he·y* birthplace
születési idő *sew·le·tay·shi i·děū* birthdate
születésnap *sew·le·taysh·nop* birthday
szülők *sew·lěūk* parents
szünet *sew·net* break • intermission
szürke *sewr·ke* grey
szűrt *sěwrt* filtered

T

tabletta *tob·let·to* pill
táborhely *taa·bawr·he·y* camp site
tag *tog* member
takarítás *to·ko·ree·taash* cleaning
takaró *to·ko·ráw* blanket
tál *taal* bowl
talál *to·laal* find
találkozik *to·laal·kaw·zik* meet
talált tárgyak hivatala *to·laalt taar·dyok
hi·vo·to·lo* lost-property office
talán *to·laan* maybe
tanács *to·naach* advice
tanár *to·naar* teacher ⓜ
tanárnő *to·naar·něū* teacher ①
tánc *taants* dancing
—ház *taants·haaz* dance house
—műhely *taants·měw·he·y*
 dance workshop
—ol *taan·tsawl* dance ⓥ
tanul *to·nul* learn
tányér *taa·nyayr* plate
tapasztalat *to·pos·to·lot* experience
tapogat *to·paw·got* feel (touch)
társ *taarsh* companion
társadalmi jólét *taar·sho·dol·mi yáw·layt*
 social welfare
társaság *taar·sho·shaag* company (firm)
tartozik *tor·taw·zik* owe

táska *taash·ko* bag
tavasz *to·vos* spring (season)
távirányító *taav·i·raa·nyee·táw*
 remote control
távirat *taav·i·rot* telegram
távoli *taa·vaw·li* remote
taxi *tok·si* taxi
—állomás *tok·si·aal·law·maash* taxi stand
te *te* you sg inf
teáskanál *te·aash·ko·naal* teaspoon
tegnap *teg·nop* yesterday
—előtt *teg·nop·e·leütt*
 day before yesterday
tehén *te·hayn* cow
tej *te·y* milk
—föl *te·y·feul* sour cream
—szín *te·y·seen* cream
tél *tayl* winter
tele *te·le* full
telefon *te·le·fawn* telephone ⓝ
—ál *te·le·faw·naal* telephone ⓥ
—fülke *te·le·fawn·fewl·ke* phone box
—kártya *te·le·fawn·kaar·tyo* phonecard
—központ *te·le·fawn·keuz·pawnt*
 telephone centre
teljes munkaidejű *tel·yesh
mun·ko·i·de·yěw* full-time
teljesen béna *tel·ye·shen bay·no*
 quadriplegic
temetés *te·me·taysh* funeral
temető *te·me·těū* cemetery
templom *temp·lawm* church
tenger *ten·ger* sea
—en túl *ten·ge·ren túl* overseas
—ibeteg *ten·ge·ri·be·teg* seasick
—ibetegség *ten·ge·ri·be·teg·shayg*
 travel sickness
—part *ten·ger·port* coast • seaside
teniszpálya *te·nis·paa·yo* tennis court
tér *tayr* square (town)
térd *tayrd* knee
terhes *ter·hesh* pregnant
—ségi teszt *ter·hesh·shay·gi test*
 pregnancy test kit
terítékért felszámolt díj *te·ree·tay·kayrt
fel·saa·mawlt dee·y* cover charge
térkép *tayr·kayp* map
termálfürdő *ter·maal·fewr·děū*
 thermal bath
termel *ter·mel* produce ⓥ
termés *ter·maysh* crop
természet *ter·may·set* nature
—gyógyászat *ter·may·set·dyáw·dyaa·sot*
 naturopathy

U

—**tudós** *ter·may·set·tu·dawsh* scientist
test *tesht* body
tesz *tes* put
teszt *test* test ⓝ
tészta *tays·to* pasta
tételes *tay·te·lesh* itemised
tetvek *tet·vek* lice
tévé *tay·vay* TV
ti *ti* you pl inf
tilos *ti·lawsh* prohibited
tiltakozás *til·to·kaw·zaash* protest ⓝ
típus *tee·push* type
tiszta *tis·to* clean • pure
tisztít *tis·teet* clean ⓥ
titkár *tit·kaar* secretary ⓜ
titkárnő *tit·kaar·neü* secretary ⓕ
tó *tāw* lake
tojás *taw·yaash* egg
tolmács *tawl·maach* interpreter
tolvaj *tawl·vo·y* thief
tonhal *tawn·hol* tuna
torna *tawr·no* gymnastics
—**terem** *tawr·no·te·rem* gym (hall)
torok *taw·rawk* throat
torony *taw·rawn'* tower
toxikus hulladék *tawk·si·kush hul·lo·dayk* toxic waste
több *teubb* more • several
tök *teuk* pumpkin
tökéletes *teu·kay·le·tesh* perfect
tömlő *teum·leü* inner tube
törődik *teu·reü·dik* care (for someone)
töröl *teu·reul* cancel
történelem *teur·tay·ne·lem* history
történelmi *teur·tay·nel·mi* historical
történet *teur·tay·net* story
törülköző *teu·rewl·keu·zeü* towel
törvény *teur·vayn'* law
törvényes *teur·vay·nyesh* legal
tranzitváró *tron·zit·vaa·rāw* transit lounge
trikó *tri·kāw* singlet
tucat *tu·tsot* dozen
tud *tud* know (a fact) • be able
tudomány *tu·daw·maan'* science
tükör *tew·keur* mirror
túl *tūl* too (much)
túladagolás *tūl·o·do·gaw·laash* overdose
tulajdonos *tu·lo·y·daw·nawsh* owner
túlsúly *tūl·shū·y* excess (baggage)
túra *tū·ro* tour
—**bakancs** *tū·ro·bo·konch* hiking boots
—**útvonal** *tū·ro·ūt·vaw·nol* hiking route
turista *tu·rish·to* tourist
—**iroda** *tu·rish·to·i·raw·do* tourist office
—**osztály** *tu·rish·to·aws·taa·y*

economy class
tüdő *tew·deü* lung
tüntetés *tewn·te·taysh* demonstration (protest)
tűz *tēwz* fire
—**hely** *tēwz·he·y* stove
tűzifa *tēw·zi·fo* firewood

U, Ú

uborka *u·bawr·ko* cucumber
udvarház *ud·vor·haaz* manor house
ugyanaz *u·dyon·oz* same
új *ū·y* new
újév napja *ū·y·ayv nop·yo* New Year's Day
ujj *u·y* finger
újrafelhasznál *ū·y·ro·fel·hos·naal* recycle
—**ható** *ū·y·ro·fel·hos·naal·ho·tāw* recyclable
újság *ū·y·shaag* newspaper
—**árus** *ū·y·shaag·aa·rush* newsagency • newsstand
—**író** *ū·y·shaag·ee·rāw* journalist
Új-Zéland *ū·y·zay·lond* New Zealand
ultrahang *ult·ro·hong* ultrasound
unalmas *u·nol·mosh* boring
unoka *u·naw·ko* grandchild
unott *u·nawtt* bored
Úr *ūr* Mr
urasági kastély *u·ro·shaa·gi kosh·tay* mansion
úszás *ū·saash* swimming (sport)
úszik *ū·sik* swim ⓥ
uszoda *u·saw·do* swimming centre
úszómedence *ū·sāw·me·den·tse* swimming pool
úszószemüveg *ū·sāw·sem·ew·veg* swimming goggles
út *ūt* road • way
után *u·taan* after
utas *u·tosh* passenger
utazás *u·to·zaash* journey • travel • trip
—**i csekk** *u·to·zaa·shi chekk* travellers cheque
—**i iroda** *u·to·zaa·shi i·raw·do* travel agency
utca *ut·tso* street
—**i piac** *ut·tso·i pi·ots* street market
úti cél *ū·ti tsayl* destination
útikönyv *ū·ti·keun'v* guidebook
útlevél *ūt·le·vayl* passport
—**száma** *ūt·le·vayl saa·mo* passport number
útvonal *ūt·vaw·nol* itinerary • route

DICTIONARY

248

Ü, Ű

üdítőital ew·dee·teu·i·tol *soft drink*
üdvözöl ewd·veu·zeul *welcome* ⓥ
ügyfél ewj·fayl *client*
ül ewl *sit*
ülés ew·laysh *seat (place)*
ünneplés ewn·nep·laysh *celebration*
ünnepnap ewn·nep·nop *holiday*
üres ew·resh *empty • vacant*
üresedés ew·re·she·daysh *vacancy*
üveg ew·veg *bottle • glass • jar*
üzenet ew·ze·net *message*
üzlet ewz·let *business • shop*
　—asszony ewz·let·os·sawn' *businesswoman*
　—ember ewz·let·em·ber *businessman*
　—i út ewz·le·ti üt *business trip*
　—vezető ewz·let·ve·ze·teü *manager (business)*

V

vacsora vo·chaw·ro *dinner*
vadászat vo·daa·sot *hunting*
vág vaag *cut* ⓥ
vágódeszka vaa·gäw·des·ko *chopping board*
vagy voj *or*
vagyonos vo·dayw·nawsh *wealthy*
vaj vo·y *butter*
Vajdaság vo·y·do·shaag *Voivodina*
vak vok *blind*
　—vezető kutya vok·ve·ze·teü ku·tyo *guide dog*
vakáció vo·kaa·tsi·äw *vacation*
vakbél vok·bayl *appendix (body)*
valaki vo·lo·ki *someone*
valami vo·lo·mi *something*
válasz vaa·los *answer* ⓝ
választ vaa·lost *choose*
választás vaa·los·taash *election*
váll vaall *shoulder*
vallás vol·laash *religion*
　—os vol·laa·shawsh *religious*
valutaátváltás vo·lu·to·aat·vaal·taash *currency exchange*
vám vaam *customs*
van neki von ne·ki *have*
vár vaar *castle*
vár vaar *wait for*

város vaa·rawsh *city • town*
　—háza vaa·rawsh·haa·zo *town hall*
　—központ vaa·rawsh·keuz·pawnt *city centre*
　—rész vaa·rawsh·rays *suburb*
　—térkép vaa·rawsh·tayr·kayp *town map*
várószoba vaa·räw·saw·bo *waiting room*
varr vorr *sew*
varrótű vor·räw·tew *sewing needle*
vas- és edénybolt vosh aysh e·dayn'·bawlt *hardware store*
vasaló vo·sho·läw *iron (for clothes)*
vásárlás vaa·shaar·laash *shopping*
vasárnap vo·shaar·nop *Sunday*
vásárol vaa·shaa·rawl *shop* ⓥ
vastag vosh·tog *thick*
vasútállomás vo·shüt·aal·law·maash *railway station*
vászonneműk vaa·sawn·ne·mewk *linen (sheets etc)*
vécé vay·tsay *toilet*
　—papír vay·tsay·po·peer *toilet paper*
védett faj vay·dett fo·y *protected species*
vég vayg *end*
vegetáriánus ve·ge·taa·ri·aa·nush *vegetarian*
vékony vay·kawn' *thin*
vélemény vay·le·mayn' *opinion*
velem ve·lem *with me*
vendégház ven·dayg·haaz *guesthouse*
vendéglátás ven·dayg·laa·taash *hospitality*
ventilátor ven·ti·laa·tawr *fan (machine)*
vér vayr *blood*
　—csoport vayr·chaw·pawrt *blood group*
　—nyomás vayr·nyaw·maash *blood pressure*
　—szegénység vayr·se·gayn'·shayg *anaemia*
　—vizsgálat vayr·vizh·gaa·lot *blood test*
verekedés ve·re·ke·daysh *fight*
véres vay·resh *rare (food)*
verseny ver·shen' *race (sport)*
　—bicikli ver·shen'·bi·tsik·li *racing bike*
　—pálya ver·shen'·paa·yo *racetrack*
vese ve·she *kidney*
vesz ves *buy • take*
veszélyes ve·say·yesh *dangerous*
veszélyeztetett faj ve·say·yez·te·tett fo·y *endangered species*
vészhelyzet vays·he·y·zet *emergency*
vezet ve·zet *drive* ⓥ
vezetéknév ve·ze·tayk·nayv *surname*

vezető *ve·ze·teü leader • guide*
vicc *vits joke* ⓝ
vidék *vi·dayk countryside*
vígjáték *veeg·yaa·tayk comedy*
vihar *vi·hor storm*
világ *vi·laag world*
 —egyetem *vi·laag·e·dye·tem universe*
Világbajnokság *vi·laag·bo·y·nawk·shaag World Cup*
világos *vi·laa·gawsh light (colour)*
villa *vil·lo fork*
villamos *vil·lo·mawsh tram*
villanófény *vil·lo·nāw·fayn' flashlight • torch*
villany *vil·lon' electricity*
virág *vi·raag flower*
 —por *vi·raag·pawr pollen*
virsli *virsh·li sausage (thin)*
visel *vi·shel wear*
vissza *vis·so back (position)*
 —tér *vis·so·tayr return (come back)*
 —térítés *vis·so·tay·ree·taysh refund*
 —utasit *vis·so·u·to·sheet refuse* ⓥ
visz *vis carry*
viszketés *vis·ke·taysh itch* ⓝ
vitaminok *vi·to·mi·nawk vitamins*
vitatkozik *vi·tot·kaw·zik argue*
viteldíj *vi·tel·dee·y fare*
víz *veez water*
vízesés *veez·e·shaysh waterfall*
vizesüveg *vi·zesh·ew·veg water bottle*
vízhatlan *veez·hot·lon waterproof*
vízisíelés *vee·zi·shee·e·laysh waterskiing*
vízum *vee·zum visa*
 —hosszabbítás *vee·zum·haws·sob·bee·taash visa extension*
vonal *vaw·nol dial tone*
vonat *vaw·not train* ⓝ
vonattal szállított posta *vaw·not·tol saal·lee·tawtt pawsh·to surface mail (land)*

vödör *veu·deur bucket*
vőlegény *vēü·le·gayn' engaged (for a man) • fiancé*
völgy *veulj valley*
vörösbor *veu·reush·bawr red wine*

Z

zab *zob oats*
zajos *zo·yawsh noisy*
zaklatás *zok·lo·taash harassment*
zár *zaar lock* ⓝ
 —va *zaar·vo closed*
zászló *zaas·lāw flag*
zavarban van *zo·vor·bon von (be) embarrassed*
zene *ze·ne music*
 —kar *ze·ne·kor orchestra*
zeneműbolt *ze·ne·mēw·bawlt music shop*
zenész *ze·nays musician*
zivatar *zi·vo·tor thunderstorm*
zoknik *zawk·nik socks*
zöld *zeuld green*
zöldség *zeuld·shayg vegetable*
 —es *zeuld·shay·gesh greengrocer*
zuhany *zu·hon' shower*

Zs

zseb *zheb pocket*
 —kendő *zheb·ken·dēü handkerchief*
 —kés *zheb·kaysh pocket knife*
 —tolvaj *zheb·tawl·vo·y pickpocket*
zsemle *zhem·le bread roll*
zsidó *zhi·dāw Jewish*
zsinór *zhi·nāwr string*
zsírban sült *zheer·bon shewlt fried*
zsúfolt *zhū·fawlt crowded*

D

E

F

G

H

I

K

K

L

M

N

O

P

Q

R

S

KEY PATTERNS

Where's (a market)?	*Hol van (egy piac)?*	hawl von (ej *pi*·ots)
Where can I (buy a padlock)?	*Hol tudok (venni egy lakatot)?*	hawl *tu*·dawk (*ven*·ni ej *lo*·ko·tawt)
How much is it (per night)?	*Mennyibe kerül (egy éjszakára)?*	*men'*·nyi·be *ke*·rewl (ej *ay*·so·kaa·ro)
I'm looking for (a hotel).	*(Szállodát) keresek.*	(*saal*·law·daat) *ke*·re·shek
Do you have (a map)?	*Van (térképük)?*	von (*tayr*·kay·pewk)
Is there (a toilet)?	*Van (vécé)?*	von (*vay*·tsay)
I'd like (the menu).	*(Az étlapot) szeretném.*	(oz *ayt*·lo·pawt) *se*·ret·naym
I'd like (to buy a phonecard).	*Szeretnék (telefonkártyát venni).*	*se*·ret·nayk (*te*·le·fawn·kaar·tyaat *ven*·ni)
Could you please (write it down)?	*(Leírná), kérem.*	(*le*·eer·naa) *kay*·rem
Do I have to (pay)?	*Kell érte (fizetni)?*	kell *ayr*·te (*fi*·zet·ni)
I need (assistance).	*(Segítségre) van szükségem.*	(*she*·geet·shayg·re) von *sewk*·shay·gem